HISTOIRE

(TROISIÈME ANNÉE)

BIBLIOTHÈQUE DES ÉCOLES NORMALES

Publiée sous la direction de FÉLIX MARTEL

INSPECTEUR GÉNÉRAL DE L'INSTRUCTION PUBLIQUE

HISTOIRE

(TROISIÈME ANNÉE)

Ouvrage rédigé conformément aux programmes officiels
du 4 août 1905

PAR

H. VAST

Professeur agrégé d'histoire, Docteur ès lettres

ET

R. JALLIFFIER

Agrégé d'histoire
Professeur à l'Ecole normale supérieure d'instituteurs
et au Lycée Condorcet

PARIS

LIBRAIRIE CH. DELAGRAVE

15, RUE SOUFFLOT, 15

HISTOIRE

CHAPITRE PREMIER

Transformation de l'Europe contemporaine. Les nationalités.

I. — La Révolution a donné à la France ses frontières naturelles. La funeste ambition de Napoléon les lui fait perdre. Après sa chute, le congrès de Vienne (1814-1815) travaille à la réorganisation de l'Europe. La France rentre dans ses limites de 1792, avec un léger recul, dangereux sur certains points stratégiques de sa frontière. La Russie s'agrandit en Pologne, la Prusse sur les bords du Rhin, l'Autriche dans le Nord de l'Italie ; l'Angleterre achève de constituer son empire maritime et colonial. L'Allemagne reste morcelée, malgré la création de la Confédération germanique. L'Italie est aussi divisée qu'avant la Révolution. Les petits Etats sont sacrifiés aux exigences des grandes puissances.

Pour maintenir leur œuvre, les souverains, à l'instigation du tsar Alexandre, s'unissent par la Sainte-Alliance (1815). Ils s'entendront pour régler leurs différends par des congrès. Ils éviteront à leurs peuples les maux de la guerre et les tribulations de la liberté. Les peuples protestent contre leur asservissement, et la lutte commence dans toute l'Europe entre la politique conservatrice et la politique libérale. En Allemagne, les agitations libérales sont durement réprimées. En Italie et en Espagne, les insurrections sont noyées dans le sang (1820-1823). Cependant la Grèce réussit à obtenir son indépendance, avec l'appui de la France, de l'Angleterre et de la Russie. Le traité d'Andrinople (1829) amène un nouveau démembrement de l'Empire ottoman.

II. — De 1830 à 1850, la politique de la Sainte-Alliance subit de graves échecs. Les nations opprimées revendiquent leurs droits. La Belgique se sépare de la Hollande et, grâce à l'intervention militaire de la France, devient un royaume indépendant (1830-

1839). La Révolution française de 1848 a son contre-coup dans toute l'Europe centrale. Mais la répression ne se fait pas attendre. Le parlement de Francfort échoue dans sa tentative pour donner l'unité à l'Allemagne. L'Autriche replace sous le joug les Hongrois et les Italiens, qui ont tenté de s'affranchir. La République romaine est renversée par l'expédition française de 1849. La réaction triomphe partout en Italie et en Allemagne, comme en France.

La politique sentimentale de Napoléon III travaille à la constitution des nationalités. Ses guerres ne profitent qu'à nos alliés, sans les satisfaire. La guerre de Crimée (1854-1855) nous brouille avec la Russie, sans nous concilier l'Angleterre. Le congrès de Paris (1856) établit un règlement provisoire de la question d'Orient. La guerre d'Italie (1859) n'achève pas le règlement de la question italienne. La paix de Villa-Franca donne le Milanais au roi de Sardaigne; c'est la révolution qui constitue le royaume d'Italie (1861), et c'est l'alliance prussienne qui lui donne la Vénétie (1866).

La politique des résultats, pratiquée par Bismarck, assure à la Prusse la possession des duchés danois et l'hégémonie de l'Allemagne. Le traité de Prague (1866) exclut l'Autriche de l'Allemagne reconstituée. Le conflit entre ces deux politiques opposées s'achève dans la guerre franco-allemande (1870-1871). Napoléon III est renversé : l'Empire allemand est proclamé à Versailles, et la France est mutilée par le traité de Francfort (10 mai 1871).

Depuis 1870, la politique des grands États européens a surtout pour but l'expansion coloniale. La République française a trouvé en Tunisie, dans l'Afrique occidentale, au Congo, à Madagascar, en Indo-Chine, les compensations nécessaires à ses provinces perdues. L'Angleterre s'est ménagé un grand empire africain dont fait partie l'Egypte depuis 1882. La Russie s'est étendue vers le Pacifique, et l'Allemagne depuis 1884 a occupé les terres encore vacantes.

III. — Dans cette même période, l'impérialisme, c'est-à-dire la soif de domination des grandes puissances, a suscité les guerres les plus sanglantes : dans la guerre des Balkans, la Russie a démembré de nouveau l'Empire ottoman, mais le traité de Berlin (1878) n'a profité qu'aux alliés de la Prusse; les Etats-Unis ont dépouillé l'Espagne de ses dernières colonies d'Amérique (1898); l'Angleterre a supprimé l'indépendance des Etats boërs (1899-1902); le Japon a enlevé la Corée et la Mandchourie aux Russes (1904-1905).

La pénétration mutuelle des peuples devrait avoir pour conséquence la suppression des frontières politiques et la paix perpétuelle. Cependant, malgré de louables tentatives pour régler par l'arbitrage les grands conflits, la paix armée s'impose encore comme une nécessité à toute nation qui veut faire respecter son indépendance et ses droits.

I. État comparé de l'Europe en 1815 et en 1907. — S'il était donné à un diplomate du congrès de Vienne de rechercher ce qui reste dans l'Europe actuelle des traités de 1815, il serait tout à fait désorienté. Il retrouverait la France agrandie de Nice et de la Savoie (traité de Turin, 1860), mais diminuée de l'Alsace et d'une partie de la Lorraine (traité de Francfort, 1871); la Belgique séparée de la Hollande (révolution de 1830 et traité des 34 articles, 1839); la Norvège, de la Suède (séparation amiable de 1905-1906); le Danemark, mutilé par la perte des duchés de Sleswig, de Holstein et de Lauenbourg (traité de Vienne, 1864); le Luxembourg, devenu un Etat indépendant (mort du roi Guillaume III des Pays-Bas, 1890); le royaume de Prusse, uni à la Confédération germanique pour constituer l'Empire allemand (traité de Prague, 1866, et proclamation de Versailles du 18 janvier 1871); l'Autriche, exclue de l'Allemagne et agrandie vers l'Est de la Bosnie, de l'Herzégovine et du district de Novi-Bazar (traités de Prague, 1866, et de Berlin, 1878); l'Italie, constituée en un seul Etat (paix de Villa-Franca, 1859; traité de Prague de 1866 et occupation de Rome depuis 1870); l'Empire ottoman démembré en Etats indépendants ou en protectorats : royaumes de Grèce (traité d'Andrinople, 1829), de Serbie et de Roumanie, Bulgarie et Roumélie orientale (traités de Paris, 1856, et de Berlin, 1878), Crète (1897-1898); la Russie, étendue jusqu'au delta du Danube (variations de cette frontière aux traités d'Andrinople, 1829, de Paris, 1856, et de Berlin, 1878); enfin l'Angleterre privée volontairement des îles Ioniennes (cession à la Grèce, 1863) et de l'île d'Heligoland (cession à l'Allemagne, 1890), mais agrandie de l'île de Chypre (traité de Berlin, 1878); enfin le canton de Neuchâtel séparé de la Prusse et devenu, depuis 1848, partie intégrante de la Suisse.

Les groupements des différentes puissances sont encore plus profondément modifiés. Rien ne subsiste de la trop célèbre Sainte-Alliance, qui avait réuni en un seul faisceau les familles régnantes des plus grands Etats pour leur permettre d'étouffer plus sûrement les mouvements libéraux des peuples. Une triple alliance réunit depuis 1883 dans une même sphère d'intérêts les trois grands Etats de l'Europe centrale, empire allemand, empire d'Autriche et royaume d'Italie. A cette *triplice* s'opposa bientôt la *duplice*, c'est-à-dire la double alliance de la France et de la Russie (1891-1895). Ces pactes ont été tenus secrets, et l'on n'en connaît pas la teneur exacte. Ceux qui les ont contractés affirment qu'ils ne renferment rien de menaçant pour la paix publique et qu'ils constituent seulement des contrats d'assurance mutuelle pour le maintien du *statu quo*.

La colonisation européenne et la politique mondiale. — Ce qui a changé surtout depuis 1815, c'est l'extension de la politique européenne hors de l'Europe et l'importance croissante des intérêts coloniaux. En 1815, l'Angleterre seule était une grande puissance coloniale : l'Inde, le Canada et l'Australie lui constituaient un puissant domaine extra-européen, qu'elle n'a cessé d'agrandir, surtout en Afrique (Afrique australe, Nigeria, Afrique orientale, Egypte). L'Angleterre est restée la reine incontestée des mers, et son empire colonial est encore le plus étendu et le plus peuplé. Mais depuis 1815 la France s'est établie fortement dans l'Afrique du Nord (conquête de l'Algérie, 1830-1847 ; protectorat de la Tunisie, 1881) ; elle a occupé l'Afrique occidentale, le Congo (1879-1900), Madagascar (1885-1895) ; elle a conquis l'Indo-Chine orientale (1862-1885). La Russie est devenue maîtresse de la Transcaucasie (1801-1878), du Turkestan (1845-1885), de la Mandchourie (1895-1898) que les Japonais viennent de restituer en partie à la Chine. Les Hollandais ont gardé leur très beau domaine des Indes néerlandaises, sans l'étendre, mais en se contentant de le faire fructifier. L'Espagne a perdu toutes ses colonies de l'Amérique du Sud, et, à la suite de la guerre de 1898, elle a dû céder aux Etats-Unis Cuba, Porto-Rico et les Philippines, tout ce qui lui restait encore de son immense empire colonial, sauf quelques points de la côte d'Afrique. Le Brésil, qui était en 1815 une annexe du Portugal, est devenu en 1822 un empire indépendant, et en 1889 un Etat républicain.

Bien que toutes les places libres semblent occupées dans les divers continents, de grands Etats nouveau-nés à la vie politique recherchent à tout prix des établissements coloniaux : l'Allemagne a jeté sur divers points du continent africain les premiers jalons d'un empire colonial (Togoland, Cameroun, Sud-Ouest africain, Est africain allemand depuis 1884); elle recherche des postes nouveaux dans les archipels océaniens (archipel Bismarck, etc.) et dans l'extrême Orient (province du Chantoung); surtout elle vise à assurer à sa marine naissante une part d'influence dans la Méditerranée, en prenant sous sa protection le sultan, de façon à arracher à la convoitise d'autrui de riches domaines comme l'Asie Mineure et la Syrie, qui passeraient tout doucement sous sa domination. La grande République des Etats-Unis, en imposant son protectorat à Cuba et aux Philippines (1898); le Japon, en s'appropriant la Corée aux dépens des Russes (1905), n'ont fait que suivre l'évolution de toutes les grandes nations, en vue de s'assurer des débouchés pour les produits de leur industrie et des terres de peuplement pour le trop-plein de leur population. Ainsi la physionomie politique de l'Europe est devenue méconnaissable; la politique mondiale s'enchevêtre de plus en plus dans l'écheveau déjà très embrouillé de la politique européenne, et les intérêts coloniaux occupent une place chaque jour plus envahissante dans les préoccupations des diplomates et des hommes d'Etat européens.

II. Les nationalités. — Les plus grands changements accomplis dans l'ordre politique sont dus aux agitations nationales des peuples. Mais d'abord qu'est-ce

qu'une *nation?* Est-ce la réunion des populations parlant
la même langue, ou régies par les mêmes lois politiques,
ou habitant un même territoire, ou unifiées de longue date
par la force? « Rien n'est absolu, dit Renan[1]... Ce n'est
pas la terre plus que la race qui fait la nation. La terre
fournit le champ de lutte et du travail; l'homme fournit
l'âme. L'homme est tout dans la formation de cette chose
sacrée qu'on appelle un peuple. Rien de matériel n'y suffit. Une nation est un principe spirituel résultant des
complications profondes de l'histoire, une famille spirituelle, non un groupe déterminé par la configuration du
sol. » D'après Thiers, c'est surtout le temps qui crée les
nations : « Le temps a fait son œuvre. Il a mêlé toutes les
populations; et ce temps que les hommes accusent d'être
destructeur, mais qui est bien plus encore créateur que
destructeur, le temps a créé les nations modernes. Avec
des Goths, des Vandales, des Maures, il a fait l'Espagnol,
l'Espagnol, fier, sauvage, ombrageux, n'aimant pas l'é-
tranger, avec lequel il est peu habitué à vivre et ayant, à
travers presque toutes les révolutions, conservé presque
entiers et son esprit chevaleresque et son antique droi-
ture. Avec d'anciens Bretons, avec des Anglo-Saxons,
des Danois, des Normands, le temps a fait l'Anglais,
l'Anglais, simple, entier, intrépide, ayant toute la fierté
de l'homme libre, froid en apparence, ardent au fond et
joignant à une imagination originale un sens pratique
exercé par la plus grande expérience qui fut jamais. Puis,
avec d'anciens Gaulois, avec des Bourguignons, des
Francs, il a fait le Français, le Français, placé entre tous
les peuples comme pour leur servir de lien, le Français
sociable par caractère, sociable par situation, doué d'une
intelligence pénétrante, vaste et sûre, sensé et cependant
bouillant, impétueux, emporté, mais prompt à revenir et
toujours bienveillant et brave. On demande où sont les
nationalités? Les voilà, les nationalités; elles consistent

----

1. *Qu'est-ce qu'une nation?* (1882.)

dans le caractère des peuples. On dit qu'il faut revenir à la nature. Eh bien! l'œuvre de la nature, elle est là ; car enfin c'est bien la nature qui a fait ces peuples. Et l'on irait chercher dans nos origines, dans quelques traits de nos visages, dans notre accent, peut-être dans les patois restés au fond de nos provinces, le signe de notre nationalité!... Non, notre nationalité, c'est ce que le temps a fait de nous, en nous faisant vivre pendant des siècles les uns avec les autres, en nous inspirant les mêmes goûts, en nous faisant traverser les mêmes vicissitudes, en nous donnant pendant des siècles les mêmes joies et les mêmes douleurs. Voilà ce qui constitue la nationalité, et celle-là est la seule véritable, la seule universellement reconnaissable par les hommes. » (Disc. au Corps législatif, 1869.)

Napoléon III et la politique des nationalités. — Napoléon III prétendait que la nationalité n'a d'autre fondement que la communauté de la race exprimée par l'identité du langage; il fit de cette théorie le principe directeur de sa politique. Ce n'est certes pas une politique sans grandeur, ni une pure chimère. Il espérait que le triomphe des nationalités pourrait marquer la fin des guerres et rétablir l'harmonie entre les hommes. C'est aussi le rêve caressé par les panslavistes, par les pangermanistes, par les panscandinavistes, par les panhellénistes, qui veulent la réunion en un seul Etat de tous les groupes de peuples parlant le slave, l'allemand, le scandinave, le grec, etc. Mais si certains groupes s'opposent à cette unité artificielle, s'ils réclament leur rattachement à telle autre nation d'autre langue, avec laquelle ils ont vécu depuis des siècles, et dont ils veulent continuer à partager la destinée, faudra-t-il les en arracher par la guerre? La conquête, c'est-à-dire la force, peut-elle jamais fonder le droit? Les analogies de la race et de la langue peuvent-elles présider à la formation d'une nation contre la volonté des intéressés? — Non ; la nation n'existe que par la libre volonté de ses membres. La nation, c'est l'en-

semble des hommes qui veulent faire partie d'un même
Etat. Quand le temps a cimenté ces liens, quand pendant
des siècles les habitants d'un même pays ont vécu ensemble et qu'ils ont la ferme volonté de continuer à vivre de
même, ils ne peuvent plus être séparés. Nul prince n'a
le droit de leur imposer de force une annexion qu'ils
repousseraient. Cette théorie des *nationalités volontaires*
tend de plus en plus à prévaloir. Elle est conforme au
droit naturel et à la dignité humaine.

Les États considérés comme patrimoine des souverains. — Avant 1789, il y avait des rois et des sujets.
Un Etat était considéré comme le patrimoine d'une famille : par des héritages, par des arrangements princiers,
par la conquête, ils étaient agrandis ou diminués. Nul ne
tenait compte de la volonté ou des vœux des habitants.
Ils faisaient partie d'un domaine : un prince les prenait ou
les abandonnait avec ce domaine ; on pouvait mettre un
peuple en pièces, ou rassembler sous le sceptre du même
souverain les peuples de race et de mœurs les plus disparates. C'étaient contrats entre souverains, auxquels les
sujets n'avaient rien à voir. La formation séculaire de la
monarchie autrichienne par les Habsbourg et l'odieux
démembrement de la Pologne sont des exemples de ces
agglomérations ou de ces dislocations de peuples au gré
des intérêts des princes. Au congrès de Vienne de 1814,
cette théorie fut proclamée par les représentants des quatre grandes puissances. En vain Talleyrand fit-il insérer
que l'œuvre du congrès aurait lieu *conformément au droit
public :* les *quatre* se partagèrent les territoires à la lieue
carrée et les peuples suivant le nombre d'âmes.

Le nouveau droit formulé par la Révolution. — Cependant le principe de la souveraineté nationale avait
été proclamé, dès 1579, par la petite république des Provinces-Unies, et appliqué en Angleterre depuis 1688.
La Révolution française lui donna une éclatante confirmation. Si les peuples ont le droit de se gouverner eux-mêmes, ils ont droit aussi de choisir l'Etat auquel ils

veulent être rattachés. Chaque nation doit former un État à part. Les peuples sont respectivement indépendants et souverains, quel que soit le nombre des individus qui les composent et l'étendue du territoire qu'ils occupent. Cette souveraineté est inaliénable. Chaque peuple a le droit d'organiser et de changer les formes de son gouvernement. Un peuple n'a pas le droit de s'immiscer dans le gouvernement des autres. Les entreprises contre la liberté d'un peuple sont un attentat contre tous les peuples. Tel est le droit nouveau inauguré par la Révolution : les Girondins songèrent même à se venger de la coalition des rois en libérant les peuples opprimés. Mais la politique égoïste de Napoléon fit perdre de vue le but des premières campagnes. Sous prétexte de donner aux peuples les bienfaits de la liberté, il les livra à tous les désordres de la guerre et les tint étroitement enchaînés sous le régime du sabre. Un réveil devait se produire. Il eut lieu à la suite des désastres de l'expédition de Russie. Les nations s'affranchirent du joug impérial. Leurs souverains, pour les entraîner contre l'ennemi commun, leur avaient promis à leur tour la liberté. Une fois vainqueurs, ils oublièrent la parole donnée et replacèrent leurs sujets dans le même état d'oppression. Les soulèvements ne se firent pas attendre : les peuples durent combattre longuement pour s'isoler ou se grouper suivant leurs affinités naturelles; encore aujourd'hui un certain nombre d'entre eux n'ont pas cessé de subir des lois qu'ils abhorrent.

Agitations nationales. Mouvements séparatistes ou annexionnistes. — Les agitations nationales ont produit la plupart des plus grandes guerres en Europe depuis 1815. Ainsi les Grecs et les Slaves, opprimés par la Turquie, ont élevé bien des protestations et tenté bien des révoltes; de même les Italiens opprimés par les Autrichiens, les Belges par les Hollandais, les Polonais par les Russes, les Irlandais par les Anglais : il s'agissait dans ce cas de *mouvements séparatistes,* et les guerres entamées étaient des *guerres d'affranchissement*. Deux États réussirent à se constituer avant 1848 : le royaume de Grèce en 1829 et celui de Belgique en 1830.

Au contraire, de grandes nations morcelées entre des dominations diverses protestaient contre cette situation anormale : il s'agissait dans ce cas de *mouvements annexionnistes*, et les guerres entamées pour les réaliser furent des *guerres d'unité*. L'Italie, l'Allemagne, ont ainsi fondé leur unité. Cependant, si ce droit des nationalités volontaires a reçu beaucoup d'éclatantes confirmations, il faut reconnaître qu'il est encore odieusement violé par un grand nombre de gouvernements. L'Angleterre continue de repousser les revendications d'indépendance des Irlandais. La monarchie austro-hongroise opprime les Slaves et les Roumains, et retient malgré eux, sous sa domination, les Italiens de Trieste et du Trentin. L'Allemagne écrase sous son joug de fer les Alsaciens-Lorrains, les Polonais et les Danois, qui protestent avec la plus tenace énergie contre l'annexion imposée de force. Qu'elle ose faire voter les Alsaciens sur le choix de la nation à laquelle ils veulent appartenir, comme la France, en 1860, a fait voter les habitants du comté de Nice et les Savoisiens avant l'annexion. Les Alsaciens lui répondront en allemand qu'ils sont Français et qu'ils veulent rester Français.

Les passions populaires. — Ces anomalies s'expliquaient autrefois par les intérêts des souverains; elles ont aujourd'hui pour cause les passions des peuples : « Si les princes ont leurs ambitions, dit M. Debidour, les peuples ont leurs convoitises et leurs injustices. Sans parler de l'étroit orgueil avec lequel, malgré les efforts de son homme d'État le plus illustre (Gladstone), la nation anglaise dénie encore aux Irlandais l'autonomie qu'ils revendiquent si justement, est-il rien de plus affligeant que l'acharnement âpre et farouche dont le peuple russe fait preuve depuis trois quarts de siècle contre la malheureuse Pologne? Le tsar voudrait rendre à ce pays une partie de ses libertés qu'il ne le pourrait pas. Il faut, pour plaire à la majorité de ses sujets, qu'il règne par la terreur sur la Vistule. Les Allemands de Berlin, dans leurs efforts pour dénationaliser la Posnanie, ne se montrent guère plus équitables que leurs voisins du Nord. L'ont-ils été en soumettant à leur joug de fer ces populations d'Alsace-Lorraine, françaises par le cœur et encore aujourd'hui si réfractaires à leur domination? » En effet, l'Allemand de Cisleithanie prétend dominer le Tchèque, le Polonais de Galicie, le Ruthène, le Magyar, faire la loi au Croate. En Macédoine, le Roumain, le Bulgare, le Serbe, le Grec, le Monténégrin, tous chrétiens, se laissent entraîner à de sanglants conflits, sous l'œil satisfait des Turcs musulmans. « De même que les peuples retournent ainsi le droit contre le droit, la nationalité contre la nation, on les voit employer, pour détruire chez autrui les idées dont ils vivent eux-mêmes, les instruments de leur propre régénération, l'école et l'université. Ils ont leurs savants qui établissent leurs prétendus droits par l'archéologie, la philologie, la sociologie, la physiologie, la psychologie même, comme les rois avaient leurs légistes et leurs archivistes qui établissaient ces mêmes droits par les contrats, les testaments et les généalogies. » (A. SOREL[1].)

En somme, les conflits entre les Etats et les nations ne sont pas près de finir ; le développement de l'instruction, le sentiment plus profond de la dignité humaine, l'extension des libertés politiques, sont autant d'obstacles qui rendent plus difficile qu'autrefois la réunion, dans un même Etat et sous une même loi, de nationalités diverses.

III. Internationalisme. — A ces théories des nationalités, certains novateurs hardis opposent celle de l'internationalisme. — De même que les petites souverainetés féodales du moyen âge, Bretagne, Normandie, Bourgogne, Provence, etc., se sont fondues en un seul

---

1. Lire A. DEBIDOUR, *Histoire diplomatique de l'Europe*, t. II, Conclusion ; — et A. SOREL, *l'Europe et la Révolution française*, Introduction.

Etat, la France, n'est-il pas naturel d'admettre que les Etats actuels, France, Angleterre, Italie, Russie, etc., fusionnent entre eux pour constituer les Etats-Unis d'Europe, en attendant que ceux-ci, à leur tour, opèrent leur fusion avec les Etats-Unis des autres continents? Comme dans les Républiques fédérales (Suisse, Etats-Unis d'Amérique), une *cour suprême* trancherait les différends entre les Etats associés. Déjà Henri IV, dans son *Grand Dessein*, avait songé à constituer cette fédération des divers Etats européens, avec un tribunal supérieur siégeant dans quelque grande ville rhénane. Le congrès de Vienne et la Sainte-Alliance eurent aussi quelque velléité de limiter les conflits des Etats. Napoléon III proposa en 1863 de réunir un grand congrès et d'y fonder les bases de la paix perpétuelle sur un remaniement équitable de la carte d'Europe. Enfin le tsar Nicolas II a réussi à faire établir la *Cour permanente d'arbitrage de la Haye* (1899), et de nombreux traités sont signés depuis plusieurs années entre les nations, afin de régler par l'arbitrage tous les conflits qui n'intéressent pas les intérêts vitaux ou l'honneur national des parties contractantes.

La transformation de la vie économique semble devoir hâter cette évolution internationale. La rapidité, le bon marché croissant des communications facilitent la pénétration mutuelle des peuples. Les grandes voies ferrées internationales sont reliées entre elles par de nombreux services de navigation transocéanique. Un voyageur peut désormais faire en deux mois le tour du monde. Grâce au télégraphe, la pensée, la parole, circulent encore bien plus vite et à moins de frais. Les marchés jadis isolés se confondent; les prix des denrées de première nécessité, jadis très différents, tendent à s'égaliser partout, grâce à l'abaissement progressif du fret maritime et des droits de transport. Enfin les travailleurs de toutes les nations se tendent la main par-dessus les frontières politiques; ils espèrent inaugurer le plus tôt possible dans le monde renouvelé l'ère de la vraie, c'est-à-dire de l'universelle fraternité. Beau rêve que celui de cette paix perpétuelle qui a fait depuis bien des siècles travailler tant de cerveaux !

L'impérialisme. — Malheureusement ce n'est encore qu'un rêve. Si bien des indices rassurants permettent de croire que la guerre reculera de plus en plus, on n'est pas encore en droit d'espérer qu'elle cessera jamais. Depuis l'année terrible (1870), marquée par la guerre franco-allemande, on a vu successivement aux prises la Russie et la Turquie (1876-1878); la Chine et le Japon (1895); la Turquie et la Grèce (1897); l'Espagne et les Etats-Unis (1898); l'Angleterre et les Etats boërs de l'Afrique australe (1899-1902); la Russie et le Japon (1904-1905), sans compter les nombreuses expéditions exclusivement coloniales en Asie et en Afrique. La doctrine de l'*impérialisme,* qui devient le principe dirigeant de quelques-uns des plus grands Etats du globe, est grosse de conflits futurs. En Angleterre, un parti remuant et tracassier, qui a compté parmi ses chefs les plus illustres Palmerston, Disraéli et Joë Chamberlain, considère toutes les mers comme faisant partie des eaux britanniques, et toute colonie nouvelle, fondée par quelque peuple étranger, comme une usurpation sur le domaine mondial réservé à la Grande-Bretagne. En Amérique, la doctrine de Monroë, aggravée par ses successeurs, repousse toute intervention européenne dans le Nouveau Monde et, sous prétexte de laisser l'Amérique aux Américains, tend à placer toutes les républiques des deux Amériques sous le protectorat déguisé des Etats-Unis. L'Empire allemand revendique hautement l'hégémonie militaire sur toute l'Europe, et son chef prétend qu'aucune grande question politique, dans le monde entier, ne peut ni ne doit être réglée sans son assentiment. Ces *visées impériales* portent les grandes puissances à multiplier leurs armements. Les Allemands n'avaient jusqu'ici que leur armée de terre. Il ont fait de gros sacrifices pour créer une marine de guerre, avec laquelle ils espèrent pouvoir un jour dicter leurs lois sur la mer comme sur le continent. Les Anglais et les Américains se contentaient de leurs forces maritimes. La guerre des États-Unis contre l'Espagne, celle des Anglais contre les Boërs, ont démontré aux deux États l'insuffisance de leurs milices. Tous les deux avisent aux moyens d'avoir une forte armée permanente. Ainsi les plus puissantes nations s'arment toujours plus fortement : dans les relations internationales, la force n'a pas cessé de primer le droit.

Aussi, quels que soient les dangers de la paix armée, quelle que soit l'énormité des dépenses qu'entraîne pour notre pays le maintien de nos gros contingents militaires et de nos puissantes escadres, la nécessité s'impose d'être forts, si nous voulons vivre respectés. Nous devons continuer de chérir la paix et nous prémunir contre la guerre. « Parmi les joyeuses divinités qui se régalent dans l'Olympe de nectar et d'ambroisie, vous voyez une déesse qui au milieu de ses loisirs conserve toujours une cuirasse, le casque en tête et la lance au poing : c'est Athéna, la déesse de la sagesse. » (H. Heine.) C'est un symbole à retenir. Nous pouvons accepter le cri souvent poussé de *guerre à la guerre,* mais en nous tenant toujours prêts à repousser toute provocation et en nous souvenant qu'au jour où la patrie fait pour sa défense appel à tous ses enfants, nul ne doit plus raisonner : chacun est tenu de marcher au drapeau et de faire aveuglément son devoir.

DIRECTIONS ET BIBLIOGRAPHIE

I. **Transformations de l'Europe contemporaine :** A. Debidour, *Histoire diplomatique de l'Europe.* — Em. Bourgeois, *Manuel historique de politique étrangère,* tomes II et III. Ces deux ouvrages donnent des références multiples, auxquelles il sera facile de se rapporter pour l'étude d'une question spéciale.

II. **Les nationalités :** étudier la conférence de Renan, *Qu'est-ce qu'une nation?* (1882).

III. **L'Impérialisme :** Roosevelt, *l'Idéal américain.* — Victor Bérard, *l'Angleterre et l'Impérialisme.* — Maurice Lair, *l'Impérialisme allemand.*

ÉTUDES ET LEÇONS

La marche vers la paix. — L'Arbitrage.

1° Antécédents. — Depuis plusieurs siècles. le rêve de la paix hante le cerveau des philosophes et des hommes d'Etat. C'est aussi de nos jours le vœu nettement exprimé des peuples. — Le *grand dessein* de Henri IV, exposé dans les *Economies royales* de Sully. — Le *projet de paix perpétuelle* de l'abbé de Saint-Pierre, qui propose une ligue des rois pacifiques contre les rois batailleurs. — La Sainte-Alliance de 1815. — La proposition de Napoléon III pour la réunion d'un congrès et le remaniement de la carte de l'Europe suivant le principe des nationalités.

2° Conventions internationales. — Les congrès européens où sont conclues les conventions internationales affirment la solidarité de toutes les grandes nations : 1856, congrès de Paris. qui institue la commission internationale du Danube et abolit la *course.* — 1864. convention de Genève, dite de la *Croix Rouge*, destinée à diminuer les maux de la guerre et à organiser l'assistance internationale des blessés ; — nombreuses conférences de l'*Union latine* (France, Belgique, Suisse, Italie. Grèce) pour la frappe de la monnaie d'argent ; — nombreuses conventions sanitaires pour entraver la marche des épidémies, surveiller et désinfecter les navires suspects. — 1874. *Union postale universelle,* qui réunit 51 Etats les plus peuplés du monde et qui tient tous les cinq ans des congrès internationaux. Son bureau central est à Berne. — A Berne, autres bureaux internationaux constitués pour la protection de la propriété industrielle, littéraire et artistique. pour les administrations télégraphiques. pour les transports internationaux par chemin de fer. A Bruxelles, bureau des poids et mesures, — des tarifs douaniers, — de la répression de la traite. — 1885, *second congrès de Berlin,* qui a fixé les différentes zones d'influence où peut s'exercer en Afrique l'action de chaque Etat européen. — 1897-1898, Médiation des grandes puissances pour localiser la dernière guerre entre la Turquie et la Grèce et arracher la Crète au vainqueur. — 1900, entente des grands Etats européens avec les Etats-Unis et le Japon. pour tirer une vengeance commune des meurtres organisés en Chine par les Boxers. — 1902, *conférence de Bruxelles* qui a supprimé les primes payées par les différents Etats à l'exportation de leurs sucres nationaux. — Etc.

3° Arbitrage. — Depuis 1843, la *Société des amis de la paix.* depuis 1868, la *Ligue internationale et permanente de la paix,* recherchent toutes les occasions de rapprochement entre les peuples et réclament, pour dénouer les conflits, la substitution de

l'arbitrage à la guerre. Les noms de Jules Simon
Passy sont intimement liés à cet éloquent apos
guerre. Il a déjà produit ses fruits. À la suite d
Sécession, où l'Angleterre avait manifestement f
fédérés du Sud, le gouvernement de Washingto
indemnité. Le noble Gladstone accepta de confier
litige à des arbitres qui condamnèrent la Gra
payer aux États-Unis une indemnité de 80 million
sure d'amour-propre, dit à ce propos Gladstone, p
poussière dans la balance, comparée à la valeu
exemple : deux grandes nations parmi les plus f
sensibles à l'amour de la patrie, venant de bon
tribunal loyalement choisi, plutôt que de s'en rapp
ment de l'épée. « Dans le conflit à propos des Car
a donné raison à l'Espagne contre l'Allemagne, qu
Le débat entre l'Angleterre et les États-Unis à p
cheries de la mer de Behring a été tranché par la
République française 1903. La limite du territo
Guyane entre la France et le Brésil a été fixe pa
arbitrale du président de la République helvéti
1906, une décision arbitrale a été prise à Paris a
de Hull bateaux anglais coulés par la flotte ru
du Nord. Etc.

Les nations commencent même à signer entre e
destinés à régler par l'arbitrage tous les conflits q
pas les intérêts vitaux ou l'honneur national des p
tantes. Tels sont les traités conclus, en 1896, ent
et les États-Unis; en 1893, entre la France et l'Al
la France et l'Italie; etc.

Cour permanente d'arbitrage de la Hay
puissant souverain s'est même associé à cette
sade. Le tsar Nicolas II a provoqué la réunion d
internationale de la paix à la Haye mai 1899).
délégués des gouvernements n'ont pu ni accueill
des Macédoniens et des Arméniens contre les T
poser dans la querelle naissante entre l'Angleter
Cependant les trois commissions d'études nomm
férence ont amorcé d'utile besogne. 1° Celle du d
pouvait rien faire; elle s'est bornée à rappeler l
de Metternich en 1816 et la lettre de Napoléon II
proposer la réunion du congrès de la paix. 2° La
lois de la guerre a développé les actes du congr
1856 et de la convention de Genève de 1864, de faç
core plus les maux de la guerre. 3° La commission
présidée par Léon Bourgeois, a institué une c
d'arbitrage à la Haye; chacune des pui ssance

nomme quatre hauts représentants à titre permanent. En cas de conflit, les puissances adverses pourront choisir sur la liste de la Haye un même nombre de personnes, qui constitueront le tribunal d'arbitrage. Enfin l'article 27, adopté sur la proposition des délégués français, est ainsi conçu : « Les puissances considèrent comme un devoir, dans le cas où un conflit aigu menacerait d'éclater entre deux ou plusieurs d'entre elles, de rappeler à celles-ci que la cour permanente leur est ouverte. En conséquence, elles déclarent que le fait de rappeler aux parties en conflit les dispositions de la présente convention et le conseil, donné dans l'intérêt supérieur de la paix, de s'adresser à la cour permanente, ne peuvent être considérés que comme *actes de bons offices*. » Désormais, si une guerre éclate, les États non engagés ne doivent plus se considérer comme « des neutres impassibles, mais comme des voisins solidaires, qui ont le devoir étroit de sauvegarder la paix générale ». (L. BOURGEOIS.) — La *conférence d'Algésiras* (1906) a peut-être évité un conflit entre la France et l'Allemagne à propos des affaires du Maroc.

Conclusion. — Sans croire à la paix perpétuelle, on peut espérer que beaucoup de guerres pourront être évitées dans l'avenir par la bonne volonté des peuples, par l'intervention de puissances médiatrices et par l'arbitrage.

CHAPITRE II

L'Empire allemand et le royaume d'Italie depuis 1870.

I. — L'Allemagne est un empire fédéral, composé de vingt-six États sous la suprématie de la Prusse, plus puissante que tous les autres États réunis. Le pouvoir impérial est héréditaire dans la maison de Hohenzollern. Le pouvoir législatif est partagé entre le Bundesrath, dont les membres sont désignés par les divers gouvernements, et le Reichstag élu par le suffrage universel.

L'armée et la marine sont les fermes appuis du nouvel empire. Sa richesse s'est rapidement accrue par les progrès de l'industrie, du commerce, de la marine marchande et des colonies.

A l'intérieur, le prince de Bismarck a lutté contre les catholiques par le Kulturkampf, et contre les socialistes par des lois d'exception. A l'extérieur, il s'est appuyé d'abord sur l'alliance de l'Autriche et de la Russie. La Russie s'étant retirée de ce système après le traité de Berlin (1878), c'est l'Italie qui a pris sa place (triple alliance, 1883). Bismarck a été disgracié brutalement (1890).

L'empereur Guillaume II (1888) favorise l'expansion mondiale du commerce et de la marine allemande (Asie Mineure, extrême Orient, colonies). A l'égard de la France, il pratique tour à tour la politique des avances et de l'intimidation. Il exerce sur ses sujets le pouvoir personnel et militaire.

II. — L'Italie, complètement unie depuis 1870, est devenue une monarchie parlementaire et libérale. Ses rapports avec le pape sont fixés par la loi des garanties (1871). Son commerce et sa marine ont pris un grand accroissement. Cependant l'émigration trop nombreuse est encore un signe de misère.

Le roi Humbert Ier (1878-1900) et le ministre Crispi ont conclu l'alliance étroite de l'Italie avec l'Allemagne (1883) et favorisé les entreprises coloniales. Mais les échecs subis dans l'Erythrée (1895-1896) ont porté le dernier coup à cette politique de mégalomanie qui ruinait l'Italie. Le roi Victor-Emmanuel III, sans sortir de la triplice, s'est rapproché de la France (1903), et la cordialité des relations des deux sœurs latines est un nouveau gage de paix pour l'Europe.

I. L'Empire allemand. — L'Empire allemand et le royaume d'Italie se sont constitués presque en même temps et dans des circonstances presque identiques. Il reste à voir à l'œuvre ces deux nouveaux Etats. Comment, depuis 1870, ont-ils développé leurs forces? Quelle a été leur politique intérieure? C'est l'histoire d'hier et celle d'aujourd'hui, particulièrement intéressante, car il s'agit de nos voisins immédiats.

Constitution de l'Allemagne. Les Etats. — L'Empire d'Allemagne, sous ses apparences de fédération, est en réalité fortement unitaire. Il se compose bien de 26 Etats, dont chacun a sa constitution propre, son souverain, ses Chambres et la gestion de ses intérêts particuliers. Mais, en premier lieu, ces intérêts sont très limités : l'autonomie des Etats ne s'exerce guère que sur les questions de police locale, d'assistance publique, les chemins vicinaux, l'enseignement, etc. Tout le reste est le droit d'empire (*Reichsrecht*), par opposition au droit des Etats

(*Landsrecht*). Puis, la véritable fédération implique une égalité approximative entre les contractants. Or il y a une prodigieuse disproportion entre la Prusse (36 millions d'habitants) et les duchés ou les principautés, débris gothiques de la vieille Allemagne, qui ont de 45,000 à 100,000 habitants, comme les trois duchés de Saxe, les deux Lippe, les deux Reuss ou les deux Schwarzbourg. C'est comme une association de capitaux où les uns apporteraient quelques écus et les autres plusieurs millions. Même en s'unissant, les Etats moyens, les royaumes de Bavière (6 millions et demi), de Saxe (4 millions et demi), de Wurtemberg (2 millions et demi), le grand-duché de Bade (2 millions), ne pourraient faire échec à la Prusse. Ils n'y songent guère ; il ne faut pas se faire beaucoup d'illusions sur leurs velléités d'indépendance.

Enfin aucun Etat ne peut sortir de l'Empire. L'union est indissoluble ; la constitution ne peut même être modifiée s'il y a au Conseil fédéral une opposition de 14 voix : or la Prusse en compte 17 à elle seule.

La Prusse. — La Prusse, dont le roi est à perpétuité empereur d'Allemagne, est donc, en fait, l'Etat souverain. Elle est aussi l'Etat *type,* avec son conseil des ministres et son conseil d'Etat, nommés par le roi, sa Chambre des seigneurs héréditaires ou nommés à vie, sa Chambre des députés élus à deux degrés par le suffrage censitaire ; avec ses onze provinces, divisées en régences, subdivisées en cercles, surtout avec son armée de fonctionnaires : nulle part la bureaucratie ne fonctionne avec plus d'ensemble et de discipline. La dynastie des Hohenzollern a mis depuis des siècles sa forte empreinte sur la Prusse, et, par la Prusse, elle la met actuellement sur l'Allemagne entière.

L'Alsace-Lorraine et les villes hanséatiques. — Parmi les vingt-six Etats, quelques groupes ont, à des titres différents, un régime spécial. L'Alsace-Lorraine (1,800,000 habitants) n'est pas, à proprement parler, un Etat, mais une terre d'empire (*Reichsland*). Elle n'a pas,

en effet, de souverain, pas de gouvernement autonome.
Elle est administrée par les agents de l'empereur; et soumise directement au droit de l'empire (*Reichsrecht*). A sa
tête est un *Statthalter,* assisté d'un secrétaire d'Etat et de
quatre ministres. Elle a quinze députés au *Reichstag,* mais
elle n'est pas représentée au Conseil fédéral.

Les trois villes hanséatiques, Hambourg, Brême et Lubeck, derniers restes de la célèbre ligue du moyen âge,
sont trois républiques qui font partie de l'empire, mais
non de l'union douanière, ou *Zollverein.* Elles sont gouvernées par leurs *Sénats* et leurs *bourgeoisies.*

L'Empire. L'empereur. — L'institution de l'Empire a
pour but la sauvegarde de la Confédération et du droit
en vigueur dans son ressort, ainsi que la prospérité du
peuple allemand. Trois pouvoirs s'y exercent : ceux de
l'empereur, du Conseil fédéral, du *Reichstag.*

Le pouvoir impérial, à la différence de celui du Saint-
Empire disparu, est héréditaire dans la famille des Hohenzollern. L'empereur a seul de droit de déclarer la
guerre, de faire la paix, de conclure des traités avec les
puissances étrangères, de recevoir et d'accréditer les
ambassadeurs. Il convoque le Conseil fédéral et le Reichstag; il peut dissoudre celui-ci; il proclame les lois et en
surveille l'exécution. Il est essentiellement le chef des
forces militaires de l'empire.

Le Conseil fédéral. — Le Conseil fédéral (*Bundesrath*)
est une assemblée de délégués nommés par les gouvernements des divers Etats. Il compte 58 membres (17 pour
la Prusse, 6 pour la Bavière, 4 pour la Saxe, etc.). Il
est le gardien de la Constitution; il approuve ou rejette
les lois votées par le Reichstag. C'est dans son sein que
sont pris les secrétaires d'Etat et recrutées les commissions, formant dans leur ensemble un véritable ministère
qui a dans ses attributions toutes les affaires d'Empire.
Ce sont les secrétaires d'Etat des affaires étrangères, de
l'intérieur, de la justice, de l'amirauté, de la trésorerie,
des chemins de fer, des postes et télégraphes, et les com-

missions de la banque d'Empire, de la dette, de la Cour des comptes, des fonds des invalides, etc. Les secrétaires d'Etat sont nommés par l'empereur; les commissions sont formées par le Conseil, sauf celles de l'armée et de la marine dont l'empereur désigne les membres. C'est encore l'empereur qui nomme le président du Conseil fédéral, le chancelier, second personnage de l'Empire.

Tant que Bismarck a exercé ces fonctions, il a été le maître de la politique intérieure et extérieure. Depuis sa disgrâce, le chancelier n'est guère que le commis de l'empereur.

Le Reichstag. — Si le *Bundesrath* est la représentation des gouvernements, le *Reichstag* est la représentation de la nation. Ses membres sont élus, à raison d'un député pour 100,000 habitants, par tous les citoyens allemands âgés de vingt-cinq ans. Lorsque fut créé le premier Reichstag, celui de la Confédération du Nord, en 1866, ce fut une innovation hardie que cette introduction du suffrage universel dans le gouvernement de la vieille Allemagne. Mais l'homme d'Etat qui pétrissait la nouvelle Allemagne de ses puissantes mains, voyant là sans doute une force pour son œuvre unitaire, espérait probablement tenir en tutelle et manier à son gré cette force inexpérimentée, susceptible d'intimidation, accessible à la corruption, telle qu'on l'avait vue à l'œuvre en France au début du second empire. Peut-être aussi pensa-t-il que la question du suffrage universel se poserait tôt ou tard en une crise redoutable, et voulut-il ménager à son empire l'économie d'une révolution. On verra plus loin qu'il a eu plus d'une fois maille à partir avec le suffrage universel, devenu adulte plus tôt qu'il ne l'avait prévu.

Mais, au demeurant, les choses sont réglées en Allemagne de façon à maintenir longtemps encore la volonté nationale dans les limites étroites où l'enserre le pouvoir personnel. Le *Reichstag* est contre-balancé par le *Bundesrath,* que dirigent le chancelier et l'empereur. Celui-ci, par la force armée et la diplomatie, est le maître de

l'ordre intérieur et de l'action extérieure. De même que
la fédération allemande est en réalité unitaire, le régime
de l'Empire, en apparence parlementaire, est au fond essentiellement un régime personnel.

L'armée. — C'est l'armée qui est le principal ressort
du gouvernement, comme elle est la grande force de la
nation. L'Empire lui doit son existence et ne compte que
sur elle pour maintenir sa puissance. Elle a été constituée
ainsi qu'il suit par de nombreuses lois, de 1860 à 1899.
Le service militaire est obligatoire pour tout citoyen va-
lide de dix-huit à quarante-cinq ans : 3 ans ou 2 ans dans
l'armée active, 4 ans ou 5 ans dans la réserve, 12 ans
dans la landwehr et 7 ans dans le landsturm. L'effectif
de présence sous les drapeaux est fixé à 1 p. 100 de la
population totale. L'armée comprend donc sur le pied de
paix 600,000 hommes. En temps de guerre, elle s'élève
à 2,400,000 hommes, sans compter le landsturm, qui
compte 2,000,000 d'hommes, en tout plus de 4 millions
et demi de soldats.

Toutes ces forces sont dans la main du chef de l'Empire. Chaque soldat, par le serment au drapeau, s'engage
à l'obéissance vis-à-vis de l'empereur. C'est l'empereur
qui fixe l'état de présence et les contingents à fournir
par les Etats particuliers; c'est lui qui, par l'inspection
générale, contrôle la situation des troupes et assure l'exécution de ses ordres dans les 23 corps de l'armée allemande. Trois de ces corps cependant, ceux que fournit
la Bavière, sont levés et administrés par le gouvernement bavarois[1]. Ils n'en sont pas moins soumis comme
tous les autres aux règlements de l'armée prussienne, qui
font loi pour tout l'Empire. Enfin, depuis 1874, les dépenses de l'armée sont votées par le *Reichstag* pour une
période de sept ans, pendant laquelle elles ne peuvent
être modifiées. Aux approches de chaque renouvellement

---

1. La Bavière a gardé dans l'Empire une situation quelque peu privilégiée:
c'est elle aussi qui administre ses postes et télégraphes : ailleurs ce service relève de l'Empire.

de ce *septennat militaire,* le gouvernement ne se fait pas faute de réchauffer par tous les moyens possibles le patriotisme allemand et la haine de l'ennemi héréditaire. Le trésor de guerre de 150 millions, dont le fonds a été prélevé sur notre rançon, est déposé à la forteresse de Spandau, et toujours disponible pour une entrée en campagne.

La marine. — La marine de guerre est également placée sous l'autorité directe de l'empereur et sous le régime des règlements prussiens. Elle comprend 118 navires à vapeur, dont 39 cuirassés et 45 croiseurs, avec 35,000 hommes d'équipage. Les deux grands ports de guerre sont Kiel et Wilhemshafen. L'empereur actuel Guillaume II déploie aussi dans ce domaine son exubérante activité. Il a racheté Heligoland à l'Angleterre. Il a hâté l'achèvement du canal maritime de Kiel à la mer du Nord, qui met les forces de la Baltique en communication directe avec celles de la mer du Nord. On compte en Allemagne que cette voie nouvelle ne sera pas moins utile au commerce qu'à la défense du pays.

L'industrie. — Le gouvernement allemand, en effet, ne s'est pas seulement préoccupé d'organiser cette force militaire, formidable à la fois par le nombre et par l'unité de direction. Il a travaillé aussi à développer toutes les ressources du pays. Le mouvement économique, créé par le Zollverein, a pris avec l'unité allemande une activité extraordinaire. Le sol exploité, une race laborieuse dotée d'un outillage perfectionné, le travail national protégé, voilà l'œuvre de ces dernières années. Le nouvel empire a conquis une large place sur le marché européen comme parmi les grandes puissances; et c'est un genre de conquête auquel nous devons aussi prêter la plus grande attention.

Pour l'industrie, ses progrès sont particulièrement menaçants. L'Allemagne renferme des richesses extractives considérables, surtout la houille et le fer. Les bassins houillers de la Ruhr, de la Silésie, de la Saxe, donnent aujourd'hui 120 millions de tonnes, trois fois plus que la consommation française. Sur ces terrains propices et sur d'autres se sont multipliés les usines, les manufactures, les ateliers : Essen, Solingen, Saarbruck, Zwickau, Breslau, pour la métallurgie et les machines ; Mulhouse, Elberfeld, Crevelt, Chemnitz, pour la filature et les tissus ; l'Alsace-Lorraine, les provinces rhénanes, la Saxe, pour les produits chimiques et la verrerie, forment des groupes de premier ordre ; Strasbourg, Cologne, Dusseldorf, Hanovre, Leipzig, Breslau, sont des centres considérables de productions variées ; Berlin enfin réunit toutes les variétés de l'industrie nationale.

Le commerce. Le protectionnisme. — Le commerce intérieur a bénéficié de la multiplication des voies de communication. L'Allemagne compte aujourd'hui près de 60,000 kilomètres de voies ferrées, la plupart exploitées par l'État : c'est à peu près la même proportion que pour la France. Deux grandes voies internationales ont surtout pour l'Empire une importance capitale : celle qui, par Cologne et Berlin, relie l'Europe occidentale à la Russie, et plus encore celle qui, par le Rhin (depuis que le Saint-Gothard a été percé), assure à l'Allemagne une partie du transit entre l'Orient et le Nord.

Le commerce extérieur a suivi les progrès de la production allemande. La flotte commerciale de l'Allemagne, avec ses ports d'attache principaux, Dantzig, Stettin, Lubeck, Hambourg, Brême, Emden, occupe aujourd'hui le troisième rang dans le monde, après celles de l'Angleterre et des États-Unis, avant celle de la France. Une évolution économique importante a été accomplie par l'Allemagne dans ces dernières années. Par une série de mesures prises de 1879 à 1885, le gouvernement est passé du libre-échange à la protection. On sait que c'est une tendance à laquelle obéissent aujourd'hui tous les gouvernements de l'Europe, sans qu'on en puisse encore constater avec certitude les résultats bons ou mauvais. Dans la pensée de Guillaume Ier et de Bismarck, ces lois de protection n'avaient pas seulement pour objet de favoriser le travail national : elles visaient à modifier le système d'impôts, à augmenter le rendement des contributions indirectes d'où sont tirées surtout les ressources de l'Empire, à diminuer les contributions directes qui forment le budget des États particuliers. Elles avaient aussi une portée sociale que l'étude des partis nous fera connaître tout à l'heure.

L'émigration. — Enfin, à la même époque, l'Allemagne a fait ses premiers pas dans la voie de la colonisation.

La population de l'Empire d'Allemagne s'accroît chaque année dans une proportion considérable (près de 20 millions depuis 1871). Quelle que soit l'activité laborieuse de la race, le pays ne suffit pas à la nourrir. Le trop-plein se déverse par l'émigration. Celle-ci s'est élevée à 150,000 individus, et même, en 1881, à 210,000. Elle est retombée à une moyenne annuelle de 35,000 dans la décade 1893-1902.

Ce sont les États-Unis qui recueillent la plus grande partie de ce flot de travailleurs (4 millions, dans le Far-West surtout). En outre, de nombreuses maisons de commerce allemandes sont établies sur les principaux marchés du monde. Pour les qualités commerciales, l'Allemand ne le cède pas, on le sait, à l'Anglais lui-même.

La colonisation. — Bismarck, reprenant, après 1871, une idée qui avait déjà occupé le grand-électeur Frédéric-Guillaume en 1681, a pensé qu'on pourrait empêcher ces Allemands de se *dégermaniser* en se perdant dans la grande république américaine, et trouver dans le monde quelque terre inexploitée dont on ferait une Allemagne du dehors. L'Afrique, que l'activité européenne est en train d'absorber, s'offrait naturellement à ces essais. Le premier, qui ne fut pas très heureux, fut dirigé vers l'Afrique du sud-ouest, à Angra-Pequeña, sur les tristes côtes de la Hottentotie. Les autres établissements ont plus de valeur : c'est Togo, près de notre territoire dahoméen; c'est Cameroun, un peu plus au Sud, et qui offre un accès vers le Soudan; c'est surtout la côte en face de Zanzibar, avec Bagamoyo et la route des grands lacs, où la compagnie allemande de l'Afrique orientale trouve un large champ à son ambition. Une conférence, réunie à Berlin en 1885, a introduit officiellement, en quelque sorte, l'Empire allemand dans les affaires coloniales; puis, un arrangement conclu avec l'Angleterre en 1890 a tant bien que mal déterminé les zones d'influence des deux puissances. Enfin, en Océanie, l'Allemagne, après une tentative malheureuse pour s'approprier les Carolines, a fondé une compagnie de la Nouvelle-Guinée qui occupe la terre de l'Empereur-Guillaume et l'archipel Bismarck. Toutefois, en Océanie comme en Afrique, ce sont là des exploitations commerciales plutôt que des colonies de peuplement répondant au besoin d'émigration de la race.

Les partis en Allemagne. — Tous ces grands progrès ne se sont pas réalisés sans des luttes intérieures. Les institutions représentatives, même avec les restrictions dont les a entourées la constitution, n'ont pu fonctionner sans mettre aux prises, dans de fréquentes batailles parlementaires, les partis du Reichstag et des Chambres prussiennes. Bismarck y a déployé tour à tour sa savante stratégie et son audace provocante.

Le gros de la représentation allemande est constitué par trois groupes analogues à ce qu'on a appelé chez nous le centre, le centre droit et le centre gauche. C'est d'abord le parti *national-libéral,* celui qui a aidé à l'établissement de la constitution, et qui, plus *national* que *libéral,* dans son zèle pour l'unité, s'est résigné à suivre et à servir la politique autoritaire du « chancelier de fer ». De ce parti se sont détachés les *progressistes,* qui revendiquent les droits du Parlement, et dont l'ancien chef, Richter, a eu à soutenir plusieurs assauts fameux de la part de Bismarck. Les *conservateurs,* au contraire, qui se recrutent dans les *Junker,* c'est-à-dire parmi les hobereaux prussiens et les piétistes intolérants, sont les représentants du passé, les ennemis des nouveautés politiques et sociales. Parmi eux, une fraction, connue sous le nom de *parti agrarien,* a déclaré la guerre à la haute banque, au commerce, à l'industrie, et veut faire refluer vers l'agriculture toute l'activité nationale.

Les catholiques. Le Kulturkampf. — Ce sont là les groupes entre lesquels évolue la politique impériale et sur lesquels elle prend son point d'appui suivant les circonstances. Mais il y en a d'autres qui se posent plus franchement en adversaires et qui peuvent modifier la majorité par leur appoint.

Au premier rang il convient de placer le *centre :* c'est ainsi qu'on désigne en Allemagne les députés catholiques. Il y a dans l'Empire 35 millions de protestants et 20 millions de catholiques. On conçoit que, dans les premières années de l'Empire, la représentation des catholiques, fortement organisée par un habile tacticien, Windhorst, prenant son mot d'ordre à Rome, auprès d'un pape peu disposé aux concessions, Pie IX, pût peser d'un grand poids dans les débats des Chambres prussiennes et du Parlement allemand. Vers 1872, Bismarck, déjà en querelle avec Pie IX au sujet de l'infaillibilité, inquiet des bruits de restauration monarchique en France (le comte de Chambord) et en Espagne (don Carlos), craignait de voir bientôt l'Empire enserré par des gouvernements dévoués à Rome; il prit l'offensive, avec sa résolution ordinaire. Il expulsa les Jésuites (1872); il fit voter par les députés prussiens les *lois de mai* (1873) : la direction du culte catholique supprimée, l'inspection des écoles enlevée aux évêques et aux curés catholiques, la juridiction disciplinaire des évêques sur leur clergé limitée, tout lien rompu entre l'épiscopat et la papauté, les faveurs accordées à la secte des *vieux-catholiques* qui n'admettait pas le dogme de l'infaillibilité, telles furent les mesures qu'on baptisa alors du nom ambitieux de *Kulturkampf* (combat pour la civilisation). Bismarck déclarait fièrement qu'*il n'irait pas à Canossa*[1], et pendant cinq ou six ans des actes de rigueur, amendes, exils, emprisonnements, appuyèrent cette déclaration.

La paix entre Rome et Berlin s'est faite cependant, un peu à cause de l'avènement d'un pape conciliant et très fin diplomate, beaucoup par suite du besoin qu'avait le gouvernement de l'appoint catholique contre d'autres adversaires. La réconciliation fut scellée par une visite du prince royal à Léon XIII. Le fils de l'empereur, comme on l'avait prédit, « alla à Rome sans passer par Canossa ». Les lois de mai sont aujourd'hui une arme qu'on n'a pas brisée, mais qu'on laisse se rouiller.

Le socialisme. — Ces autres ennemis contre lesquels Bismarck a dû chercher des alliés, ce sont les socialistes. Les questions sociales ont surgi en Allemagne, comme il arrive dans tous les pays en voie de transformation économique. Le vigoureux ministre a d'abord tenté de les résoudre par des lois. Il a hardiment essayé du socialisme d'Etat. De 1878 à 1885, le gouvernement impérial a affirmé à plusieurs reprises son désir « d'améliorer le sort des travailleurs et de consolider la paix entre les différentes classes professionnelles ». Des lois sur les corporations, les caisses d'assurance, les invalides du travail, ont marqué nettement cette tendance. Il ne paraît pas qu'elles aient désarmé la classe ouvrière. Les revendications sociales ont pris en Allemagne un caractère grave. Le parti socialiste s'est organisé et fonctionne, sous ses chefs Wollmer, Bebel, avec une discipline et une stratégie parlementaire qu'il n'a pas ailleurs. Les voix des socialistes, qui étaient tombées à 100,000 en 1871, se sont élevées depuis lors au nombre de plus de deux millions.

---

1. *Aller à Canossa* signifie s'humilier devant la papauté. Au moyen âge, un empereur, Henri IV, excommunié par le pape Grégoire VII, était venu implorer son pardon au château de Canossa, près de Modène. Pendant trois jours, vêtu du costume des pénitents, agenouillé sur la terre couverte de neige, Henri IV frappa vainement à la porte du château. Il fut enfin admis à la pénitence ! Cette scène frappa vivement l'imagination des peuples, et ce sont ces souvenirs que réveille le nom de Canossa.

Les protestataires. — Il y a encore d'autres oppositions. Celle des *Guelfes*, partisans irréductibles de la dynastie de Hanovre dépossédée en 1866, est aujourd'hui désarmée par un accord intervenu avec les héritiers de cette dynastie. La question polonaise est plus persistante. En 1885, des lois ont été soumises aux Chambres prussiennes en vue d'expulser les réfugiés polonais qui refluaient d'Autriche et de Russie sur les provinces de Posen et de Prusse. On a aussi créé une caisse pour acheter les terres des propriétaires polonais de ces provinces, et les germaniser par la colonisation allemande. On proscrit violemment jusque dans les écoles l'emploi de la langue polonaise. Cette germanisation brutale entraîne des haines inexpiables. C'est une des formes de l'antagonisme, qui n'est pas près de finir, entre la race slave et la race germanique.

Enfin il y a le groupe protestataire, les représentants des pays que l'Allemagne a annexés contre leur volonté, c'est-à-dire les députés danois du Sleswig et les députés de l'Alsace-Lorraine. La protestation de ceux-ci est l'écho de celle que leurs aînés firent entendre à l'assemblée de Bordeaux, lorsqu'ils se retirèrent pour ne pas voter les préliminaires de Versailles, le 1er mars 1871 : « Les représentants de l'Alsace et de la Lorraine, disaient-ils, affirment de la manière la plus formelle, au nom de ces provinces, leur volonté et leur droit de rester françaises... Nous déclarons nul et non avenu un pacte qui dispose de nous sans notre consentement... La revendication de nos droits reste à jamais ouverte à tous et à chacun, dans la forme et dans la mesure que notre conscience nous dictera. »

La question de l'Alsace-Lorraine. — C'est, en effet, pour avoir arraché ces provinces à la patrie française et les avoir en quelque sorte incarcérées dans l'unité allemande que l'Allemagne est condamnée à soutenir après la victoire l'effort qu'elle a fait pour vaincre. Il fallait, pour conquérir, une armée formidable : il a fallu une armée plus forte encore pour conserver. Ne pouvant pas obtenir de la France qu'elle acceptât comme un droit le fait qu'elle subissait, on s'est tenu prêt à prévenir toute éventualité de revanche. La France a dû, de son côté, se protéger contre toute attaque subite; les grandes puissances n'ont pas cru devoir rester désarmées en face d'une guerre qui peut bouleverser l'Europe. C'est ainsi que toutes les nations civilisées voient leurs ressources dévorées par les monstrueux armements que l'on sait. C'est l'Allemagne qui, en abusant de sa victoire, a créé cet état de paix armée, plus ruineux que ne l'était autrefois la guerre.

Politique extérieure. Les trois empereurs (1872). — C'est aussi le désir d'isoler la France, pour la mettre dans l'impossibilité d'exercer aucune revendication, qui explique la politique extérieure de l'Allemagne depuis 1871. Nous ne pouvons qu'indiquer les grands traits de cette politique, qui a formé successivement deux systèmes d'alliances. Ce fut d'abord l'alliance des trois empereurs (1872). L'empereur d'Autriche-Hongrie, le vaincu de Sadowa, y était poussé moitié par la crainte d'une lutte qui disloquerait son empire aux races si diverses, moitié par l'espérance de quelques bénéfices dans la solution future de la question d'Orient; il commençait sa *marche vers l'Est*. L'empereur de Russie, uni d'ailleurs par des liens de famille et d'amitié personnelle avec Guillaume Ier, pensait que l'accord des trois grandes puissances pourrait seul réprimer les progrès des partis révolutionnaires. Bismarck put croire alors que la France était suffisamment tenue en bride; il paraît même certain que, ne la trouvant pas assez vaincue, il songea, en 1875, à lui chercher une nouvelle querelle. Le tsar Alexandre II refusa de s'y prêter, et l'alliance avec la Russie se refroidit dès lors. L'accord cessa complètement après le congrès de Berlin (1878).

La triple alliance (1883). — Alors l'Allemagne se tourna d'un autre côté. Elle profita du dépit que notre occupation de la Tunisie causait à l'Italie; elle renoua le lien de 1866, en concluant la *triple alliance* de 1883. L'Italie n'était certes pas, dans ce faisceau, l'équivalent de la Russie qu'elle remplaçait; mais, en menaçant notre frontière des Alpes, elle pouvait servir les projets formés contre nous.

Cette triple alliance dure encore, et son programme officiel est, bien entendu, le maintien de la paix européenne. Heureusement elle n'est plus seule à en avoir la garde. Depuis 1892, l'amitié de la France et de la Russie, hautement et solennellement affirmée en deux circonstances mémorables, à Cronstadt et à Toulon, veille aussi sur le repos du monde.

Guillaume II (1888). — A Guillaume Ier le Conquérant succéda son fils Frédéric III, déjà mourant; ce fut une agonie tragique de trois mois. Puis le règne de Guillaume II commença (1888). La dynastie des Bismarck semblait vouloir dominer celle des Hohenzollern. Le chancelier de fer aux allures cassantes fut disgracié (18 mars 1890). L'infatigable activité du jeune empereur s'est exercée dans tous les sens. Sous les noms de Caprivi, de Hohenlohe, de Bulow, il est à lui-même son propre chancelier et n'agit que suivant son caprice. Il cherche à pousser l'Allemagne vers l'expansion économique et mondiale. « L'avenir de l'Allemagne est sur les flots. » Telle est sa maxime favorite; il parle de *sa* flotte, de *ses* navires, de *ses* colonies. Il a acheté à l'Espagne les Mariannes, les Carolines, les Palaos, partagé les Samoa avec l'Angleterre et les Etats-Unis, démembré la Chine par l'occupation de Kiao-Tchéou et de Chan-Toung. Il protège efficacement le sultan, et se ménage, grâce à son alliance, des avantages commerciaux dans toute l'Asie Mineure. Son pèlerinage en Syrie a été surtout une exploration commerciale de commis voyageur couronné. Les grandes sociétés allemandes construisent des chemins de fer avec la même activité en Asie Mineure et en Chine. Ainsi les Allemands prennent l'Asie aux deux revers de l'extrême

Orient et de l'extrême Occident. Dès ce moment l'Allemagne dispute aux Etats-Unis la seconde place sur mer, dans l'industrie et dans le commerce. La concurrence allemande devient pour l'Angleterre elle-même une inquiétude et une menace.

II. Le royaume d'Italie. — La constitution italienne. — Sans avoir atteint un aussi haut degré de force et de prospérité que l'Allemagne, l'Italie unie et pacifiée s'est cependant élevée au rang des grandes puissances. « L'Italie est libre et une, disait ictor-Emmanuel à l'ouverture du Parlement en 1870; il dépend de nous de la faire grande et heureuse. » Victor-Emmanuel et ses successeurs ont travaillé efficacement à cette grande œuvre avec les hommes d'Etat héritiers de la pensée de Cavour.

Ils ont d'abord doté le nouveau royaume d'une constitution, qui n'est autre que le *statuto fondamentale* du 4 mars 1848 donné à son royaume par Charles-Albert. Au roi, le pouvoir exécutif dans toute son étendue; aux deux Chambres, le pouvoir législatif. Le Sénat est composé de membres nommés à vie par le roi, mais choisis dans certaines catégories de hauts fonctionnaires ou de riches contribuables. La Chambre des députés est élue pour cinq ans, au suffrage restreint. Mais la loi de 1882 a abaissé l'âge de l'électorat de vingt-cinq à vingt et un ans, et le cens de 40 francs à 19 fr. 80; toutes les capacités sont admises au droit de suffrage, sans aucune condition de cens; il suffit de justifier d'une instruction primaire supérieure pour être électeur. C'est le suffrage quasi universel.

L'Italie et la papauté; la loi des garanties (1871). — Sitôt après la prise de Rome, et conformément aux principes de Cavour, une loi fut votée par le Parlement pour régler la situation respective de la royauté et de la papauté : c'est la *loi des garanties* (1871). Le gouvernement assurait au pape une liste civile de 3,225,000 francs, la propriété et l'inviolabilité des palais du Vatican, de Latran, de Castel Gandolfo (près de Rome), la liberté dans l'exercice de ses fonctions spirituelles, la franchise de ses relations diplomatiques. L'État renonçait à toute participation dans la collation des dignités ecclésiastiques; mais il ne reconnaissait au temporel aucune juridiction ecclésiastique. C'était bien l'Église libre dans l'État libre.

La papauté a, jusqu'à ce jour, renoncé à tous les bénéfices de cette loi. Aucune conciliation d'ailleurs n'était possible avec l'ardent et mystique Pie IX, qui pensait et parlait comme un pape du moyen âge; après avoir anathématisé les « erreurs modernes » dans le *Syllabus* (1864), il avait, en 1870, proclamé au concile du Vatican l'infaillibilité pontificale, malgré l'opposition d'une fraction du clergé catholique. Avec Léon XIII (1878), le pape aux larges vues et à la fine diplomatie, la situation s'est un peu détendue, mais n'a pas été réglée. Le nouveau pape Pie X (1903), dont tout le monde s'accorde à louer plus la vertu que l'intelligence, ne laisse passer aucune occasion de manifester son intransigeance. La papauté continue à ne pas reconnaître le royaume d'Italie et soutient fidèlement la fiction de sa captivité.

Les partis. — Jusqu'en 1882, le pouvoir a été alternativement exercé par les chefs de la droite et ceux de la gauche : parmi les premiers, on peut citer Ricasoli, Minghetti, La Marmora et Menabrea ; parmi les autres, Depretis, Nicotera, Cairoli, Crispi. Le ministère Depretis (1880-1887) a entrepris un déclassement des partis, connu sous le nom de *transformisme,* et qui n'a guère contribué à doter l'Italie de la tranquillité parlementaire; sous les ministères de Giolitti, du marquis de Rudini, de Crispi, le pays n'a été exempt ni d'agitations, ni de crises ministérielles, ni de débats scandaleux. Il y a actuellement à la Chambre une extrême gauche, plus ardente que nombreuse, et un parti bruyant, les *irrédentistes.* On nomme ainsi ceux qui pensent que l'unité italienne est inachevée tant qu'on n'aura pas délivré les pays qu'ils appellent l'*Italia irredenta* (l'Italie non affranchie), Trieste et Trente, qui appartiennent encore à l'Autriche. Certains y joignent le Tessin, qui est à la Suisse, la Savoie, Nice et la Corse à la France, Malte aux Anglais.

Les richesses. — Depuis son unification, l'Italie a assurément réalisé de grands progrès économiques. L'agriculture est sa grande source de richesses ; son sol et son climat sont propres à de nombreuses cultures : le riz et le blé, le vin, l'huile, les fruits, sont ses principaux produits. Pour l'industrie, elle est moins favorisée par la nature : elle n'a pas de houille, elle a peu de fer et peu d'autres métaux ; mais son sous-sol, par suite de l'action volcanique, est surtout riche en soufre, en eaux thermales, en produits de combinaisons chimiques, en marbres renommés. Aussi les grandes industries, la métallurgie, le tissage (sauf pour la soie), sont-elles dans un état d'infériorité ; mais elle excelle, par une sorte de don héréditaire, dans les industries d'un caractère artistique, verrerie, majolique, mosaïque, objets d'albâtre, bijoux de corail, etc. Pour le commerce, sa position de jetée au milieu de la Méditerranée lui assure, comme au temps de l'empire romain et du moyen âge, de sérieux avantages.

Si l'on veut avoir le spectacle de l'activité italienne, il faut parcourir les riches plaines de la Lombardie, avec leur savante irrigation ; les belles vallées de la Toscane, avec la répartition élégante de leurs cultures ; le royaume de Naples, « ce morceau du ciel tombé sur la terre », et en Sicile la « conque d'or » de Palerme, avec les précieux vignobles de Marsala à l'ouest. Il faut visiter aussi Milan, le grand foyer de l'activité italienne et le centre des communications avec l'Europe ; Turin, Bologne, villes très industrielles ; Gênes et ses ateliers de construction de Saint-Pierre d'Aréna ; la Spezia, Castellamare et leurs chantiers ; Brindisi, point d'attache des relations avec l'extrême Orient. Il faut enfin mettre au premier rang des trésors de l'Italie ces cités incomparables où toute l'Europe va accomplir son pèlerinage artistique, Venise, Florence, Rome, Naples.

La crise économique et sociale. — Et cependant l'Italie subit, on ne saurait le contester, une crise économique des plus graves, qui se traduit par un réel malaise social. La condition des classes rurales est, dans une grande partie du pays, fort misérable, pour diverses causes. C'est d'abord l'élévation des fermages : car dans les parties les plus productives domine la grande propriété, qui laisse peu de profits au cultivateur; c'est ensuite le ralentissement de l'exportation des produits agricoles, vins, fruits, huile, etc. C'est enfin le poids énorme de l'impôt foncier, qui s'élève à près de 25 p. 100 du revenu brut. De là les progrès redoutables de doctrines dangereuses, car c'est la misère qui recrute les armées des révoltés; de là, surtout en Sicile, où la crise sévit particulièrement, ces associations secrètes de malfaiteurs, les *fasci* (faisceaux), qui prennent parfois les proportions d'une véritable jacquerie. De là enfin l'émigration, qui chaque année jette un peu partout, dans l'ancien et le nouveau monde, près de 500,000 Italiens[1].

L'armée. La marine. — A ces causes de la misère sociale, il faut chercher une explication politique. On la trouve dans l'impatiente ambition de l'Italie, qui a conçu trop tôt de trop vastes projets. L'entretien des forces militaires de terre et de mer pèse sur le pays d'un poids écrasant. La loi militaire de l'Italie, qui n'est pas sans analogie avec notre loi de 1872, impose le service de vingt ans à trente-neuf ans; elle admet les engagements conditionnels d'un an ; elle divise, par le tirage au sort, la population en état de servir, en trois catégories, diversement réparties entre l'armée active, la milice mobile et la milice territoriale. L'armée sur pied de paix comprend 275,000 hommes ; le pied de guerre atteint sur le papier le chiffre énorme de 3 millions. La flotte, sur laquelle

1. L'émigration s'accroît d'une façon inquiétante. De 100,000 émigrants en 1876, elle est passée à 200,000 en 1887 et à 726,000 en 1905. Beaucoup vont au Brésil et dans la République Argentine : le plus grand nombre se dirige vers les Etats-Unis. On calcule que beaucoup reviennent, quelques-uns après fortune faite, la plupart refusés par les commissions sanitaires, ou gangrenés, alcooliques ou tuberculeux.

les Italiens fondent de grandes espérances, comprend 20,000 hommes d'équipage et près de 300 navires, dont 17 cuirassés; quelques-uns de ceux-ci sont les plus grands qu'il y ait au monde.

L'Italie et la France. — Cet effort formidable et ruineux d'un pays qui semble ne point avoir d'ennemis s'explique par les deux idées qui ont longtemps dirigé la politique italienne et que Crispi a incarnées : l'hostilité contre la France et les entreprises coloniales.

Quelle pouvait être la cause de la haine de l'Italie contre nous? On comprend qu'elle ait oublié la part que nous eûmes à son unité et que le rappel trop fréquent des services rendus ait eu le don de l'exaspérer. On ne peut guère prendre au sérieux la crainte, parfois exprimée à Rome, de voir la France tenter de rendre au pape sa souveraineté temporelle. Le vrai grief, c'est que nous avions en 1881 devancé les secrets desseins de l'Italie sur la Tunisie. Sa réponse ne se fit pas attendre. Dès 1883, la triple alliance était conclue. Elle a été renouvelée plusieurs fois. Divers incidents ont souligné cette attitude : Humbert II est allé à Berlin, et Guillaume II a été reçu à Rome avec un réel enthousiasme. On a singulièrement oublié là-bas le cri de guerre d'avant 1859 : *Fuori i Tedeschi!* « Dehors les Allemands! » Pendant près de vingt ans l'Italie a fait le jeu de l'Allemagne, se tenant prête à opérer aux Alpes une dangereuse diversion, peut-être même à la provoquer. Mais le fardeau était au-dessus de ses forces : la rupture économique avec la France, qui avait suivi la rupture politique, achevait de ruiner le pays, épuisé par des armements excessifs. On est enfin revenu au delà des Alpes à des sentiments plus justes et à des vues plus sages. La triple alliance subsiste, mais semble dépourvue de son caractère agressif; un traité de commerce franco-italien a rapproché les deux nations; des actes de courtoisie, qui ne sont pas de pure forme, ont scellé le rapprochement entre les deux grandes nations latines.

Les entreprises coloniales. — Parallèlement à cette dangereuse politique européenne, le ministère Crispi poursuivait en Afrique d'ambitieuses visées coloniales, auxquelles on a donné justement le nom de *mégalomanie*. Il avait jeté son dévolu sur la mer Rouge et la région du Nil moyen. En 1885, l'Italie occupa les ports de Massaouah et d'Assab. C'est, sous le nom pompeux d'*Erythrée,* une triste région et une occupation coûteuse. Mais c'est un débouché des routes de caravanes qui conduisent en Abyssinie, et la prise de Kassala (1894) sembla indiquer que les Italiens voulaient imposer à l'Ethiopie une sorte de protectorat. Par le traité d'Ucciali (1889), le négus Ménélik s'était même engagé à traiter par l'intermédiaire du gouvernement italien toutes ses négociations avec les puissances étrangères. Mais le négus dénonça ce traité (1893), battit à Amba-Ulaghi, à Makallé, à Adoua, l'armée du général Baratieri (1895-1896). Par le traité d'Addis-Ababa (1896), l'Italie reconnut l'indépendance absolue de l'Ethiopie et ne garda plus que ses établissements de la côte. Ce fut la cause de la chute de Crispi. Le marquis di Rudini liquida sagement cette désastreuse aventure.

Quelques événements tragiques ont marqué ces dernières années. En 1898, une insurrection socialiste, d'une soudaineté et d'une violence étranges, a éclaté à Milan. En 1900, le roi Humbert a été assassiné par un anarchiste. Depuis la mort de Crispi et surtout depuis l'avènement de Victor-Emmanuel III, l'Italie, épuisée par les lourdes charges militaires que lui imposait l'alliance allemande, s'est rapprochée de la France. Elle ne s'est pas retirée de la *triplice,* qui a été renouvelée encore en 1902. Mais la visite de Victor-Emmanuel III à Paris (1903), bientôt rendue à Rome par le président Loubet, ainsi que le rôle des représentants de l'Italie à la conférence d'Algésiras (1906), ont montré la cordialité des relations nouvelles entre les « deux sœurs latines ».

Conclusion. — En somme, malgré les analogies apparentes, l'unité allemande et l'unité italienne se sont réalisées dans des conditions très différentes. Le chef de la maison de Savoie, en devenant le roi d'Italie, a été le libérateur de son peuple. Il ne s'est pas imposé par la force ; le royaume de Sardaigne s'est fondu avec tous les autres morceaux historiques de l'Italie unie. La constitution de la Sardaigne, souhaitée dès longtemps par tous les autres Etats italiens, leur a été appliquée par une extension naturelle. La nationalité italienne a pris place dans le monde sans « violer le principe des nationalités ». (E. LAVISSE.) Au contraire, tous les Allemands ne sont pas incorporés dans l'Empire allemand. Ceux de l'Autriche restent en dehors. En revanche, le roi de Prusse a apporté à cet empire des sujets violemment annexés, aux dépens du Danemark et de la Pologne, auxquels ont été réunis de force en 1870 les Alsaciens et Lorrains arrachés à la France. Déjà le chef de la maison de Hohenzollern avait supprimé en 1866 les dynasties de Hanovre, de Nassau et de Hesse-Cassel. Il a contraint les autres princes régnants à lui déférer l'Empire. Vainqueur, il leur a imposé la constitution de 1866, rédigée pour des vaincus. Ainsi la Prusse a conquis l'Allemagne. Les nouveaux empereurs, casqués et cuirassés comme au moyen âge, maintiennent leur peuple sous le joug de la caserne, dans le frémissement d'une perpétuelle veillée d'armes.

DIRECTIONS ET BIBLIOGRAPHIE

I. **L'Empire allemand :** E. LAVISSE, *Essai sur l'Allemagne impériale.* — CH. ANDLER, *le Prince de Bismarck.* — VÉRON ET BONDOIS, *Histoire de l'Allemagne depuis la bataille de Sadowa.* — E. DENIS, *la Fondation de l'Empire allemand* (1852-1871). (Excellent pour l'histoire des idées.)

II. **Le royaume d'Italie :** DE CROZALS, *l'Unité italienne.* — SEIGNOBOS, *Histoire politique de l'Europe contemporaine.*

Nous avons emprunté notre parallèle et nos conclusions sur la formation et la constitution des deux Etats au très remarquable ouvrage de M. Lavisse, *Vue générale sur l'histoire politique de l'Europe.*

ÉTUDES ET LEÇONS

I. — Les conséquences de la défaite de la France pour l'Europe.

1° *En Italie*, c'est la rupture de la convention du 15 septembre 1864 et l'occupation de Rome au nom de Victor-Emmanuel par le général Cardona (20 sept. 1870).

2° *En Russie*, c'est la circulaire Gortschakof qui proteste contre la neutralisation de la mer Noire imposée par le traité de Paris (1856). La Russie prétend relever les défenses de Sébastopol et de ses autres arsenaux et obtenir du sultan la permission de faire passer des vaisseaux de guerre à travers le Bosphore et les Dardanelles.

3° *Pour l'Allemagne*, c'est la proclamation par les princes allemands de l'Empire d'Allemagne, héréditaire dans la maison de Prusse (Versailles, 18 janvier 1871).

4° *Pour l'Angleterre*, à la conférence de Londres (janvier-mars 1871), c'est l'impossibilité, à cause de l'effacement de la France, de s'opposer à la rupture des clauses du traité de Paris relatives à la neutralisation de la mer Noire. La France, n'ayant pu obtenir de poser devant la conférence la question de l'Alsace-Lorraine, refuse de s'y faire représenter.

5° *Pour la France*, c'est l'armistice du 18 janvier 1871, l'entrée des Prussiens à Paris pour un seul jour et dans un seul quartier; les préliminaires de Bordeaux du 1ᵉʳ mars et le traité de Francfort (10 mai 1871), qui consacre la mutilation de la France, le payement de 5 milliards et l'occupation d'une partie du territoire français jusqu'au payement intégral de l'indemnité.

Consulter Debidour, *Histoire diplomatique*, t. II, chap. xi. — Bourgeois, *Manuel historique de politique étrangère*, t. III, chap. xv.

II. — Les relations de la France et de l'Allemagne depuis 1871.

Quelques faits en indiqueront la nature : la *libération du territoire* par anticipation (convention du 15 mars 1873: évacuation des dernières places occupées, le 20 septembre) ne faisait pas seulement honneur au patriotisme de Thiers: elle montrait la vitalité de notre pays. Ce relèvement si prompt alarma l'Allemagne; et, en 1875, les relations se tendirent tout à coup entre la nation victorieuse et celle qui ne semblait pas assez vaincue. Bismarck faisait pressentir les grandes puissances sur leurs dispositions, au cas où une nouvelle guerre viendrait à éclater. L'attitude de la Russie fut très nette; elle prit notre cause en main, et l'empereur Guillaume, moins belliqueux que son ministre, désavoua ces projets qu'on n'avait pas eu tout à fait tort de prêter à son gouvernement. Cet incident causa entre Berlin et Saint-Pétersbourg un premier refroidissement.

Un peu plus tard, la France était représentée à ce congrès de Berlin (1878) qui brouilla définitivement l'Allemagne et le tsar. A ce moment, une certaine détente s'était produite entre la France et l'Allemagne. Celle-ci nous voyait sans déplaisir nous engager dans les entreprises coloniales (Tunisie et Tonkin); elle en profitait d'ailleurs pour s'unir à l'Italie, que l'occupation de Tunis avait fort irritée. Paris et Berlin se trouvèrent momentanément d'accord à la conférence de Berlin pour le règlement des affaires du Congo et de la liberté commerciale dans l'Afrique centrale (1885).

Mais les relations se tendirent de nouveau après la chute du ministère Ferry (1885). L'exploitation bruyante du patriotisme français par un parti et un homme réveilla en Allemagne l'inquiétude et la colère. Un incident de frontière d'une extrême gravité (affaire de Pagny, avril 1887) faillit mettre le feu aux poudres. L'incident fut réglé, mais il eut pour conséquence l'établissement du régime des passeports pour l'Alsace-Lorraine. Par une mesure sans précédents dans l'histoire des nations civilisées, une véritable muraille fut élevée entre la France et les provinces annexées. C'était peu avant le décès de Guillaume Ier.

Au vieil empereur, que la mort venait de relever de sa faction (mars 1888), succéda un prince mourant, Frédéric III, auquel l'opinion prêtait des sentiments pacifiques et humains. Trois mois après, il était remplacé par un souverain jeune, remuant, ambitieux, dont la figure est bien curieuse à étudier, mais bien difficile à définir. Il n'a pas ménagé les surprises à l'Allemagne et à l'Europe. Le régime des communications de l'Alsace a été adouci; et par instants des manifestations imprévues, dont quelques-unes ne manquaient ni d'à-propos ni de bonne grâce, ont un peu rasséréné l'opinion.

Depuis 1895, quelques politesses significatives ont été échangées entre la France et l'Allemagne. Une escadre française a paru aux côtés des flottes allemandes lors de l'inauguration du canal de Kiel à la mer du Nord. La même année, la France et l'Allemagne se sont jointes à la Russie pour imposer leur médiation au Japon victorieux et lui arracher Port-Arthur, enlevé à la Chine, que la Russie s'adjugea peu de temps après (1896). A la suite des massacres organisés en Chine contre les étrangers par les bandes des *Boxers*, un corps français s'est joint aux autres corps européens sous les ordres d'un commandant suprême allemand, le feld-maréchal de Waldersée.

Mais, irrité du rapprochement de la France avec l'Angleterre et avec l'Italie depuis 1903, Guillaume II a profité de l'impuissance momentanée de la Russie pour chercher querelle à la France, à l'occasion des affaires du Maroc (1905). La conférence réunie sur sa demande à Algésiras (1906) a fait ressortir l'isolement de l'Allemagne. Pas plus qu'au temps de Louis XIV et de Napoléon, l'Europe n'est disposée à subir la loi d'un maître. Les voyages et les discours de Guillaume II, grand voyageur et grand discoureur, font renaître l'inquiétude. *Le fer, le feu, le sang,* toute la phraséologie provocante d'avant 1870 reparait trop souvent dans le langage impérial.

Consulter LAVISSE ET RAMBAUD, *Histoire générale,* et les chroniques politiques des grandes revues (*Revue des Deux Mondes, Revue de Paris,* etc.).

CHAPITRE III

La question d'Orient au dix-neuvième siècle. — L'indépendance de la Grèce et la formation de l'Egypte.

I. — On a comparé l'Empire ottoman à un « homme malade »; ses héritiers, la plupart des grandes puissances européennes, prolongent son agonie, chacun espérant accaparer la plus grande part de la succession.

Il fut fondé en 1453, lorsque les Turcs, musulmans fanatiques, détruisirent l'Empire byzantin et s'emparèrent de Constantinople.

Au seizième siècle, sous Soliman le Magnifique, ils jouèrent un grand rôle en Europe. Mais ils tombèrent bientôt en décadence. Alors les races qu'ils avaient opprimées (Slaves, Roumains, Grecs) commencèrent à revendiquer leur indépendance. Le sentiment national et le zèle religieux se soulevèrent contre la barbarie ottomane à l'instigation de voisins ambitieux, les Autrichiens, les Russes surtout, qui espéraient profiter du démembrement.

II. — La Grèce s'affranchit la première. Les sociétés des philhellènes, des philomuses, des hétéries, rappellent les nobles souvenirs de l'antiquité. Les Grecs sont d'abord vaincus (1821-1826) : les massacres de Chio, la perte de Missolonghi et d'Athènes, rendent leur situation désespérée. Mais l'intervention de la Russie, de l'Angleterre et de la France les sauve (1826). La bataille navale de Navarin (1827), les expéditions des Français en Morée et des Russes dans les Balkans forcent le sultan Mahmoud à signer le traité d'Andrinople (1829). La Grèce est reconnue indépendante ; les principautés danubiennes, Serbie, Valachie, Moldavie, obtiennent l'autonomie.

III. — Tandis que les réformes du sultan Mahmoud compromettent la Turquie, celles du pacha Méhémet-Ali relèvent l'Egypte. Il s'inspire des souvenirs de Napoléon et s'appuie sur les Français.

Le conflit turco-égyptien produit un nouvel ébranlement de la Turquie. Dans la première guerre (1832-1833) Méhémet-Ali, vainqueur à Konieh, signe la convention de Kutayeh, qui lui laisse la Syrie et le pachalick d'Adana. Le sultan, reconnaissant de l'intervention des Russes, leur assure l'accès des détroits et le ferme à leurs ennemis, par la convention d'Unkiar Skelessi (1833).

La seconde guerre (1839-1841) semble devoir amener l'effondrement de la Turquie. Vainqueurs à Nezib, les Egyptiens marchent de nouveau sur Constantinople. Mais le nouveau sultan Abd-ul-Medjid est sauvé par le traité de Londres (1840). L'Angleterre, l'Autriche, la Prusse et la Russie se coalisent contre Méhémet-Ali, client de la France. La guerre semble devoir éclater sur le Rhin : elle est conjurée par la prudence de Louis-Philippe. La convention des Détroits (1841) consacre le recul de la France et de la Russie. Méhémet-Ali ne garde plus que l'Egypte, mais à titre héréditaire.

I. La question d'Orient autrefois et de nos jours.
— La question d'Orient est vieille comme le monde. C'est la question des rapports de l'Europe et de l'Asie. L'Europe est beaucoup plus petite et moins peuplée que l'Asie, mais elle est plus civilisée. Les Européens, supérieurs par la civilisation, ont à se défendre contre les Asiatiques, supérieurs par le nombre. Jadis ils ont résisté avec énergie aux invasions asiatiques, soit lors des guerres médiques, dans l'antiquité, soit lors des croisades, au moyen âge. Voilà la question d'Orient dans le passé.

Aujourd'hui, l'Europe semble reprendre sa revanche de l'Asie. Elle assiste à l'écroulement de l'empire des Turcs, qui sont venus jadis d'Asie. En même temps elle commence à envahir et à dominer l'Asie.

Mais de graves difficultés naissent de cette situation nouvelle. Les populations chrétiennes sujettes des Turcs, Slaves, Roumains et Grecs, veulent reconquérir leur indépendance. L'Autriche cherche à s'agrandir à leurs dépens. La Russie convoite Constantinople et la possession des détroits qui mènent de l'Archipel à la mer Noire.

L'Angleterre ni l'Italie ne veulent permettre à la Russie de s'avancer jusqu'à la Méditerranée. Toutes les grandes puissances sont résolues à ne pas laisser leurs rivales s'agrandir, sans obtenir elles-mêmes des compensations. En Asie, les Russes et les Anglais se disputent les routes de l'Inde, c'est-à-dire la Perse et l'Afghanistan. Français, Anglais, Allemands et Américains rivalisent pour accaparer quelques-uns des marchés de l'immense empire chinois et participer au commerce de l'extrême Orient. Voilà aujourd'hui la question d'Orient.

Il y a là des problèmes politiques très compliqués, où les intérêts des puissances varient sans cesse, où les événements les plus futiles et les plus inattendus peuvent amener les conséquences les plus graves et de véritables bouleversements européens. C'est ce qui explique que la question d'Orient soit depuis si longtemps l'effroi des diplomates et des hommes d'Etat.

Les Turcs Ottomans en Europe. — Les Turcs Ottomans n'étaient au XIIIe siècle qu'une peuplade barbare, qui, sortie des steppes du Turkestan, cherchait fortune en Asie Mineure. Leur premier essai d'organisation date du commencement du XIVe siècle; leur première capitale fut Brousse, qu'ils prirent en 1326. Dès 1360, ils franchissaient les Dardanelles à Gallipoli. Ce qui faisait alors et ce qui a fait longtemps leur force, c'était le mélange du fanatisme religieux le plus ardent avec une forte discipline militaire. Avant les peuples d'Europe, ils avaient une puissante artillerie, une infanterie régulière, un corps d'élite, les *janissaires,* redoutables par leur élan et leur solidité.

En face d'eux, l'Empire byzantin, depuis longtemps

décrépit, agonisait. Les sultans turcs, Amurat Ier, Bajazet Ier, Amurat II, en firent la conquête, sans que l'Europe, où l'esprit des croisades était éteint, tentât un effort sérieux pour les arrêter. En 1453, Mahomet II s'empara de Constantinople, ce dernier débris de l'empire romain, ce boulevard de la chrétienté au moyen âge. Sainte-Sophie devint une mosquée musulmane.

Apogée de l'Empire ottoman. — L'élan de la conquête se poursuivit quelque temps encore. Toute la péninsule des Balkans fut soumise aux Turcs. Sous Sélim Ier, ils conquirent encore l'Egypte, la Syrie, la côte septentrionale de l'Afrique. Avec Soliman le Magnifique (1520-1566), la puissance ottomane atteignit son apogée. Soliman inaugura son règne par la prise de Belgrade et de Rhodes, dont la possession lui permettait de lancer ses hordes sur la Hongrie et ses pirates sur toute la Méditerranée. Il menaça Vienne et l'assiégea en 1529. Il vit son alliance recherchée par François Ier et conclut avec lui un traité (les capitulations), par lequel la France était reconnue comme protectrice des intérêts chrétiens en Orient (1534). Ainsi ces infidèles devenaient une puissance européenne; ces barbares envahisseurs étaient considérés comme un élément de l'équilibre européen.

La décadence. — Mais la décadence commença bientôt. A la bataille navale de Lépante (1571), les Turcs perdirent, avec leur flotte, leur prépondérance sur la Méditerranée. Cette décadence tient en partie à l'avilissement progressif des sultans. Pendant trois siècles, les Mahomet, les Achmet, les Amurat, les Mustapha se succèdent comme des rois fainéants, faisant égorger, par précaution, leurs frères à leur avènement, celui-ci cinq, celui-là dix-neuf, ensevelis dans leur harem, avec leurs femmes, leurs serviteurs, leurs bouffons. De temps en temps quelque grand vizir ambitieux essaye de secouer cette torpeur. Mais, après ces efforts momentanés, tout retombe dans l'engourdissement.

Les races de la péninsule. — Cette décadence tient

aussi à la race. Elle n'a été que conquérante; elle a dépensé à la conquête toute son énergie. Maîtresse du sol, elle n'a rien fait pour assimiler les peuples soumis, pour organiser le pays, pour le mettre en valeur. On a dit avec raison : « Les Turcs sont campés en Europe. » C'est une occupation militaire en effet, non un gouvernement. Ces Asiatiques, établis dans une des plus riches contrées de l'Europe, la rançonnent et l'épuisent. Leur avidité n'a d'égale que leur incurie. Ils n'y tracent pas de routes, ils n'y créent pas d'industrie; ils ne font rien surtout pour unifier ou pour s'attacher les races qui l'habitent. On ne trouve pas de trace dans leur histoire de ce travail d'où sont sorties les nations européennes.

Aussi, sous leur domination détestée, continuent à vivre, d'une vie misérable, il est vrai, les peuples qu'ils ont soumis et qu'ils exploitent, des Grecs, des Slaves, des Bulgares, des Roumains. Ces peuples ont gardé le souvenir de leur passé, et leur langue, et même leur religion, car la domination turque, contrairement à l'opinion reçue, avide et souvent cruelle, n'est pas intolérante, et les vainqueurs n'ont plus que de rares accès de fanatisme. Ils ont laissé ces *giaours* (infidèles), ces *raïas* (troupeaux), garder leurs croyances : qu'importe comment ils prient, pourvu qu'ils payent? Les Grecs, en particulier, ont officiellement leur patriarche à Constantinople, dans le quartier du Phanar. Aussi le lien religieux maintient-il unis ces opprimés contre l'oppresseur. Tôt ou tard, les Turcs porteront la peine de leur avidité barbare, de leur indolence égoïste et aussi de leur tolérance.

L'Autriche et la Russie. — Cela devient d'autant plus inévitable, dès la fin du xvii⁰ siècle, que les Turcs ont des voisins ambitieux et habiles qui, longtemps menacés par eux, les menacent à leur tour et convoitent leurs dépouilles. L'Autriche va leur rendre invasion pour invasion, leur disputer le Danube, la Drave, la Save. La Russie, longtemps limitée par eux au Dniéper et écartée de la mer Noire, veut s'étendre à leurs dépens. Les Russes surtout sont, à partir de Pierre le Grand, des adversaires redoutables. Peuple slave, ils appellent à la liberté les Slaves de la péninsule des Balkans en se présentant à eux comme des frères ; peuple de religion grecque, ils se présentent aux Grecs comme des coreligionnaires. Ils vont agiter tous ces éléments confus, que les Turcs n'ont pas su gagner ou absorber ; ils vont faire trembler, surtout sous Catherine II, le sol sur lequel s'endort l'Empire ottoman vieilli.

Démembrements de la Turquie au dix-huitième siècle. — En effet, de 1700 à 1815, la Turquie est entamée sur toutes ses frontières. Les traités de Carlowitz (1699), de Passarowitz (1718), de Kaïnardji (1774), de Iassy (1792), de Bucarest (1812), marquent les étapes de la spoliation. L'Autriche y gagne l'Esclavonie, la Transylvanie, le banat de Temeswar, la Bukowine ; la Russie, tout le littoral de la mer d'Azov, la Crimée (si importante pour ses desseins de domination sur la mer Noire), la côte nord de la mer Noire, du Dniéper au Pruth, la Bessarabie. En même temps que le démembrement, commence la décomposition intérieure. Dès 1768 éclate une première révolte de la Grèce, sans succès, il est vrai. La Serbie, soulevée dès 1804, sous Czerny Georges, se donne bientôt un chef, Milan Obrenovitch. Des mouvements se produisent en Roumanie. A partir de 1806, Méhémet-Ali se rend presque indépendant de fait en Égypte. En Épire, là où jadis Scanderberg avait si longtemps bravé Mahomet II, le pacha de Janina, qui s'entoure de *dévoués,* comme le *vieux de la Montagne* au moyen âge s'entourait d'*assassins,* tient en échec l'autorité du sultan.

Mahmoud (1808-1839). — Ce sultan était Mahmoud. Il voulut, comme autrefois Pierre le Grand, infuser à son peuple les mœurs européennes, espérant ainsi lui rendre son antique vigueur. Il introduisit les modes de l'Occident, prescrivant de remplacer le turban par le fez, la longue robe par la capote : il supprima la puissance politique du corps vénéré des *ulémas,* à la fois juristes et théologiens. Les janissaires, dégénérés de leur antique vigueur, se révoltèrent : il abolit cette milice glorieuse et lui substitua des troupes armées à l'européenne. Mais la crise d'où la Russie, jeune et pleine d'avenir, était sortie plus forte ne fit que précipiter la ruine de l'Empire turc. La Grèce profita de ces déchirements intérieurs pour se révolter.

II. Soulèvement de la Grèce (1821). — La vieille terre des Muses, d'Homère et de Sophocle, de Platon et de Démosthène, la terre classique de la liberté, ne faisait que changer de maîtres depuis deux mille ans ! Elle payait aux Turcs le tribut le plus honteux, celui du sang. Les jeunes garçons étaient enlevés à leurs familles pour être instruits dans le culte musulman à Constantinople ou à Brousse et pour devenir comme janissaires les oppresseurs de leur patrie. Cependant les *Klephtes,* c'est-à-dire les bergers ou bandits de la montagne, avaient gardé une sauvage indépendance ; l'aristocratie des *primats* conservait certains privilèges ; les *popes* ou prêtres avaient une juridiction assez étendue en matière civile et pratiquaient en toute liberté le culte chrétien. Les grandes familles grecques du *Phanar*[1] s'enrichissaient par le commerce et par la banque, dont elles avaient le monopole; le Coran interdit, en effet, le prêt à intérêt : les chrétiens seuls pouvaient l'exercer. Enfin les Grecs n'avaient pas perdu depuis l'antiquité le goût du commerce et de la mer. Leurs embarcations sillonnaient l'Archipel. Il y avait donc dans ce petit pays, en apparence si déprimé, de véritables éléments de résistance. Quand les *hétéries* et les sociétés des *Philomuses* et des *Philhellènes,* associations à la fois littéraires et politiques, eurent ravivé tous les souvenirs de gloire de la Grèce antique et rappelé ses miracles d'énergie pour défendre son indépendance, un vent de révolte souffla par tout le pays.

---

1. Quartier de Constantinople.

Proclamation de l'indépendance hellénique (1822). La guerre.

— Le congrès d'Epidaure (1822) proclama l'indépendance de la Grèce et nomma un conseil exécutif de cinq membres, sous la présidence de Mavrocordato, et un sénat ou assemblée de 59 membres, sous la présidence de Démétrius Ypsilanti. La Grèce affranchie devait former une république, où tous les cultes seraient libres, tous les citoyens égaux devant la loi et capables d'arriver à toutes les fonctions publiques. La sûreté, l'honneur et la vie de chaque citoyen étaient placés sous la sauvegarde de la loi.

Bientôt tout le pays fut couvert d'une nuée de corps francs qui résistaient dans les mille replis des montagnes; toute la mer fut en proie à ces braves corsaires, qui s'élançaient des anses et des rades pour donner la chasse aux vaisseaux turcs. Canaris, Botzaris, Kolokotroni, Mavrocordato, s'illustrèrent dans cette chasse à l'homme et au navire. De tous les points de l'Europe affluaient les volontaires : c'était le grand poète anglais lord Byron; des Français, comme le colonel Fabvier, Louis Reybaud, Vauthier; l'Italien Santa-Rosa et bien d'autres. Les libéraux opprimés partout accouraient en Grèce pour se battre au nom de la liberté.

Ce furent de part et d'autre d'épouvantables tueries. A Constantinople, le patriarche Grégoire fut arraché de son église le jour de Pâques et pendu avec 83 prêtres grecs. A Patras, à Chio, des populations inoffensives, vieillards, jeunes filles, enfants, tous ceux qui n'avaient pu prendre les armes pour l'indépendance, furent égorgés ou empalés : « Exterminez, s'écriaient les derviches; c'est Allah, c'est le prophète, c'est le sultan qui l'ordonnent. » Les Grecs souriaient à la mort comme au martyre, et, quand ils le pouvaient, vengeaient ces atrocités par des massacres non moins sanglants.

Intervention européenne. Navarin (1827). Traité d'Andrinople (1829).

— A la suite de l'intervention d'Ibrahim Pacha, chef de la flotte et de l'armée égyptiennes, la Grèce était sur le point de succomber. Athènes s'était rendue, malgré la belle résistance du colonel Fabvier. A Missolonghi, où périt lord Byron, où le siège se prolongea pendant dix-huit mois, l'archevêque Christos fit sauter de sa main ce qui restait des défenseurs et de la ville, pour ne livrer aux Turcs qu'une ruine fumante.

On ne pouvait laisser étouffer sous le fanatisme musulman cette brave petite population de chrétiens et de patriotes. Le tsar Alexandre avait favorisé les premiers soulèvements des Grecs. Il voulait faire admettre leurs représentants au congrès de Troppau. Metternich l'en empêcha, sous prétexte qu'il ne fallait pas encourager des sujets soulevés contre leur maître légitime, ce maître fût-il le sultan. Mais le tsar Nicolas comprenait que la Russie avait tout intérêt à profiter de la décadence des Turcs pour faire un nouveau pas vers Constantinople ; l'Angleterre voyait le grand profit qu'elle pouvait retirer pour son influence dans la Méditerranée à se ménager la clientèle de la Grèce. Charles X songeait à une croisade nouvelle, qui devait assurer le triomphe de la croix sur le croissant.

Le traité de Londres unit contre la Turquie la France, l'Angleterre et la Russie. A la suite de la glorieuse journée de Navarin (1827) et de la triple expédition des Français en Morée, des Russes dans l'Arménie et dans les Balkans, le sultan se résigna enfin à traiter. Le traité d'Andrinople (1829) consacra l'indépendance de la Grèce et prépara l'affranchissement des Principautés danubiennes. La Grèce fut déclarée indépendante, mais avec un territoire trop restreint, où n'étaient comprises ni l'Epire, ni la Thessalie, ni les îles en dehors des Cyclades. La Serbie devint une principauté vassale de la Porte, sous la domination de Milan Obrenowitch, proclamé à titre héréditaire. La Moldavie et la Valachie furent gouvernées par des hospodars à vie, qui ne pouvaient être destitués sans l'agrément de la Russie. La Russie obtint la libre navigation de la mer Noire, le passage du Bosphore et des Dardanelles pour ses navires de commerce et un agrandissement en Arménie. Elle s'assurait des prétextes d'intervention dans le gouvernement des Principautés danubiennes. Elle était également dangereuse pour la Turquie, qu'elle voulût ou la combattre ou la protéger. Le traité de 1829 a frappé au cœur la puissance ottomane sans résoudre la question d'Orient.

Méhémet-Ali et le relèvement de l'Égypte. — La France avait contribué pour une large part à l'affranchissement de la Grèce. C'est grâce à elle aussi que s'est constituée l'Égypte moderne. Un barbare de génie, Méhémet-Ali, a opéré cette grande œuvre, aidé surtout par les Français. Soldat de fortune, fils d'un simple gendarme, Méhémet-Ali était un grand admirateur de Bonaparte. Devenu chef des auxiliaires albanais, il se fit proclamer pacha d'Égypte (1805) et se débarrassa des Mamelucks en les faisant assassiner traîtreusement dans la citadelle du Caire.

Tout-puissant dès lors, il développa rapidement la prospérité du pays. Ce soldat, qui n'apprit à lire qu'à quarante-six ans, comprenait la civilisation européenne. Il planta des mûriers, introduisit la culture du coton et fonda de grandes manufactures. Les Français étaient les auxiliaires de ses grandes réformes.

Le premier conflit avec la Turquie (1832-1833). — Ses réformes n'étaient pour lui que des instruments de conquête : en 1818, il s'empara des villes saintes de l'Arabie, la Mecque et Médine. Dès 1821, il conquit la Nubie ; et, pour assurer sa domination dans le haut Nil, il fonda Khartoum, au confluent du Nil Blanc et du Nil Bleu. En donnant au sultan Mahmoud l'appui de sa flotte contre les Grecs, il espérait obtenir la Morée ; du moins il garda Candie. Pour développer sa marine, il convoitait les ports de la côte syrienne et les forêts du Liban. Sous prétexte que le sultan refusait de lui livrer des transfuges égyptiens, son fils Ibrahim-bey envahit la Syrie, enleva rapidement Saint-Jean-d'Acre et Damas, franchit le Taurus et mit en déroute les Turcs dans la grande bataille de Konieh. La route de Constantinople était ouverte. Le tsar offrit au sultan Mahmoud l'appui de ses armées. La France et l'Angleterre inquiètes arrêtèrent le vainqueur, en lui assurant tous les avantages de sa victoire. La convention de Kutayeh céda à Méhémet-Ali la Syrie et le pachalick d'Adana, qui lui ouvrait les portes de l'Asie Mineure. Mais Mahmoud, reconnaissant envers le tsar, s'engagea, par la convention d'Unkiar-Skelessi, à fermer l'accès des Dardanelles aux ennemis de la Russie. C'était rendre la Russie invulnérable dans la mer Noire. L'Egypte devenait la grande puissance musulmane de l'Orient, et l'Empire ottoman ne subsistait plus que par la protection de la Russie (1833).

Le second conflit (1839-1841). — Le sultan ne pensait qu'à prendre sa revanche. Il la prépara pendant six ans, puis il proclama la déchéance de Méhémet-Ali et lança une armée sur la Syrie. Mais ses troupes furent vaincues à Nézib (1839), et le vainqueur, Ibrahim-pacha, menaça une seconde fois Constantinople. Mahmoud mourut avant de connaître sa défaite, laissant le trône à un enfant de seize ans, Abd-ul-Medjid. Les Turcs avaient perdu leur armée à Nézib; leur flotte fut livrée par le capitan pacha aux Egyptiens. Etait-ce l'effondrement complet de la puissance ottomane? L'Europe s'émut; une note de Metternich du 27 juillet 1839, assurant « que l'accord était établi entre les cinq grandes puissances » pour le salut de la Turquie, fut remise à la Porte.

Que penser de cet accord? Les Russes soutenaient le sultan, et les Français le pacha d'Egypte. Il y avait deux choses que les Anglais redoutaient presque également : c'était de voir les Russes établis sur les rives du Bosphore, et les Français sur celles du Nil. N'ayant pu s'entendre avec Thiers qui négociait un accord particulier entre le pacha et le sultan, lord Palmerston signa avec la Russie, à laquelle se joignirent l'empereur d'Autriche et le roi de Prusse, le traité de Londres (1840) pour sauver l'intégrité de l'Empire ottoman et enlever à Méhémet-Ali toutes ses conquêtes nouvelles. Cette coalition de quatre grandes puissances était une nouvelle Sainte-Alliance formée contre nous.

On parla beaucoup de guerre, en France. Thiers, historien de Napoléon, qui en avait ravivé la légende, faisait en hâte construire les fortifications de Paris et multipliait manifestement les préparatifs militaires. De leur côté, les Prussiens revendiquaient bien haut « le Rhin allemand ». Mais Louis-Philippe, « le Napoléon de la Paix », arrêta l'ardeur belliqueuse de son ministre. Méhémet-Ali, qui avait trop compté sur les secours de la France, rappela son armée de Syrie, laissa bombarder, sans les défendre, Beyrouth et Saint-Jean-d'Acre.

Le conflit, ouvert par les hommes d'Etat agités, Palmerston et Thiers, fut terminé par les hommes d'Etat prudents ou résignés, Aberdeen, Metternich, Guizot, au moyen d'une transaction. Méhémet-Ali perdit la Syrie, Candie ; il garda l'Egypte à titre héréditaire, sous la condition de l'hommage au sultan, d'un tribut annuel de 10 millions, et avec certaines restrictions touchant sa marine et son armée.

Alors l'Angleterre, réconciliée avec la France, retourna fort adroitement le concert européen contre la Russie. Par la Convention des Détroits (1841), les Dardanelles et le Bosphore furent fermés aux vaisseaux de guerre de *toutes les puissances.* C'était l'annulation du traité d'Unkiar-Skelessi. Ainsi l'Empire ottoman se trouva consolidé, l'Egypte amoindrie, l'Europe momentanément rassurée, et toutes les puissances fort aigries, ayant chacune quelque motif particulier de mécontentement. Ce n'était pas encore la solution de la question d'Orient.

DIRECTIONS ET BIBLIOGRAPHIE

I. **Les origines de la question d'Orient.** — ED. DRIAULT, *la Question d'Orient depuis ses origines jusqu'à nos jours,* chap. Ier.

II. **Les divers traités qui ont amené les démembrements de l'Empire ottoman au dix-huitième et au dix-neuvième siècle.**

— Voir même ouvrage : chapitre II pour les traités du XVIIIe siècle, et chapitres IV à VII pour les traités d'Andrinople, de Kutaych, de Paris et de Berlin.

ÉTUDES ET LEÇONS

I. — La Grèce et l'Europe au dix-neuvième siècle.

1° La Grèce attire d'abord l'attention de l'Europe en évoquant les glorieux souvenirs de son passé. — Association des Philhellènes, des Philomuses, des hétéries. Le poète Rhigas. — *Les amis de la Grèce :* Chateaubriand, Ambroise Firmin-Didot, Louis Reybaud, le colonel Fabvier, lord Byron, Santa-Rosa, etc. — *Les œuvres littéraires :* les *Messéniennes* de Casimir Delavigne, les *Orientales* de Victor Hugo. — Les *Massacres de Chio*, tableau de Delacroix.

Charles X à Hyde de Neuville, ministre de la marine : « La France, quand il s'agit d'un noble dessein, d'un grand service à un peuple lâchement, cruellement opprimé, ne prend conscience que d'elle-même. Que l'Angleterre veuille ou ne veuille pas, nous délivrerons la Grèce. Allez ! continuez avec la même activité les armements. Je ne m'arrêterai pas dans une voie d'humanité et d'honneur. Oui ! je délivrerai la Grèce. » (Cité par Chateaubriand, *Mémoires d'outre-tombe*, t. V, p. 72, édit. Biré.)

2° L'action diplomatique et militaire (1826-1829). — Convention d'Ackermann, traité de Londres. Navarin. Diébitch sur le Danube, Paskiewitch en Arménie, Maison en Morée. Traité d'Andrinople (1829).

3° L'organisation de la Grèce. — Après le principat de Capo d'Istria, les puissances donnent à la Grèce pour roi Othon de Bavière (1832-1863), puis le fils du roi de Danemark Christian IX, le roi Georges Ier, en faveur duquel l'Angleterre renonce à la possession des îles Ioniennes. « Les grandes puissances ont pris soin de façonner aux Grecs un petit royaume, de leur choisir un roi dans une de leurs familles souveraines, et même de leur prêter quelque argent pour entrer en ménage. Il est vrai qu'elles avaient fait le royaume aussi chétif que possible, choisi le roi aussi nul que possible, et fait payer l'argent aussi cher que possible. N'importe, elles croiront toujours avoir été les bienfaitrices des Grecs. » (JOHN LEMOINNE, *Revue des Deux Mondes*, 15 déc. 1862, à propos de la révolution de 1862.)

4° La Grèce et le traité de Berlin. — La Grèce reçoit au traité de Berlin la promesse d'un agrandissement qui lui est accordé par la Turquie en 1881 : acquisition de la Thessalie presque entière.

5° Guerre entre la Grèce et la Turquie (1897). — La Grèce, à la suite de sa tentative malheureuse sur la Macédoine, est battue par la Turquie et obligée de renoncer a la région du mont Olympe (1897). Mais un fils du roi de Grèce est bientôt chargé du gouvernement de la Crète, sous la suzeraineté de la Porte et sous le contrôle commun de quatre des grandes puissances : la France, l'Angleterre, la Russie et l'Italie.

6° La Grèce actuelle. — La Grèce modernisée a ses hôtels à l'américaine, ses chemins de fer, ses tramways, ses plages à la mode (Phalère, près d'Athènes). Les jeux Olympiques, célébrés tous les dix ans (1896-1906), au milieu des ruines exhumées par les travaux des Allemands et des Français, consistent surtout en matches de tous les sports occidentaux ; les filles de Minerve portent le corset, et les descendantes d'Aspasie dédaignent le char antique pour le landau ou pour l'automobile.

V. DRIAULT, *la Question d'Orient*, chap. IV, et G. DESCHAMPS, *la Grèce moderne*.)

II. — Deux réformateurs : Mahmoud et Méhémet-Ali.

I. **Mahmoud échoue dans toutes ses réformes :** il veut faire des Turcs un peuple européen. Les janissaires révoltés sont mitraillés, égorgés et supprimés, remplacés par une armée qu'organise de Moltke, « où les tuniques étaient russes, les règlements français, les fusils belges, les turbans turcs, les selles hongroises, les sabres anglais, et les instructeurs de toutes nations ». Il boit du vin et s'enivre ; il s'habille à l'européenne, réglemente le costume, la coiffure, la barbe. Il ne peut rien contre la routine et le fanatisme de ses sujets. C'est un Pierre le Grand manqué.

II. **Méhémet-Ali réussit dans toutes ses entreprises :** il se déclare l'unique propriétaire de toute la terre d'Egypte et lève des contributions, à son bon plaisir ; mais il choisit bien ses conseillers, la plupart Français : le colonel Selves, qui lui instruit un corps d'élite de 18,000 hommes ; le médecin Clot-bey, qui organise ses hôpitaux ; l'ingénieur Linant de Bellefonds, qui creuse le canal du Mahmoudiéh, d'Alexandrie au Nil ; le lieutenant de vaisseau Arnaut, qui recherche les sources du Nil ; l'ingénieur de Cérisy, qui crée la flotte. Les industriels français développent les cultures nouvelles du coton, de la canne à sucre et du mûrier.

Les réformes de Mahmoud précipitent la décadence de la Turquie ; les réformes de Méhémet-Ali assurent le relèvement de l'Egypte.

(V. DRIAULT, *Question d'Orient*, chap. V.)

III. — La France et l'Egypte moderne.

Si l'Egypte est devenue une nation civilisée, c'est à la France qu'elle le doit :

1° **L'expédition de Bonaparte en Egypte.** — Il a l'idée de toutes les recherches utiles : canal de Suez, amélioration des cultures et de l'irrigation. — Son *Institut d'Egypte* : Les savants étudièrent les admirables ruines de la vieille Egypte : les peintres Denon et Redouté dessinèrent les colosses de pierre, les Sphynx, les Pyramides; l'architecte Lepère proposa d'ingénieuses restaurations des temples; Jomard déchiffra les hiéroglyphes numériques et rapporta la précieuse pierre trilingue de Rosette, qui devait donner la clef du mystère. Berthollet, Dolomieu, Geoffroy-Saint-Hilaire, étudièrent le climat, la constitution du sol, les phénomènes de l'inondation : Desgenettes et Larrey présidèrent aux mesures sanitaires et installèrent un lazaret, pour arrêter au passage les maladies rapportées au Caire par la grande caravane annuelle de la Mecque ; Conté, ce Protée « qui avait dans la tête toutes les sciences, et dans la main tous les arts », fondit des canons, fabriqua pour la troupe de légers costumes de cotonnade blanche et frappa au balancier les *paras* d'Egypte.

2° **Méhémet-Ali**, grand admirateur de Bonaparte, s'entoure de Français et leur confie la direction de tous les services. (Voir plus haut.)

3° **Le canal de Suez.** — Les saint-simoniens ont rêvé de faire de l'Egypte leur champ d'expérience pour la régénération de l'humanité par la grande industrie et par les travaux d'utilité générale. Ferdinand de Lesseps obtient de Saïd-Pacha, second successeur de Méhémet-Ali et son ami d'enfance, le firman de concession du canal (1854). Dix ans de travaux (1859-1869). Importants résultats du percement de l'isthme de Suez : la route de la Manche vers l'Inde abrégée de moitié; la Méditerranée reprend toute sa valeur, diminuée depuis la découverte de l'Amérique.

4° **L'égyptologie.** — Les Français gardent la première place dans la science de l'Egypte antique. C'est Champollion qui a fixé la lecture des hiéroglyphes, Mariette qui a fondé le célèbre musée de Boulacq. — Ce sont des Français, MM. Maspéro, Grébaut, de Morgan, etc., qui fouillent ces tombes royales, ces merveilleux hypogées qui nous réservent encore tant de surprises.

Grâce à la France, l'Egypte est devenue cet Etat mi-musulman et mi-occidental qu'elle est restée jusqu'à nos jours. « Prenne qui voudra le monopole d'exploiter l'Egypte du jour et de dépouiller les fellahs; l'Egypte avec son passé de quarante siècles est à la France de par le génie de Champollion, de Mariette, de par le dévouement et la science de Maspéro. » (JAMES DARMESTETER.)

(DRIAULT, *la Question d'Orient*, chap. v; PAUL MERRUAU, *Histoire de Méhémet-Ali*.)

CHAPITRE IV

La question d'Orient. — La guerre de Crimée et la guerre des Balkans.

L'Empire ottoman est menacé par l'ambition du tsar Nicolas Ier, qui convoite Constantinople. Il est sauvé par l'alliance de la France et de l'Angleterre, qui envoient leurs armées d'abord dans la Dobrutcha et ensuite en Crimée (1853-1854).

Trois chefs français se succèdent dans le commandement supérieur : Saint-Arnaud, Canrobert et Pélissier. Le but est la prise de Sébastopol. Les Russes sont battus à l'Alma, à Balaklava, à Inkermann et à Traktyr. Renforcés par une armée turque et par une armée piémontaise, les alliés s'emparent de Sébastopol après deux assauts meurtriers (8 sept. 1855).

Le traité de Paris est un nouvel essai de règlement de la question d'Orient : la mer Noire et les bouches du Danube sont neutralisées. Les principautés danubiennes, toujours vassales de la Turquie, passent du protectorat de la Russie sous le protectorat commun des grandes puissances. Les chrétiens d'Orient restent soumis au sultan. L'Angleterre recueille les principaux profits de la guerre.

L'impuissance de la Porte ottomane à réformer les abus de son gouvernement et la misère croissante des chrétiens opprimés sont les causes de la guerre des Balkans. A la suite d'atroces massacres, les Serbes prennent les premiers les armes (1876).

Les Russes viennent au secours de leurs frères slaves et chrétiens, malgré l'hostilité latente de l'Autriche et de l'Angleterre (1877). Le Danube est franchi ; la passe de Schipka est enlevée. En vain les Turcs arrêtent l'armée russe pendant six mois sous les murs de Plewna. Le Balkan est dépassé : le grand-duc Nicolas ne s'arrête qu'aux portes de Constantinople pour conjurer une intervention armée de l'Europe.

Le traité de San-Stefano consacre les victoires des Russes en Europe et en Asie. La grande Bulgarie est créée : tous les alliés slaves de la Russie sont agrandis. Mais, au congrès de Berlin, sous la direction jalouse du prince de Bismarck, les puissances européennes s'entendent pour réduire jusqu'à néant les avantages de la Russie : la grande Bulgarie est coupée en trois tronçons : l'Autriche obtient la Bosnie et l'Herzégovine ; l'Angleterre, l'île de Chypre. Bismarck se vante d'avoir joué le rôle d'honnête courtier (1878).

Les conséquences du traité de Berlin sont considérables : c'est d'abord la brouille de l'Allemagne et de la Russie et le rapprochement franco-russe. C'est ensuite l'érection des royaumes de Roumanie et de Serbie (1881-1882), la réunion de la Bulgarie et de la Roumélie en un seul Etat (1885). C'est aussi l'accroissement de la Grèce en Thessalie (1881) ; et, malgré sa défaite dans une nouvelle guerre contre les Turcs (1897), l'organisation de la Crète en une principauté autonome sous un fils du roi de Grèce (1898) ; c'est enfin la surveillance des puissances installée dans la province turque de Macédoine (1903).

Les puissances européennes, en proclamant à chaque nouvelle crise le principe de l'intégrité de l'Empire ottoman, n'ont pas cessé, en fait, de travailler à son démembrement. La succession de l'homme malade est partagée de son vivant, tranche par tranche.

L'Empire ottoman dans la seconde moitié du dix-neuvième siècle.

— Au XIXe siècle, les crises de *l'homme malade* ne se comptent pas. Ses héritiers s'agitent tous pour s'assurer à l'avance les meilleures parts de sa succession. Le peu de vie qu'il conserve, il la doit à la rivalité de ces mêmes héritiers, qui ne sont d'accord que sur une seule question : la nécessité de ne laisser à aucun d'eux le cœur de cet empire, Constantinople. Deux grandes guerres agitent l'Europe orientale pendant la seconde moitié du XIXe siècle : la guerre de Crimée (1854-1856), où la Turquie est sauvée par la France ; la guerre des Balkans (1876-1878), où la Turquie est largement dépecée par ses amis aussi bien que par ses ennemis. La France reste spectatrice désintéressée de cette curée. Dans le dernier quart du siècle, de nouveaux Etats chrétiens se détachent ou s'affermissent. L'Empire turc est semblable à cette peau de chagrin qu'on voit se rétrécir sans cesse jusqu'à disparition complète.

Causes de la guerre de Crimée. — Le tsar Nicolas était résolu à reprendre la marche traditionnelle de la Russie vers Constantinople. Dès l'année 1853, il proposait à l'ambassadeur anglais lord Hamilton Seymour le partage de la succession de *l'homme malade*. L'Angleterre s'effraya, moins par scrupule de prendre elle-même, que

par crainte de voir le tsar s'attribuer une trop belle part.
Elle rechercha une alliance. C'était le moment où les
Pères grecs et les Pères latins de Bethléem se disputaient une clef du sanctuaire, une armoire et une lampe
allumée dans le tombeau de la sainte Vierge. Le tsar se
prononça en faveur des Pères grecs et envoya à Constantinople une ambassade fastueuse, dirigée par le prince
Menschikof, pour imposer à la Porte ottomane ses volontés. En protégeant les Pères latins, Napoléon sanc-
tionnait son alliance avec le parti catholique. D'ailleurs
le tsar Nicolas avait refusé de donner à l'empereur Napoléon III le titre de frère ; Napoléon n'était pas fâché de se
venger de cet affront. Il espérait, grâce à la guerre, détourner les esprits vers les préoccupations extérieures et
effacer les souvenirs du coup d'Etat. Bien que l'intérêt
de la France ne fût qu'indirectement engagé dans la question d'Orient, Napoléon conclut avec l'Angleterre une
alliance de convenance, pour sauver la Turquie de l'ambition des Russes.

Cette guerre fut pour la France une guerre de magnificence, comme jadis les expéditions d'Italie au temps de
François Ier, très inutile et très glorieuse, très meur-
trière et très courtoise ; on se battit pour la gloire, et non
pour la patrie ; ce fut une page de belle épopée, mais
sanglante et coûteuse.

Guerre de Crimée. — Les coups s'égarèrent d'abord.
Pour arrêter les Russes, qui avaient passé le Danube,
une armée française fut envoyée dans la Dobrutcha, presqu'île malsaine et marécageuse. En peu de mois, les
fièvres et le choléra réduisirent des deux tiers le corps
expéditionnaire français, que commandait le maréchal
Saint-Arnaud. Il fallut évacuer cette dangereuse nécro-
pole ; les Anglais conseillèrent une attaque en Crimée,
pour détruire le grand arsenal russe de Sébastopol. C'é-
tait leur intérêt de ruiner tous les points d'appui de la
puissance maritime des Russes dans la mer Noire.

Les troupes alliées débarquèrent sans difficulté dans la

rade d'Eupatoria; ils franchirent l'Alma, malgré une belle
résistance des Russes; les zouaves de Bosquet enlevèrent
à l'escalade les positions ennemies, sans attendre les
Anglais : « J'ai couru, les Anglais ont marché, » écrivait
Saint-Arnaud le soir de la bataille. Peut-être, par un
coup de main heureux, aurait-on réussi à enlever Sébastopol qui n'était pas en état de défense. Mais les Anglais
n'avaient pas reçu tous leurs approvisionnements; le maréchal Saint-Arnaud, depuis longtemps malade, mourut
du choléra. L'occasion était manquée. Les Russes envoyèrent les renforts nécessaires. Les amiraux Nakhimof
et Kornilof et le comte d'Osten Sacken furent chargés de
défendre la place, et Menschikof de la couvrir avec une
armée de secours de 70,000 hommes.

Siège de Sébastopol (1854-1855). — Dès lors il
fallut procéder à un siège en règle, qui fut une des principales opérations de guerre au XIXe siècle. Deux fois
l'armée de secours chercha à surprendre les Anglais, à
Balaklava et à Inkermann; deux fois ils furent sauvés par
les Français. Le rude hiver de 1855 fit cruellement souf-
frir les alliés, surtout les Anglais, habitués à un réel confort, tandis que les Français, plus habiles à se « dé-
brouiller », évitaient beaucoup de petites privations. La
maladie fit plus de ravages que les balles. Le siège n'a-
vançait pas : l'illustre Totleben, chargé de la direction
du génie, déjouait avec de simples levées de terre tous
les travaux d'approche de nos troupes. L'armée de secours des Russes fut portée à 100,000 hommes, et Gortschakof remplaça Menschikof. Les alliés reçurent aussi
des renforts : une armée turque, sous les ordres d'Omer-
pacha, qui fut victorieux à Eupatoria, et 15,000 Piémon-
tais, commandés par la Marmora.

La mort du tsar Nicolas (mars 1855) n'arrêta pas les
hostilités; le tsar Alexandre II continua la lutte. En
France, on accusait Canrobert de manquer de décision.
Il fut remplacé par l'énergique Pélissier, qui détruisit,
pour plaire aux Anglais, les grands arsenaux russes de

la mer Noire, Kertsch, Iénikalé, Taganrog. Pour être agréable à l'empereur, il consentit à donner l'assaut à Sébastopol, le 18 juin 1855, quarantième anniversaire de Waterloo. On espérait ainsi, aux Tuileries, effacer par un grand succès les tristes souvenirs de 1815[1]. Cependant, malgré la prise du Mamelon vert par Bosquet, l'armée échoua devant la tour de Malakof. Canrobert, qui avait voulu ménager le sang français en refusant de donner l'assaut avant l'achèvement des travaux d'approche, était justifié.

La nécessité s'imposait de reprendre avec une nouvelle énergie les travaux du siège. Niel les poussa avec activité : 900 canons menacèrent la place. Les tranchées, formant un développement de 20 lieues, furent avancées, jusqu'à 30 mètres des premiers ouvrages russes. Les officiers français et russes pouvaient fraterniser dans l'intervalle des bombardements, qui coûtaient aux Russes dans les derniers jours jusqu'à quinze cents hommes par jour.

Enfin, le 8 septembre 1855, l'assaut définitif eut lieu. Bosquet et Mac-Mahon s'y distinguèrent entre tous. C'est Mac-Mahon qui emporta la tour de Malakof : on lui annonça qu'elle était minée : « J'y suis, j'y reste, » aurait-il répondu. Il y resta en effet; et son tranquille courage arrêta la panique qui commençait. Sébastopol n'a pas été pris. Les alliés occupèrent la place évacuée par les Russes.

Traité de Paris (1856). — Le Congrès de Paris rétablit la paix. La Russie perdit le delta du Danube, dont la navigation fut déclarée libre; la mer Noire fut neutralisée; la Russie ne put y avoir d'arsenaux, ni y entretenir de flotte de guerre. Le protectorat des Principautés danubiennes de Moldavie et de Valachie, qui restaient encore sous la dépendance de la Turquie, passa de

---

1. Le commandant en chef des troupes anglaises, lord Raglan, avait été amputé d'un bras à Waterloo. Sous les murs de Sébastopol, les vainqueurs et les vaincus de 1815 étaient devenus des alliés.

la Russie aux cinq grandes puissances conjointement. Le protectorat des chrétiens d'Orient dans l'Empire ottoman fut laissé au sultan, qui étendit leurs privilèges. Des articles destinés à assurer la liberté des mers et à faire respecter le commerce maritime des puissances neutres en temps de guerre complétèrent l'œuvre du traité de Paris (30 mars 1856).

Violations du traité de Paris. — Le traité de Paris a été peu respecté. La situation de la péninsule n'a pas cessé d'être troublée pendant les vingt années qui séparent la guerre de Crimée de la nouvelle guerre des Balkans (1856-1876). Les principautés de Moldavie et de Valachie devaient avoir chacune leur gouvernement séparé. Elles nommèrent d'un commun accord le même hospodar, le prince Couza, et l'union de fait se trouva opérée (1858).

En octobre 1870, la Russie, profitant de l'écrasement de la France, déclara qu'elle ne se considérait plus comme liée par le traité de Paris en ce qui « concernait la neutralité de la mer Noire ». Les arsenaux russes y furent reconstitués, et une flotte de guerre y fut refaite. L'Angleterre, réduite à ses seules forces depuis qu'elle avait consenti à la mutilation de la France, fut obligée de ratifier cette modification (février 1871).

Panslavisme et panislamisme. — D'autre part, la Porte ottomane n'avait accompli en faveur des chrétiens aucune des réformes promises. Le fanatisme musulman protestait contre l'intrusion progressive des puissances de l'Europe dans les affaires intérieures de l'Empire ottoman. Le parti de la *jeune Turquie* rêvait de lui rendre une vigueur nouvelle par un réveil de toutes les forces de l'islam. Que restait-il du traité de Paris ?

Au même moment, l'ambition mystique des Slaves s'oppose à l'orgueil fanatique des musulmans. Les *panslavistes* de Moscou font une active propagande parmi tous les chrétiens des Balkans, que les *panislamistes* de Constantinople rêvent d'anéantir. Un duel formidable entre la

Russie et la Turquie va sortir de cet antagonisme, duel auquel l'Allemagne assiste en témoin impassible, prête seulement à marquer les coups; auquel l'Autriche et l'Angleterre s'intéressent sans tirer l'épée, mais avec la ferme intention de sauver la Turquie des mains des Russes, en se faisant payer leur assistance égoïste de quelques nouvelles dépouilles du vaincu.

La crise de 1876. — En 1876, la péninsule retombe dans le chaos. Exaspérées par l'avidité, l'arbitraire, la brutalité de l'administration ottomane, les populations chrétiennes se soulèvent; d'abord la Bosnie et l'Herzégovine, puis la Serbie, le Monténégro, la Bulgarie. L'Autriche et la Russie les encouragent, moitié par sympathie, moitié par calcul. L'Europe alarmée exige du gouvernement de la Sublime Porte des satisfactions. Aux exigences de l'Europe, Midhat-pacha répond, suivant l'usage, par un magnifique programme de réformes : on y voyait même figurer des Chambres délibérantes, un ministère responsable : l'Empire ottoman promettait de devenir une monarchie constitutionnelle! Mais au même moment le fanatisme turc se réveillait. Le sultan Abd-ul-Aziz était assassiné dans son palais, et successivement remplacé par ses deux neveux, Mourad V, déposé comme fou au bout de trois mois, et Abd-ul-Hamid. En même temps, sous prétexte de maintenir l'ordre, la Bulgarie était horriblement ravagée par les volontaires turcs, les *Bachi-bouzouks*.

La guerre des Balkans (1877-1878). — La Russie une fois de plus perdit patience. Elle voyait que l'Europe était trop divisée pour une action commune; que la Serbie, sous le prince Milan, le Monténégro, sous le prince Nikita, les insurgés de Bosnie et d'Herzégovine, allaient succomber sous les coups des Turcs, malgré l'appui indirect qu'elle leur donnait (un Russe, Tchernaief, commandait les Serbes). Elle se lança elle-même dans la lutte (avril 1877).

La guerre eut deux théâtres, le bas Danube et l'Arménie, avec des péripéties d'un parallélisme singulier. L'armée du Danube, commandée par le grand-duc Nicolas, frère du tsar, occupe d'abord la Roumanie, par suite d'un accord ; puis, tandis que les deux armées turques l'attendaient autour de Roustchouk et de Widdin, elle passe le fleuve presque sans combat à Sistova et se répand en Bulgarie ; la cavalerie de Gourko s'élance vers les Balkans, tourne et occupe la passe fameuse de la Schipka, tient la route de Constantinople. Mais un obstacle se dresse au centre de la Bulgarie : la résistance savante et acharnée d'un grand homme de guerre turc, Osman-pacha, devant une place qu'on avait cru pouvoir emporter d'un coup de main, Plewna. Le grand-duc Nicolas y échoue à trois reprises différentes (juillet-septembre 1877). Il faut faire appel au vieux héros de Sébastopol, Totleben. La défense et l'attaque durent cinq mois, dignes l'une de l'autre. Mais, lorsque Plewna a capitulé (décembre), Gourko, immobilisé dans les Balkans, reprend sa course ; l'armée le suit, enlève Sofia, Andrinople, court sur Constantinople. En Arménie, mêmes vicissitudes. Loris-Melikoff, qui a pris Ardahan et Bayezid, est arrêté quatre mois autour de Kars par Mouktar-pacha. Enfin l'obstacle est forcé (novembre 1877), et les Russes atteignent Trébizonde.

Traité de San-Stefano (1878). — Il y eut en Europe, dans les premiers jours de 1878, un moment d'indicible émotion. L'Angleterre armait dans ses ports méditerranéens ; le tsar ne retenait qu'à grand'peine son armée frémissante autour d'Andrinople. Le sultan appela la flotte anglaise dans le Bosphore, comme Mahmoud avait appelé les Russes en 1833. Aussitôt le grand-duc Nicolas s'avança jusqu'à un faubourg de Constantinople, San-Stefano, où il dicta la paix au sultan (mars 1878). La Russie procurait des agrandissements à tous ses clients, Roumains et Slaves des Balkans ; elle recouvrait la Bessarabie roumaine jusqu'à la branche nord du delta du Danube et acquérait Kars, Ardahan, Bayezid en Arménie et Batoum sur la mer Noire.

Le point essentiel du traité de San-Stefano était la constitution d'une Bulgarie énorme, qui dévorait la moitié de l'Empire et devait ronger le reste. Elle s'étendait sur les deux versants des Balkans, du Danube à la mer Noire et à l'Archipel, englobait la Bulgarie actuelle, la Roumélie, la Macédoine, ne laissait au sultan que deux tronçons isolés, la région d'Andrinople avec Constantinople et l'Albanie. Elle devait se donner une constitution, se choisir un prince, avant que la Russie eût retiré son armée, c'est-à-dire qu'elle serait créée par la Russie et pour elle.

Traité de Berlin (1878). — Cette fois encore, l'Europe intervint pour sauver ce débris d'empire. La Russie accepta de laisser régler la paix par les grandes puissances réunies au congrès de Berlin (1878). Elle n'eut pas à se louer de leurs décisions. Sous l'influence de l'Angleterre et de l'Allemagne, le traité de San-Stefano fut entièrement modifié, et les Russes perdirent au traité de Berlin presque tout le bénéfice de leurs succès.

Ils gardèrent leurs accroissements territoriaux du côté du Danube et en Arménie, sauf Bayezid. Mais la grande Bulgarie fut réduite des deux tiers et coupée en deux. Au nord des Balkans, la principauté nouvelle de Bulgarie demeurait tributaire de la Turquie' et ne devait élire son prince qu'après la fin de l'occupation russe. Au sud des Balkans, la Roumélie orientale devait avoir un gouverneur chrétien nommé par la Porte et agréé par les puissances, à peine un semblant d'autonomie. La Roumanie, la Serbie, le Monténégro, agrandis, devenaient des États complètement indépendants de la Turquie, que l'Europe espérait soustraire à la clientèle russe. Un accroissement de territoire était accordé à la Grèce en Thessalie[1]. Par suite d'un accord secret conclu avec la Russie, qui avait acheté à ce prix sa liberté d'action dans les Balkans, l'Au-

---

1. Elle n'obtint qu'en 1881 de prendre possession de la Thessalie, et grâce à l'appui très énergique de la France. « La Grèce peut attendre, puisqu'ell a un avenir, » disait ironiquement lord Beaconsfield.

triche occupa la Bosnie et l'Herzégovine, qui restaient nominalement sous la suzeraineté du sultan : elle s'ouvrait ainsi le chemin de Salonique. L'Angleterre, dont la flotte avait sauvé Constantinople, s'était fait payer ce service par la cession secrète de l'île de Chypre. La possession lui en fut confirmée par le traité de Berlin. Les panslavistes voyaient l'Europe anéantir tous leurs rêves. Les chrétiens d'Orient étaient sacrifiés à l'égoïsme des puissances. « Il aurait mieux valu pour la cause de la liberté et de la justice qu'il n'y eût pas de nation anglaise au monde, » s'écriait Gladstone, justement irrité de la nouvelle banqueroute de toutes les promesses de réformes.

Déception de la Russie. — C'étaient, en somme, les puissances qui n'avaient pas pris part à la lutte qui en retiraient les plus grands avantages. La Russie resta profondément irritée contre l'homme d'Etat allemand qui l'avait jouée fort habilement, surtout sur la question de la Bulgarie. La Bulgarie du traité de San-Stefano était un vaste Etat qui isolait les unes des autres toutes les parties de l'Empire ottoman, et qui occupait les deux versants des Balkans ; elle devait rester sous l'influence des Russes et leur tenir toujours ouverte la route de Constantinople. La Bulgarie du traité de Berlin n'occupait que le versant nord des Balkans, et d'ailleurs le prince qu'on lui donna, Alexandre de Battenberg, essaya de prendre bientôt son point d'appui sur l'Angleterre, pour se soustraire à l'action de la Russie.

La question bulgare (1885). — Aussi, comme le traité de Paris, le traité de Berlin a produit beaucoup de déceptions et semé bien des haines. Comme lui, il a été bientôt violé. D'abord la Roumanie et la Serbie se sont érigées en royaumes (1881-1882). De même que la Moldavie et la Valachie en 1858, la Bulgarie et la Roumélie se sont, en 1885, déclarées unies sous le prince de Battenberg. Mais la Russie s'est fâchée ; et Battenberg, victime d'une très étrange conspiration, a été un beau jour enlevé de sa capitale, Sofia, et jeté hors de ses Etats.

Depuis, les Bulgares se sont donné un autre prince, Ferdinand de Saxe-Cobourg-Gotha. Son élection a été confirmée par des firmans du sultan (1896-1898) et, après bien des difficultés, sanctionnée par l'assentiment des puissances contractantes du traité de Berlin.

La question grecque. — La Grèce avait pris possession en 1881 de la Thessalie, que lui avait reconnue le traité de Berlin. Mais cette annexion ne suffisait pas à son ambition. Une association secrète, l'*ethniké Hetairia*, poussa le gouvernement grec à soutenir les Crétois insurgés et à conquérir la Macédoine. Les puissances étaient hostiles à cette poussée de mégalomanie : l'ambition intempestive des Grecs pouvait rallumer un feu mal assoupi dans tout l'Orient. Elles laissèrent le général allemand Von der Goltz, qui commandait les Turcs sous le nom d'Edhem-pacha, battre les Grecs en Thessalie, à Tournavo et à Velestino. Ils perdirent Larisse et Volo et se retirèrent derrière la chaîne de l'Othrys. Les grandes puissances interposèrent leur médiation. La Grèce abandonna à la Turquie toute la région du mont Olympe et lui paya une indemnité de guerre que les puissances lui fournirent sous forme d'emprunt (1897).

Un an plus tard, la Crète, soulevée de nouveau contre la Turquie depuis 1895, a obtenu l'autonomie, grâce à l'intervention commune de la France et de l'Angleterre, de l'Italie et de la Russie. Le prince Georges, deuxième fils du roi de Grèce, a été nommé commissaire des puissances en Crète (1898). C'est la transition qui prépare l'annexion de cette grande île au royaume de Grèce[1].

Les Etats des Balkans. L'Arménie. — La Roumanie en 1881, la Serbie en 1882, toutes deux agrandies par le traité de Berlin, sont devenues des royaumes tout à fait indépendants. La Roumanie n'a pas eu de révolution

---

1. En 1906, le prince Georges de Grèce a été remplacé par un fonctionnaire grec, comme haut commissaire en Crète. Le roi de Grèce a le droit de proposer aux puissances protectrices le haut commissaire, qui est nommé pour cinq ans.

depuis l'avènement du catholique Charles de Hohenzollern, de la maison de Prusse (1866), devenu en 1881 le roi Karol Ier; la Serbie, au contraire, est constamment disputée entre les deux familles rivales des Obrenowitch et des Karageorgewitch. Les Obrenowitch avaient triomphé depuis 1858. Mais les folles prodigalités du prince Milan, la faiblesse de son fils Alexandre pour la reine Draga, ont provoqué la sanglante tragédie de juin 1903, qui a rendu aux Karageorgewitch le trône de Serbie en la personne du roi Pierre Ier.

Le refus de toute réforme, la misère et l'oppression croissante des chrétiens, ont amené les épouvantables massacres des Arméniens en 1897 et 1898 et les désordres de Macédoine, qui ont enfin ouvert les yeux à l'Europe. La Russie et l'Autriche se sont entendues avec les autres grandes puissances, afin d'imposer au gouvernement turc leur contrôle financier et leur direction pour la police de cette malheureuse province (1903). Ainsi la question arménienne et la question macédonienne sont ouvertes, et ce sont les préliminaires de nouveaux démembrements probables pour l'Empire turc.

Etat actuel de la Turquie. Forces militaires et religieuses. — Mais il ne faut pas oublier que cet État, qui menace ruine, est encore pourvu d'une force militaire avec laquelle il faut toujours compter, et qui récemment encore a donné sa mesure sous les murs de Plewna. L'effectif de l'armée est de 140,000 hommes sur pied de paix, de 400,000 en temps de guerre, sans compter les bachi-bouzouks ou volontaires, recrutés parmi les plus sauvages populations de la péninsule ou de l'Asie Mineure. De plus, si la population directement soumise (et bien mal soumise) aux Turcs en Europe est réduite à 5 millions environ, l'Empire étend son autorité, plus ou moins acceptée, sur une partie de l'Afrique et sur l'Asie occidentale. Enfin, à son pouvoir politique le sultan joint, et c'est là sa principale force, un pouvoir religieux. Il est, pour les musulmans *sunnites*[1], le *commandeur des croyants,* le pape en même temps que l'empereur. A ce titre, il est assisté d'un corps de docteurs musulmans (*ulemas*) que préside le *Cheik-ul-Islam,* le haut interprète du Coran, Code et Evangile de tout un monde.

Ainsi, il reste à cette race amollie et engourdie une énergie militaire qui a de beaux réveils, à ce trône miné de toutes parts une base solide, la force religieuse qui jadis lui a soumis de si vastes territoires.

Conclusion. — Malgré la fréquence et la gravité des crises, « l'homme moribond » subsiste toujours. Mais ses cures sont dangereuses pour ceux qui les entreprennent. L'Empire ottoman demeure un foyer d'infection permanent pour l'Europe.

DIRECTIONS ET BIBLIOGRAPHIE

I. Rôle politique et militaire de la France dans la guerre de Crimée. — 1º *Les motifs d'intervention de l'empereur Napoléon III :* il veut se venger de l'insulte du tsar Nicolas en concluant une alliance de convenance avec l'Angleterre ; il veut s'assurer l'appui du clergé de France, en soutenant les Pères latins contre les Pères grecs en Palestine ; il veut effacer par la gloire militaire les souvenirs du 2 décembre.

2º *L'armée française :* grand courage des troupes ; les chefs mal préparés à la grande guerre par les campagnes d'Afrique ; organisation défectueuse. Les chefs : Saint-Arnaud, Canrobert, Pélissier, surtout Bosquet et Niel. Voir EM. BOURGEOIS, *Manuel historique,* t. III, chap. x. — COLONEL VIAL, *les Campagnes modernes,* t. II, p. 1 à 27.

II. Le congrès de Paris (1856).

1º Les représentants des puissances.

2º Les clauses relatives à l'Orient.

3º La question italienne et le droit des gens.

4º Grand prestige de la France qui résulte de ses victoires et du congrès. V. DEBIDOUR, *Histoire diplomatique,* t. II, p. 144-159.

III. Le traité de San-Stefano et le congrès de Berlin.

E. DRIAULT, *la Question d'Orient,* chap. XIII. — DEBIDOUR, *Histoire diplomatique,* chap. XIII.

1. Ceux qui acceptent la *Sunna,* c'est-à-dire le Coran tel que l'ont rédigé les premiers successeurs de Mahomet. Ce sont comme les orthodoxes de l'Islamisme.

ÉTUDES ET LEÇONS

I. — Le Tanzimat : les essais de réformes en Turquie.

Le mot *tanzimat* veut dire organisation. Il s'applique aux essais de réformes tentés depuis Sélim III et Mahmoud pour rendre un peu de vie à un empire croulant.

1° Réformes de Mahmoud pour introniser de force en Turquie les coutumes européennes. Il n'a fait que précipiter la ruine en portant atteinte à l'esprit musulman de son peuple.

2° Le Hatti-chérif de Gulhané (nov. 1839), inspiré par Reschid-pacha : charte libérale qui promet l'égalité à tous les sujets ottomans : « Musulmans, chrétiens, israélites, vous êtes tous sujets d'un même père. » — Nombreuses réformes de 1840 à 1852.

Abolition des monopoles. — Suppression de la ferme du Kharadj (capitation), si lourde aux chrétiens ; cet impôt serait levé par les chefs de leurs communautés. — Partage de l'administration entre le *vali* (gouverneur civil), le *mutessarif* (gouverneur militaire), le *deflerdar* (administrateur financier), tous responsables. — Rédaction d'un Code pénal, création d'un Conseil de justice. Formation d'une armée régulière, avec cinq ans de service (*nizam*) et sept ans de réserve (*redif*). Institution d'écoles militaires et scientifiques en partie soustraites au contrôle des ulémas. — Tarifs réguliers sur les entrées, construction de phares, création d'hôpitaux, établissement de la quarantaine. — Suppression du marché des esclaves noirs. C'est du Mahmoud revu, augmenté et peu ou mal appliqué : l'irritation des musulmans augmente. La réorganisation de l'armée qui remplace les janissaires a seule réussi et survécu.

3° Hatti-humayoum de 1856. — C'est le firman des réformes en faveur des chrétiens, prévu par le traité de Paris. Il garantit aux non-musulmans la sécurité, l'égalité civile, l'admission à tous les emplois et grades, des tribunaux mixtes, l'éligibilité aux conseils provinciaux, plus de capitation, etc. Abd-ul-Medjid (1839-1861) et son frère Abd-ul-Aziz, à l'instigation de Fuad-pacha et d'Ali-pacha, se montrent bien disposés pour les réformes. La Turquie semble renaître, grâce à l'action de la France : lycée français de Galata-Seraï. Mais nos échecs de 1870 arrêtent tous les progrès.

L'influence allemande grandit de tout ce que perd la France.

4° La constitution de 1876. — Celle-ci est l'œuvre du parti de la *jeune Turquie*, dirigé par Midhat-pacha. Abd-ul-Hamid, le nouveau sultan, promet deux chambres dont l'une élue, la liberté de la presse, le droit de réunion, l'instruction primaire obligatoire.

— C'est une bravade de plus à l'égard de l'Europe. La constitution reste sur le papier.

A partir du démembrement accompli par le traité de Berlin, le sultan Abd-ul-Hamid se montre résolument réfractaire à toute influence européenne. — Il exalte le fanatisme musulman. — Il s'appuie sur les plus violents des chefs du parti militaire et de la vieille Turquie. — De là les massacres en Arménie (1894-1896), en Crète (1897), en Macédoine (1898-1903). Il faut remarquer que toutes ces réformes coïncident avec des époques de crise grave de l'Empire ottoman et d'intervention de l'Europe. Celle de Mahmoud, au moment du triomphe de la Grèce, en 1839 le triomphe de Méhémet-Ali, en 1856 et en 1876 les deux interventions des puissances.

Voir DRIAULT, *la Question d'Orient*, deuxième partie.

II. — Les questions actuelles.

I. Question arménienne. — Les Arméniens, partagés entre trois dominations : celle des Perses (Tauris), celle des Russes (Erivan), celle des Turcs (Erzeroum); — catholiques du rite grégorien ont leur patriarche connu sous le nom de *catholicos*; quelques-uns, appelés *Arméniens unis,* reconnaissent le pape, et leurs établissements religieux sont sous le protectorat français. Grande aptitude aux affaires. Ils ont les banques, les grandes entreprises industrielles et commerciales; « aux Albanais l'épée, aux Arméniens la plume ». On les trouvait dans les plus hauts postes administratifs, très soucieux de conserver intacts leur nationalité et leur culte.

Assez mal vus de la Russie, parce qu'ils résistent aux tentatives de russification du tsar Alexandre III; le tsar ne veut pas d'une Arménie autonome, qui serait pour lui « une Bulgarie arménienne ».

Les Arméniens, abandonnés par le sultan aux convoitises et au fanatisme des Kurdes d'abord, ensuite des vieux Turcs de tout l'Empire : de 1894 à 1896, massacres hideux, pillages, incendies, viols, égorgements (les bouchers turcs étalent de la chair de « chiens de chrétiens » ou des poings coupés sous la dénomination de « pieds de cochons »). Ces massacres sont encouragés: les chefs militaires, envoyés en apparence pour arrêter l'effusion du sang, président à de nouvelles horreurs et sont récompensés. — Le sultan « rouge » Abd-ul-Hamid multiplie les belles promesses et éconduit finalement les puissances, dont l'accord ne peut s'établir. Il se sent fort de l'appui de l'Allemagne, de l'indifférence de la Russie; les réclamations de l'Angleterre et de la France restent sans effet.

II. Question crétoise. — Même opposition entre les chrétiens plus nombreux, qui habitent surtout la campagne, et les musulmans (un tiers environ) surtout dans les villes. Fréquentes révoltes des chrétiens. L'insurrection de 1867-1868 noyée dans le sang.

A la suite du traité de Berlin, les *Valis* ou gouverneurs chrétiens impuissants contre le fanatisme musulman qu'encourage secrètement le sultan. — Guerre civile. — Les Grecs s'enflamment en faveur de leurs frères de Crète massacrés. — Beaucoup de chrétiens recueillis par les stationnaires français et anglais. Nombreux volontaires grecs en Crète. — Le roi Georges obligé, pour éviter une révolution, de déclarer la guerre aux Turcs. Marche d'Edhem-pacha (le général allemand von der Goltz instructeur de l'armée turque) en Thessalie. Retraite des Grecs; médiation des puissances.

La Crète rendue autonome sous l'administration du prince Georges de Grèce : surveillance collective de la France, de l'Angleterre, de l'Italie et de la Russie.

III. **Question macédonienne.** — La Macédoine est la province où le mélange des races et des religions est le plus complet. — Turcs et Albanais, qui sont musulmans; Serbes et Bulgares, qui sont de race slave; Koutzo-Valaques, qui sont de race romaine; Grecs, ont chacun leur langue, leurs églises, leurs écoles, qui appartiennent à différentes confessions chrétiennes : il y a un patriarche bulgare; les autres sont grecs orthodoxes ou grecs unis. — Les Serbes et Bulgares veulent s'agréger la Macédoine; les Koutzo-Valaques protestent; les Grecs, qui visent au panhellénisme, sont encore bien plus hostiles et préfèrent voir la Macédoine aux mains des Turcs plutôt que devenue province slave. — Le sultan a beau jeu au milieu de ces divisions; l'oppression augmente; les massacres continuent.

Réclamations des puissances : depuis 1903, elles s'attachent à organiser une police et à améliorer la situation financière. Les représentants de l'Autriche et de la Russie sont chargés, au nom de l'Europe, de faire fonctionner la police internationale et de veiller au recouvrement et au bon emploi de l'impôt.

Situation très délicate. — La domination musulmane aboutit aux massacres des chrétiens, la prédominance des chrétiens à l'oppression des musulmans. Chaque confession revendique comme unique liberté le droit de massacrer ses adversaires. — L'action des puissances européennes est constamment annulée par leur défaut d'entente. Les améliorations sont lentes à venir et ne sont jamais que partielles.

CHAPITRE V

L'expansion coloniale. — Le nouvel empire colonial français. — Algérie, Tunisie, Soudan, Congo.

L'expansion coloniale des peuples européens a des causes à la fois politiques, économiques et sociales. Ils veulent s'ouvrir de nouvelles zones d'influence, créer de nouveaux centres de production pour les matières premières et de nouveaux débouchés pour les produits de leur industrie, et déverser dans des contrées neuves le trop-plein de leur population. Le domaine colonial comprend des colonies de peuplement situées surtout en Amérique et en Océanie, et des colonies d'exploitation en Asie et en Afrique. Actuellement, presque toutes les terres encore vacantes ont été occupées par les Européens.

Le domaine colonial français a été constitué pour la meilleure part sous la troisième République. Le réveil de l'énergie française, la nécessité de soutenir nos droits menacés ou de prévenir des concurrences dangereuses, la défense de notre industrie, de notre commerce, de notre sécurité maritime, ont été autant de causes de notre glorieux essor colonial.

L'Algérie, conquise de 1830 à 1871, a été mise en valeur, dotée du régime civil e de l'autonomie financière. Le protectorat imposé à la Tunisie en 1881 a complété vers l'Est notre domaine de l'Afrique du Nord. La conférence d'Algésiras (1906) a reconnu notre influence prépondérante au Maroc pour l'organisation de la police et des finances.

La pénétration progressive du Sahara algérien nous a amenés jusqu'au Touat (1900), et, grâce aux missions armées de nos explorateurs et de nos officiers, jusqu'au Tchad et à Tombouctou.

Le Soudan, où coule le Niger, émule du Nil, a été pénétré par les quatre portes d'accès du Sénégal, de la Guinée française, de la Côte d'Ivoire et du Dahomey. Les Etats d'Ahmadou, de Samory, de Tiéba, de Behanzin, ont été successivement occupés. La voie, glorieusement ouverte par Faidherbe, a été suivie par Galliéni, par Archinard, par Binger, par Dodds, les principaux créateurs de l'Afrique occidentale française.

Le Congo a été plus facilement soumis. Du Gabon et de l'Ogooué, Savorgnan de Brazza s'est avancé jusqu'au Congo, à l'Oubangui et à la Sanga (1875-1887). L'occupation du Chary et la jonction des établissements du Congo et du Soudan par le littoral oriental du lac Tchad ont achevé de cimenter l'union du bloc africain français.

Toutes ces colonies forment un domaine continental dont la conquête a été opérée surtout par nos officiers de l'armée de terre.

I. — L'expansion coloniale. — L'Europe est trop petite pour le nombre de ses habitants. Ils doivent chercher dans l'ancien et dans le nouveau monde des terres neuves à occuper, des peuples sauvages à civiliser, des champs nouveaux d'activité pour leur industrie, leur commerce et leurs capitaux. Ainsi s'explique ce mouvement général d'expansion lointaine, qui est un des faits les plus saillants de la vie européenne depuis un demi-siècle. Les causes en sont multiples. Il importe de bien les dégager.

Causes politiques. Colonies de peuplement et d'exploitation. — Les frontières des États européens sont fixées par des traités solennels; les peuples avides de s'agrandir ont dû chercher hors d'Europe de larges champs d'expansion. Ceux qui ont peu de capitaux et une population surabondante sont allés dans le nouveau monde fonder des *colonies de peuplement*. L'Australie et l'Amérique n'avaient qu'une population indigène très clairsemée, vivant à l'état sauvage sur d'immenses étendues de terre qu'elle était incapable de mettre en valeur. Les Espagnols et les Portugais dans l'Amérique du Sud et du Centre, les Français dans l'Amérique du Nord, les Anglais en Australie, ont fondé de grands établissements qui sont comme des prolongements de l'Europe. La population indigène a presque complètement disparu. Les Européens sont devenus les maîtres du sol et les souverains d'États nouveaux, et encore aujourd'hui les Anglo-Saxons, les Allemands, les Italiens, les Polonais et les Scandinaves débarquent chaque année en grand nombre dans les principaux ports du nouveau monde pour y tenter la fortune.

Au contraire, en Asie et en Afrique les indigènes forment des groupes souvent très compacts, des empires souvent vénérables par leur antiquité, mais susceptibles d'arriver à un niveau de civilisation plus élevé au contact de races supérieures. Les Européens ne peuvent songer dans ces pays à remplacer les indigènes; mais ils trouvent parmi ces derniers la main-d'œuvre nécessaire pour la culture des terres ou pour l'exploitation des mines. Il suffit que les Européens fournissent l'élite des travailleurs, les directeurs et les contremaîtres avec les capitaux indispensables à toute entreprise sérieuse. Ici les établissements créés sont des *colonies d'exploitation*; exploitation du sol, bien entendu, car l'exploitation des indigènes serait une injustice révoltante[1]. Ces Européens doivent, au contraire, s'attacher à les instruire, à les élever jusqu'à eux, à leur prodiguer les bienfaits d'une vie plus digne de leur qualité d'hommes. Les colonies d'exploitation conviennent surtout aux peuples qui émigrent peu, mais qui disposent de capitaux abondants. Les Anglais dans l'Inde, les Français en Afrique et en Indo-Chine, les Hollandais dans la Malaisie, les Russes au delà du Caucase et dans le Turkestan, ont ouvert à l'exploitation coloniale d'immenses contrées, dont quelques-unes sont déjà devenues de florissants empires.

Causes économiques. — Nous vivons depuis un demi-siècle dans l'ère des machines. La grande industrie doit s'alimenter de matières premières que l'Europe fournit en trop petite quantité ou ne fournit pas du tout, et qu'il faut faire venir des colonies. Pour écouler l'excès de sa production, elle doit étendre sa clientèle au delà des frontières de l'Europe. Cette nécessité est devenue plus pressante depuis le triomphe récent de la politique protectionniste. Sauf en Angleterre, les barrières douanières se ferment chaque jour plus étroitement. Chaque pays veut produire tout ce qu'il consomme, sans rien acheter

---

1. « N'oubliez jamais qu'il faut absolument que l'homme de race soi-disant inférieure constate que son conquérant, de race soi-disant supérieure, le gouverne mieux et assure plus complétement son bien-être que ne le faisaient les chefs indigènes avant la conquête. » (G. BONVALOT.)

à l'étranger. Mais, ne pouvant non plus rien vendre hors de ses frontières qu'à des conditions trop onéreuses, chaque Etat est naturellement amené à chercher dans ses colonies les débouchés qui lui manquent. Il forme avec elles une union douanière profitable à tous : les colons fournissent à la métropole les matières premières de leurs plantations et de leurs usines ; la métropole renvoie en échange à ses colons ses produits manufacturés. C'est la forme nouvelle du pacte colonial, et la politique coloniale devient plus que jamais une politique de débouchés.

Causes sociales. — En outre, les hommes étouffent sur notre vieux continent. La lutte pour la vie devient toujours plus âpre et nécessite une somme croissante d'efforts pour de plus minces résultats. Ici les travailleurs s'offrent en trop grand nombre ; trop d'hommes attendent la propriété. Là-bas, au contraire, les bras manquent ; des richesses inexploitées attendent l'homme. L'initiative hardie mène à la vie large et souvent à la fortune. Non qu'il faille espérer réussir sans effort : il faut, pour fonder une exploitation quelconque, des études sagement mûries et des capitaux. Mais les travailleurs vigoureux et actifs trouvent aux colonies des facilités de réussite que leur refuse l'encombrement des carrières au pays natal. Et puis, la vie libre et aventureuse, dans des pays inconnus, n'est-elle pas faite pour tous ceux qui se sentent mal à l'aise dans notre société trop réglée et qui veulent sortir des voies tracées ? Il ne s'agit pas de dépeupler la patrie par l'émigration ; il s'agit d'utiliser aux colonies les forces qui s'y étiolent sans pouvoir être employées. Les colonies peuvent et doivent absorber l'excès de la population européenne, offrir un refuge aux déshérités, conjurer en partie la lutte des classes et les dangers de la révolution sociale.

II. — Le nouvel empire colonial français. —
L'instinct colonial français. — En France, l'*instinct colonial* a toujours été très vif. Il fait partie de notre bonne

humeur, de notre goût pour les aventures et pour le changement, de notre sociabilité. C'est l'instinct qui poussait
nos ancêtres à Jérusalem, en Egypte et à Constantinople,
au temps des croisades ; qui amena aux Canaries les Normands de Jean de Béthencourt ; qui porta les marins
dieppois à fréquenter, avant les Portugais, la côte d'A-
frique jusqu'en Guinée. Tous les rois et les ministres qui
ont favorisé cet instinct ont été justement populaires :
François Ier, protecteur de Jacques Cartier, et Henri IV,
protecteur de Champlain au Canada ; Richelieu, à qui nous
dûmes le Sénégal et Madagascar ; Colbert, qui en dehors
de l'impulsion donnée à tous nos autres établissements,
nous a poussés vers l'Inde et vers la Louisiane.

Vers le milieu du xviiie siècle, la France avait encore
sur l'Angleterre une très grande avance : sa souveraineté s'étendait dans toute la région du Saint-Laurent et
du Mississipi, dans la Guyane, au Sénégal. Elle avait
des droits sur Madagascar. Elle possédait les plus riches
Antilles, et l'empire des Indes semblait devoir lui échoir.
Si la nation avait porté plus d'intérêt à ses beaux établissements coloniaux, si le gouvernement avait montré
plus de vigueur et d'habileté, cette situation se serait
maintenue. Les Anglais, grâce surtout à leur vigilance
et à leur ténacité, nous ont ravi l'Inde, la Louisiane et
le Canada, les plus précieuses parties de notre domaine
colonial. Les désastres de la fin de l'Empire n'en ont plus
laissé subsister que de rares épaves : quelques comptoirs du Sénégal, la Réunion, les cinq villes de l'Inde,
la Guyane, les Antilles françaises, Saint-Pierre et Miquelon. Si l'on fait abstraction de la Guyane, qui était inexploitée, l'ensemble de ces colonies couvrait une superficie inférieure à celle d'un département français. Il a
fallu tout refaire. Charles X nous a donné Alger ; Louis-
Philippe, l'Algérie, le Gabon, les Comores, Taïti et les
îles Marquises. Le second Empire a occupé la Nouvelle-
Calédonie et le delta du Mékong. C'était peu de chose
encore.

Effort colonial de la troisième République. — Depuis 1870, l'énergie française s'est réveillée : la République a fait, pour maintenir à la France son rang dans le monde, un magnifique effort. Un grand homme d'Etat, Jules Ferry, a conçu un plan de politique coloniale. L'opinion résistait encore; il a prévu l'avenir; il a encouru une injuste impopularité en dotant notre pays, presque malgré lui, de territoires étendus, qui sans notre intervention eussent passé en des mains ennemies. Il était nécessaire de ne pas déchoir; il ne fallait pas nous laisser distancer par les colosses anglais, allemand, russe, américain. Nous avons soutenu des luttes sérieuses, où s'est affirmée avec éclat l'impérissable vitalité de la France. La création de nos jeunes empires d'Asie et d'Afrique nous permettra de continuer à être des premiers parmi les hommes. Nous avons maintenant un ministère spécial des colonies, une armée coloniale, une école coloniale, l'*Office colonial* du Palais-Royal avec son musée et sa bibliothèque, l'école supérieure d'agriculture coloniale de Nogent-sur-Marne. Nous n'avons pas seulement des troupes spéciales pour défendre notre lointain domaine; nous formons des fonctionnaires aptes à les administrer, des planteurs, des ingénieurs, des commerçants propres à les faire fructifier. Les missions de nos chambres de commerce, les compagnies de colonisation, les syndicats d'études ou d'exploitation, s'efforcent d'en préparer la mise en valeur. Nous connaissons et nous pratiquons les bonnes méthodes. Il dépend de nous-mêmes que ce bel élan continue et que notre domaine si étendu[1], mais encore fruste dans beaucoup de parties, devienne une suite de nouvelles Frances, puissantes et prospères.

Deux groupes de colonies. — Nos colonies forment deux groupes distincts : 1° le groupe africain, véritable bloc continental compact dont l'acquisition est due à notre

---

1. Il comprend 12,500,000 kilom. carrés, soit une superficie égale à environ vingt fois celle de la France. On en évalue la population à 42 millions d'habitants.

armée; 2° le groupe asiatique et océanique, comprenant, outre Madagascar et l'Indo-Chine, toutes nos vieilles colonies disséminées un peu sur toutes les mers : la marine a eu plus de part que l'armée de terre à l'occupation et à la conservation de ce dernier groupe.

III. — Empire français d'Afrique. — Algérie. — Notre empire colonial d'Afrique est le plus étendu et le plus riche : il est situé à notre porte et forme comme un prolongement de la France à travers le continent noir. Il a pour bases d'opérations notre nouvelle France algérienne et notre vieil établissement du Sénégal. Nous détenons les routes les plus rapides et les plus sûres de pénétration vers le Niger et le Congo. La conquête nous a coûté de sérieux efforts, mais le résultat semble devoir être en rapport avec la peine.

L'Algérie est à 800 kilomètres de notre littoral méditerranéen; Alger est à 25 heures de Marseille. On a vu[1] les difficultés de la conquête. Commencée en 1830 sous Charles X par la prise de possession d'Alger, poursuivie avec un acharnement croissant pendant tout le règne de Louis-Philippe, elle a été continuée sous Napoléon III par la lente et difficile occupation de la Kabylie (1851-57). La pacification n'a été complétée qu'après la guerre francoallemande par la répression de l'insurrection de Mokrani en Kabylie (1871).

Le régime civil, substitué depuis 1870 au régime militaire, a eu la plus grande part au développement de la prospérité générale. Le gouverneur civil est assisté d'un conseil de gouvernement siégeant en permanence, qui compte 24 membres, tous hauts fonctionnaires ou chefs de service, et d'un *conseil supérieur* en partie électif, qui tient deux sessions par an. Outre les membres du conseil de gouvernement, le conseil supérieur comprend 15 membres élus par les conseils généraux des trois départements, 16 membres élus par les délégations financières[2],

---

1. Cours de seconde année.
2. Les délégations financières, créées en 1898, comprennent les délégués

trois notables indigènes et quatre fonctionnaires algériens
choisis par le gouverneur. Six assesseurs musulmans siègent dans chaque conseil général. Ainsi l'élément indigène
est admis, quoique pour une part encore sagement restreinte, à délibérer sur les affaires publiques. Depuis
1900, l'Algérie a son budget autonome sous le haut contrôle de la métropole ; elle peut conclure des emprunts
qui lui permettent de compléter son outillage économique ; elle peut trouver dans de nouveaux impôts les ressources qui lui sont nécessaires. Après les longs tâton-
nements et les multiples expériences administratives dont
l'Algérie a souffert pendant plus d'un demi-siècle, elle
semble entrée définitivement dans la voie normale du
progrès.

Tunisie. Le protectorat. — L'acquisition de la Tunisie
est plus récente : elle remonte seulement à 1881. Elle est
due à Jules Ferry. Dès longtemps les capitaux français
s'étaient portés dans ce pays. Des banques françaises,
des sociétés françaises pour la création des chemins de
fer et des télégraphes, s'étaient constituées. Mais le bey
de Tunis accordait sa confiance à un ministre corrompu,
ennemi de la France. Les grandes entreprises françaises
dans la Régence étaient sans cesse menacées ; nos colons
algériens voisins de la frontière étaient en butte aux
continuelles agressions des Khroumirs et autres tribus
rebelles, que le bey était impuissant à soumettre. Le
gouvernement italien excitait sous main toutes les autorités beylicales contre la France, avec l'espoir de s'emparer de la Tunisie. Maîtresse déjà de la Sicile, l'Italie
eût fait la loi dans toute la Méditerranée centrale. Il s'a-
gissait de sauvegarder notre territoire algérien, nos intérêts français en Tunisie, notre prestige dans la Méditerranée.

Au congrès de Berlin de 1878, notre ambassadeur,

---

des colons, des populations urbaines et indigènes : élues pour six ans dans
chacun des départements algériens, les délégations financières s'occupent.
avec les conseils généraux, du vote et du contrôle des impôts locaux.

Waddington, avait obtenu l'assentiment de l'Allemagne et de l'Angleterre à l'établissement d'un protectorat français en Tunisie. De nouvelles razzias des Khroumirs sur le territoire du département de Constantine servirent de prétexte. Deux colonnes françaises, sous le commandement du général de Forgemol, entrèrent en Tunisie, l'une en suivant le littoral, l'autre en longeant la vallée de la Medjerda. Une troisième débarqua à Bizerte et marcha sur Tunis. L'expédition, commencée le 25 avril 1881, fut terminée presque sans effusion de sang, en trois semaines, par le traité du Bardo (12 mai). Notre énergique consul, Roustan, imposa au bey la reconnaissance du protectorat français. Désormais un résident français devait diriger avec les ministres du bey toutes les affaires intérieures et serait seul chargé des relations internationales; un général français commanderait les troupes tunisiennes.

Ainsi les Français n'apparaissent pas comme des maîtres et des usurpateurs, mais comme de simples redresseurs d'abus. La justice a été réformée, et les indigènes viennent d'eux-mêmes aux tribunaux français, délaissant leurs anciens juges, dont ils connaissent la partialité et la vénalité. Les impôts ont été diminués, et cependant, grâce à une bonne gestion et à une surveillance sévère, ils fournissent un rendement supérieur. L'étude de la langue française se propage rapidement, et les chefs mêmes de l'islamisme font apprendre le français à leurs enfants. La Tunisie se suffit à elle-même, et, grâce à ses ressources croissantes, la dotation des travaux publics et des écoles augmente chaque année. L'expérience acquise, l'énergie et l'habileté de nos résidents, ont accompli en quelques années toutes ces merveilles.

Les forces productives. Les grands travaux. — En Algérie et en Tunisie, les productions sont les mêmes, et les mêmes besoins ont nécessité les mêmes grands travaux. L'Afrique du Nord était déjà un des greniers de Rome, et elle n'a pas cessé de produire en abondance céréales et troupeaux. La vigne et l'olivier y réussissent à merveille et constituent désormais les principales richesses agricoles. Le figuier, le dattier, l'oranger, ne donnent pas seulement la nourriture aux indigènes; ils fournissent, ainsi que les phosphates de Gafsa et du Dyr, les éléments d'une exportation considérable. Les champs d'alfa sur les hauts plateaux, les forêts de chêne-liège sur les pentes de l'Atlas, les cultures de primeurs, fruits et légumes, dans le voisinage des ports d'expédition, ne suffisent pas aux demandes toujours plus nombreuses. Pour mener à bien toutes ces cultures, il a fallu tracer de belles routes là où n'existaient que des sentiers à peine praticables, retenir l'eau des torrents par des barrages, créer des ports, ouvrir des voies ferrées. Oran, Bougie, Philippeville, Bône, ont été aménagés suivant les exigences modernes. Alger fait concurrence à Malte comme port de relâche et de ravitaillement. Le port de la Goulette n'est plus que le poste avancé du bassin en eau profonde créé à Tunis. Bizerte, armé en guerre, est maintenant en face de Toulon un point d'appui de notre flotte. De Tlemcen à Tunis, une voie ferrée se déroule parallèlement au littoral, reliée par des embranchements avec tous les grands ports. De nombreuses voies de pénétration favorisent le trafic au delà du Tell, fort avant dans les terres. Deux d'entre elles arrivent dès maintenant jusqu'au Sahara, l'une d'Oran à Beni-Ounif, en face de l'oasis de Figuig; l'autre de Philippeville à Biskra. Ce sont comme des vallées nouvelles ouvertes vers l'intérieur, non pas artificielles sans doute, mais rectifiées par l'art.

Les résultats. — La population n'a pas cessé de croître : près de 5 millions d'habitants en Algérie; environ 1,800,000 en Tunisie, tel est le bilan actuel. L'on a accusé longtemps les Français d'être inaptes à coloniser, à cause de leur peu de goût pour l'émigration et de la faiblesse de leur natalité. La population française en Algérie, qui était en 1876 de 155,000 Français seulement, atteint maintenant près de 300,000 âmes. Elle a plus que triplé en trente ans. Pour trouver un accroissement de population aussi rapide, il faut aller non pas en Europe, ni même aux États-Unis ; c'est l'Australie seule qui nous en donne un exemple. Souvent aussi on a regretté les sommes énormes dépensées par la France pour la conquête et la mise en valeur de l'Algérie. Il est vrai que l'Algérie coûte encore à la métropole une cinquantaine de millions pour l'entretien du dix-neuvième corps d'armée. Mais elle lui rapporte beaucoup plus.

Recettes des chemins de fer, des établissements de crédit, des grandes compagnies agricoles ou maritimes, au moins	50 millions.
Bénéfices sur un commerce de 600 millions entre la France et l'Algérie	60 —
Produit du travail de 320 000 Français estimé au minimum annuel de 1 000 francs par tête, prix d'entretien d'un soldat	320 —
TOTAL....	430 —

Voilà comment se chiffre le profit matériel de la possession de l'Algérie, sans tenir compte de l'importance morale et du prestige qui résulte pour la France de cette habile et heureuse colonisation.

Progrès nouveaux à réaliser. — Il reste à la France à accomplir ce que les Romains en quatre siècles d'occupation n'avaient pu réaliser. Rapprocher progressivement les indigènes des Français, les associer à tous les progrès, et peu à peu à tous les droits exercés par les Français. La tâche est difficile et lente : les résultats obtenus déjà peuvent cependant bien faire augurer de l'avenir. On y arrivera : 1° en facilitant la naturalisation d'abord des Européens non Français[1], puis des Berbères ; 2° en transformant la propriété collective, qui appartient aux tribus, en propriété individuelle ; 3° surtout en multipliant les écoles pour apprendre à tous les enfants notre langue. Déjà les Berbères fréquentent volontiers nos écoles, nos marchés, nos chemins de fer. Ils entre-

---

1. Les Espagnols sont au nombre de 160,000, surtout dans la province d'Oran ; les Italiens, au nombre de 40,000 en Algérie et de 70,000 en Tunisie.

voient les profits qu'ils peuvent tirer de notre civilisation. Toutes les expériences du passé ont appris les véritables méthodes à suivre. Nos administrateurs d'outre-Méditerranée ne failliront pas à leur devoir et ne tromperont pas nos espérances.

La pénétration du Sahara. — La nécessité de protéger notre domaine algérien contre les attaques des nomades du Sud nous a forcés à étendre notre action dans le Sahara. L'occupation d'El Goléa par le général de Galliffet (1873), la prise de possession du Mzab (1882), la création des forts Lallemand, Mac-Mahon et Miribel, en ont préparé la pénétration. Des conventions de 1890, 1898 et 1899, conclues avec l'Angleterre, ont placé dans notre sphère d'influence toute la région centrale et occidentale du grand désert. Trois grandes routes le traversent : celle du Maroc à Tombouctou, suivie dès 1828 par notre compatriote René Caillé, et en 1880 par le docteur Lenz; celle du centre, d'Ouargla, par l'Oued Igharghar, vers Zinder et le Tchad; c'est la route où échoua si tragiquement la mission Flatters (1881) et qui a été reprise avec succès par Foureau et Lamy (1898-1900). Enfin la route de Tripoli au Tchad par Mourzouk et Bilma, signalée dès 1823 par Denham et Clapperton, décrite à nouveau par Gérard Rholfs (1861) et le docteur Nachtigal (1870) et enfin heureusement traversée par le commandant Monteil (1892). On a proposé divers tracés de chemins de fer pour relier Alger à Tombouctou à travers 600 lieues de déserts. Mais ce chemin de fer coûterait environ 800 millions. Dans une région désolée, où des nomades vivent sous la tente au milieu de rares oasis, n'ayant pour monnaie que des bâtons de sel ou des coquillages enfilés dans une corde, il serait impossible de trouver le moindre trafic rémunérateur. Les Touareg, maîtres des oasis et des points d'eau, sont des musulmans fanatiques, des pillards éhontés, rebelles à toute influence de l'étranger. Cependant l'occupation de l'importante région du Touat (1899-1900) les bloque vers le Nord, comme la soumission de Tombouctou vers le Sud. Les raids audacieux de nos compagnies de méharistes[1] commencent à intimider les Touareg. En 1902, les quatre commandements du Sud algérien ont été organisés : ils ont pour quartier général Ouargla pour le sud de Constantine, Laghouat pour le sud d'Alger, Aïn-Séfra pour le sud d'Oran. Le quatrième comprend les oasis du Sud. On pourra améliorer la route des caravanes, garantir leur sécurité, multiplier le peu d'échanges possible, relier par le télégraphe nos postes épars à travers le désert; mais l'idée du chemin de fer transsaharien doit être reléguée pour longtemps, sans doute, dans le domaine du rêve.

Le Sénégal et la Guinée française. — C'est par le Sénégal qu'on peut vraiment atteindre le Soudan. La France y est établie solidement et fait rayonner son influence jusqu'à Tombouctou. Les premiers comptoirs français au Sénégal datent du temps de Richelieu; mais, jusqu'à l'arrivée du général Faidherbe, nos nationaux n'y étaient en quelque sorte que campés. Trente-sept gouverneurs généraux ou intérimaires se succédèrent en trente-sept ans (1817-1854). Les seuls postes de Saint-Louis et de Gorée étaient occupés solidement. On prodiguait, sous le nom de *coutumes* et de cadeaux, de véritables tributs aux rois indigènes, pour obtenir d'eux une protection aléatoire. La situation des Français était mal assurée et peu digne.

Le général Faidherbe a conquis tout le littoral, garni de postes fortifiés, solidement reliés entre eux, tout le cours du Sénégal; aboli les *coutumes* et fait comprendre aux petits chefs indépendants qu'ils avaient grand intérêt à protéger notre commerce, en retour des droits de douane qui leur seraient régulièrement payés. La fondation du poste de Médine et la belle défense qu'y fit le lieutenant Paul Holl (1857) contribuèrent à tenir en respect les Bambaras musulmans, fanatisés par Omar el Hadj.

---

1. Le méhari est le chameau de course le plus rapide.

Le Soudan. — Cependant le général Faidherbe eût souhaité plus encore. Il eût voulu ouvrir la voie du Niger par la route du haut Sénégal. Il n'eut pas le temps de réaliser ses grands desseins. Mais ils furent repris et exécutés par d'habiles et énergiques continuateurs : le colonel Brière de Lisle, les lieutenants Vallière et Piétri, e capitaine Galliéni, le commandant Borgnis-Desbordes. De 1879 à 1881, ces brillants officiers ont établi sur le haut Sénégal les postes avancés de Bafoulabé, de Kita; forcé Ahmadou, fils d'Omar, à se placer sous le protectorat français avec tout le pays de Segou sur le haut Niger. Le 1er février 1883, un poste français fut établi à Bamako sur le grand fleuve. De 1885 à 1893, les colonels Frey, Galliéni, Archinard, Humbert, Combes, menèrent de rudes campagnes dans la région des sources et de la boucle du Niger. Ils soumirent les Etats d'Ahmadou et sa capitale Sego-Sikouro (1890), installèrent le poste fortifié de Kankan, sur le territoire de Samory, réduisirent à l'état de vassal le roi Tiéba et jalonnèrent de postes français tout le plateau du Fouta-Djalon et le cours supérieur du Niger.

La Côte d'Ivoire et le Dahomey. — Les deux voyages du capitaine Binger au pays de Kong et à la Côte d'Ivoire ont ouvert à la France une nouvelle porte d'entrée du Soudan. Le colonel Monteil a coupé la boucle du Niger de Segou à Say. Samory a été capturé dans le pays de Kong, où il s'était reconstitué un empire. Tiéba révolté a dû livrer sa capitale Sikasso. Dans le Dahomey, l'infâme Béhanzin célébrait chaque fête par d'effroyables hécatombes humaines et s'attaquait aux Français. A la suite d'une expédition difficile, le général Dodds a planté notre drapeau à Abomey et capturé Béhanzin (1892-93). Ainsi les sacrifices des féticheurs ont cessé. La *paix française* a supprimé les guerres intestines qui dépeuplaient les « Indes noires ». Plus de prisonniers de guerre vendus pour l'esclavage ou pour les sacrifices.

Le Niger. — Le Niger a été descendu dès 1887 de Bamako à Koriumé, port de Tombouctou, par le lieutenant Caron, et de Tombouctou à Boussa par le lieutenant Hourst (1894). Les rapides de Boussa, que l'on considérait comme infranchissables, ont été deux fois remontés par le commandant Toutée et par le capitaine Lenfant (1895-1900).

Ainsi le puissant Niger forme une série de biefs navigables. Ses inondations, périodiques comme celles du Nil, déposent chaque année dans toute la partie moyenne de son cours des couches épaisses de limon, très favorables à la culture du coton. Grâce à la convention de Berlin de 1885, sa navigation est ouverte, et la loge de Forçados que nous possédons à son embouchure, au milieu d'un territoire anglais, assure notre ravitaillement ; de là, en remontant son cours, nos navires peuvent gagner Say en terre française.

Les voies de pénétration. — Mais la meilleure route de pénétration du Niger est celle du Sénégal ; un chemin de fer relie *Kayes,* la capitale des territoires nouveaux de la Sénégambie et du Niger, avec Bamako et Koulikoro : il sera continué, d'une part, sur Tombouctou, et de l'autre sur Saint-Louis, déjà relié avec Dakar. D'autres chemins de fer déjà amorcés, de Konakry dans la Guinée française, de Bingerville dans la Côte d'Ivoire, de Kotonou dans le Dahomey, atteindront plus tard le Niger. Le Sénégal produit surtout la gomme et les arachides ; la Guinée française, le caoutchouc ; la Côte d'Ivoire, l'acajou et l'huile d'amandes ; le Dahomey, l'huile de palme. Le Niger nous fournira du coton. Ainsi la France a accompli, en quelques années, au Soudan, une œuvre considérable, qui fait le plus grand honneur au courage, à l'endurance, à l'habileté consommée de ses chefs militaires, qui profitera à son commerce, et qui servira encore bien plus la grande cause de la civilisation et de l'humanité.

De Brazza et le Congo français. — Au Congo, l'analogie est grande avec le Sénégal. Là aussi le territoire occupé par les Français sert à tourner l'embouchure du grand fleuve, qui se précipite comme le Niger par de formidables cataractes et qui est inaccessible au commerce par la mer. Le cours de l'Ogooué, de la Passa et de l'Alima est la route la plus directe et la plus commode pour pénétrer dans la région moyenne du Congo.

Cette route a été trouvée par de Brazza. Sur tout son parcours, il a fait reconnaître des indigènes le protectorat français. Perdu dans un pays encore inexploré, presque sans escorte et sans pacotille d'échanges pour les indigènes, de Brazza, au lieu de s'ouvrir la route à coups de feu, s'est contenté de s'abriter fièrement avec le drapeau français. Il a si bien réussi à gagner la confiance des indigènes, il leur a montré de tels exemples de courage et de dignité morale et leur a inspiré un tel respect pour cette civilisation supérieure dont il apparaissait comme la plus brillante expression, qu'ils se sont soumis naturellement à lui comme à un protecteur envoyé par la Providence pour les faire sortir de la barbarie. Les Batékés du roi Makoko, fort éprouvés par les balles de Stanley, ont été facilement gagnés par les bons procédés de l'explorateur français. De Brazza et Makoko ont apporté chacun leurs armes : poudre, balles et fusils d'un côté, arcs et lances de l'autre. Tout cela a été enterré dans un grand trou : c'était l'*enterrement de la guerre* et le symbole d'une paix qui doit durer « jusqu'au moment où la poudre et les flèches auraient poussé en une verdoyante forêt ».

Brazza a fondé Franceville sur un affluent de l'Ogooué, et Brazzaville sur le Congo, en face de Léopoldville, la capitale du Congo belge. Dans son troisième séjour (1883), il a pris officiellement possession du Congo français. Le congrès de Berlin (1885) a reconnu le fait accompli.

La jonction du Congo et du Soudan. — La jonction du Congo français avec le Soudan eût été facilement opérée, si le gouvernement français avait protégé à temps les comptoirs fondés par des maisons françaises dans le delta du Niger. Mais ces comptoirs furent vendus à la Compagnie anglaise du Niger, qui suscita à nos explorateurs

Mizon et Maistre, dans tout le parcours de la Bénoué, de graves difficultés, bien que le congrès de Berlin eût décrété la libre navigation des grands fleuves africains. Au contraire, à l'est du lac Tchad, s'étendaient des territoires libres, encore en partie inexplorés. Les Français y devancèrent de vitesse les Anglais et les Belges. Des postes furent créés tout le long de l'Oubangui, le grand affluent de droite du Congo, prolongés jusqu'à la rivière M'Bomou, tributaire de l'Oubangui, et par le Chari jusqu'au lac Tchad. L'énergique Crampel, après avoir créé plusieurs postes dans ces régions, avait été massacré avec la plus grande partie de sa mission (1890); il fut vengé par Dybowski. On conçut même l'espoir de pouvoir s'avancer jusqu'au Nil. L'importante mission Marchand, partie de Brazzaville, remonta l'Oubangui et le M'Bomou, son affluent, pénétra dans le *pays des Rivières* et planta le drapeau français à Fachoda, où viennent se réunir de nombreux tributaires du Nil (1896-1898). Mais les missions françaises venues d'Abyssinie pour rejoindre le commandant Marchand ne purent atteindre Fachoda. Les Anglais venaient de remporter sur les Derviches révoltés l'importante victoire d'Omdurman, qui leur livrait tout le haut Nil. Ils se présentèrent devant Fachoda, résolus à en chasser les Français même par la force. Fachoda valait-il d'être l'enjeu d'une guerre entre la France et l'Angleterre? Le gouvernement français ne le pensa pas. Marchand reçut l'ordre d'évacuer Fachoda. Mais la convention du 1er juin 1899 a reconnu à la France la possession de tous les territoires situés à l'est du Tchad (Baghirmi, Ouadaï, Kanem, Borkou). C'est la jonction directe entre le Congo et le Soudan, sans sortir du territoire français, par l'est et le nord du Tchad.

Ainsi est réalisée l'unité de notre grand empire de l'Afrique occidentale française; toutes les différentes parties communiquent librement entre elles. Libreville et Loango, les ports du Gabon et de l'Ogooué sont reliés avec Franceville et Brazzaville par des routes, qui seront plus tard doublées de chemins de fer. Le Congo et l'Oubangui sont navigables par biefs successifs, comme le Niger. Le ravitaillement du Tchad peut se faire soit par le Soudan, de Say sur le Niger à Zinder et à Barroua ; soit par Forçados à l'embouchure du Niger et la Bénoué, ce qui est la voie la plus courte ; soit par Brazzaville et la voie fluviale du Congo et de l'Oubangui. — Le Congo français est exploité par une quarantaine de grandes Compagnies concessionnaires. Le café, le cacao, y viennent bien ; c'est surtout le futur empire du caoutchouc.

DIRECTIONS ET BIBLIOGRAPHIE

I. **L'expansion coloniale.** — PAUL LEROY-BEAULIEU, *de la Colonisation chez les peuples modernes*.

II. **Le nouvel empire colonial francais.** — H. VAST, *l'Algérie et les Colonies francaises*, Introduction. — M. WAHL, *la France aux colonies*, livre II, chap. I.

III. **L'Algérie et la Tunisie.** — M. WAHL, *l'Algérie*. — ED. CAT, *Histoire de l'Algérie*. — DE LANESSAN, *la Tunisie*. — MACHUEL, *l'Enseignement public en Tunisie*. — REY, *Voyage d'études en Tunisie* (*Revue pédagogique*, avril 1899).

IV. **Sahara, Soudan, Afrique occidentale française, Congo.** — H. VAST, *l'Algérie et les Colonies françaises*, p. 265 à 462. — A. RAMBAUD, *la France coloniale* (Voir les chapitres correspondants). — LANIER, *Lectures géographiques, l'Afrique*.

ÉTUDES ET LEÇONS

Savorgnan de Brazza.

Noble vie et œuvre grandiose.

Né en 1852 d'une grande famille romaine, — admis au titre étranger à l'école navale de Brest. — Il revendique, au lendemain de la guerre franco-allemande, l'honneur d'être Français, et il obtient à grand'peine ses lettres de naturalisation en 1874.

1876-1879. Sa première exploration avec Marche et le docteur Ballay. Il remonte l'Ogooué depuis son delta jusqu'au confluent de la Passa et découvre dans le pays des Batékés l'Alima et la Licona, affluents du Congo. Grands périls courus dans le pays des Pahouins et des Adoumas. Il se présente en ami, rachète et délivre les esclaves, et gagne les noirs par ses bienfaits.

1879-1881. Fondation de Franceville. — Négociations avec Makoko, roi des Batékés. L'*enterrement de la guerre*. — Exploration de la Lefimi. Création sur le Congo du poste de N'tamo, dont

la Société de géographie de Paris change le nom en celui de
Brazzaville. Retour par le Niari-Kouilou.

1886-98. — Brazza commissaire général du Congo, avec Mizon,
Crampel, Maistre, Dybowski, Liotard, Gentil comme principaux
collaborateurs. Rivalité avec Stanley; nécessité de prévenir les
Belges, les Anglais et les Allemands dans la direction du lac
Tchad. — Fondation des postes de la Sangha, — des postes de
Bangui et d'Abira sur l'Oubangui, — des postes de Gribingui et
du Chary.

Brazza organise le Congo; il y consacre la plus grande partie
de sa fortune personnelle. Mais il est accusé de dépenser sans
compter. Les dépassements de crédits causés par l'organisation
de la mission Marchand sont cause de sa disgrâce imméritée
(1898). — Noble retraite de Brazza, jusqu'au jour où le gouvernement français fait appel à sa haute autorité pour diriger l'enquête sur l'administration du Congo français. — Voyage triom-
phal (avril 1905): mais sa santé est compromise depuis longtemps
par les fièvres et la dysenterie, contractées au cours de ses dangereuses explorations. — Il meurt à Dakar le 14 septembre 1905.

Les Chambres françaises lui avaient voté en 1901 une dotation
nationale, juste réparation de ses sacrifices personnels; elles lui
ont décerné des funérailles nationales justement méritées. — Le
ministre M. Clémentel a dignement célébré son œuvre : « S'il
n'est plus le chef, il est devenu l'exemple: consacré par sa fin
tragique, son rêve d'hier reste l'idéal de demain. » M. Deschanel
a éloquemment résumé son œuvre : « Eveiller sous ses pas les
forces endormies de la nature et de l'humanité, assainir les eaux,
les bois, les âmes; vaincre le péril silencieux et mortel des forêts
impénétrables et des cœurs indomptés; frapper une terre vierge
et en faire sortir à coups de volonté et d'enthousiasme les moissons, les comptoirs, les villes, théâtres des civilisations futures;
tirer de la brousse, du marais fiévreux, de la sauvagerie, la santé,
la vie, le droit; des ténèbres, la lumière; de la violence, l'équité;
de la barbarie, la conscience; créer un monde enfin et faire de
son rêve de jeunesse une réalité immortelle, c'est la vie des héros;
c'était dans l'antiquité la vie des dieux. »

(Voir *Savorgnan de Brazza*, dans la *Revue pédagogique* du
15 nov. 1905.)

CHAPITRE VI

L'empire colonial français. — Madagascar. L'Indo-Chine; les vieilles colonies.

A notre bloc continental africain s'opposent naturellement nos colonies océaniques, Madagascar, l'Indo-Chine et nos vieilles colonies. La marine a plus contribué que l'armée de terre à nous en assurer la possession.

Les droits anciens de la France sur Madagascar, qui dataient de Richelieu et de Colbert, avaient été revendiqués de loin en loin sous la Restauration, sous Louis-Philippe et même sous Napoléon III, malgré ses sacrifices à l'Angleterre. L'hostilité croissante des Hovas, excités par les méthodistes anglais, provoqua une première lutte (1883-1885). A la suite du blocus des côtes par les amiraux Pierre, Galiber et Miot, le traité Patrimonio nous accorda un vague protectorat de l'île; il ne fut pas observé par les Hovas.

Il fallut une véritable guerre pour mettre à la raison les Hovas, qui croyaient à notre impuissance. Le général Duchesne débarqua à Majunga et enleva Tananarive par un heureux coup de main (1895). Cette fois, la grande île fut déclarée colonie française; et, pour mettre fin à de nouvelles intrigues, la reine Ranavalo III fut déposée par le général Galliéni (1897). Depuis ce moment, la soumission et la colonisation de Madagascar ont été poussées avec une sage méthode.

Les Comores et la Réunion sont les annexes naturelles de Madagascar. Notre important établissement de Djibouti en facilite l'accès par mer, en même temps qu'il nous ouvre le trafic de l'Abyssinie. Nos cinq villes de l'Inde ne sont plus que les épaves glorieuses d'un grand empire.

Dans l'Indo-Chine française, les amiraux de Napoléon III avaient déjà occupé la Cochinchine et placé le Cambodge sous notre protectorat (1862-1867). Le Mékong fut exploré par la mission Doudard de Lagrée.

Mais les efforts des Français pour s'ouvrir le commerce du fleuve Rouge au Tonkin furent entravés par l'empereur d'Annam, Tu-Duc. Francis Garnier et le commandant Rivière, qui à deux reprises étaient entrés à Hanoï (1873 et 1883), furent massacrés.

Jules Ferry obtint à grand'peine les subsides nécessaires pour venger nos nationaux. L'amiral Courbet imposa notre protectorat à l'empereur d'Annam (1883), conquit les grandes villes

du delta du fleuve Rouge et, par l'occupation de Formose, força
la Chine à la paix. Le traité de Tien Tsin (1885) reconnut notre
protectorat sur le Tonkin. Le Siam a dû nous abandonner les
deux rives du Mékong et tout le Cambodge (1896-1904). Les provinces du Sud de la Chine nous sont ouvertes. L'Indo-Chine est
la plus peuplée de nos colonies.

Dans l'Océanie, la Nouvelle-Calédonie, Tahiti et les îles Marquises serviront d'escales à la future route du canal de Panama ;
nos Antilles, la Guadeloupe et la Martinique en surveilleront le
débouché. Notre Guyane, si propice, malgré le climat, aux cultures de la zone torride, s'anime par la recherche de l'or. Saint-
Pierre et Miquelon restent des bases sérieuses d'opérations
pour la pêche au grand banc de Terre-Neuve.

Désormais la conquête est finie ; l'ère de l'exploitation ra-
tionnelle commence. Les colonies doivent nous fournir toutes
les matières premières que notre sol nous refuse ; elles doivent
aussi servir de marchés privilégiés à notre commerce. Ainsi
l'aisance croîtra parmi nos colons et parmi nos sujets, et la métropole sera indemnisée de ses lourds sacrifices.

Les colonies océaniques. — En dehors de notre
bloc continental africain, nous ne possédons que deux
importantes colonies : Madagascar, qui n'est accessible
que par mer, et l'Indo-Chine française, qui, bien que rat-
tachée au continent, vaut surtout par les deltas de ses
fleuves et par la grande étendue de ses côtes. Toutes nos
autres colonies sont éparses dans les trois grands Océans
et constituent essentiellement des positions maritimes.
Cela explique le grand rôle de notre marine dans l'histoire, déjà ancienne pour quelques-unes, de cette seconde
variété de colonies ; on pourrait les distinguer nettement
du groupe africain en les réunissant sous le nom de *colonies océaniques.* Dès longtemps, l'intérêt commercial y
avait poussé les Français les plus aventureux : si la conquête de Madagascar et de l'Indo-Chine est récente, les
Français y avaient, dès le XVIIe ou le XVIIIe siècle, marqué
les premiers leur place et acquis des droits incontesta-
bles. Nous retrouverons donc dans ce second chapitre
les traces d'une tradition coloniale que nous avons dû
défendre et qui n'existait à aucun degré dans ces terres,
ignorées encore hier, du Soudan et du Congo.

I. Madagascar. — Origine de nos droits. — Au temps de Richelieu et de Colbert, Madagascar porta le nom significatif de *France orientale*. Rigault et Pronis, puis Flacourt (1648-1655), y amenèrent des colons et y créèrent des comptoirs. Mais ceux qui y partirent étaient des gentilshommes ruinés ou des fonctionnaires sans foi. Les postes furent mal choisis, les opérations mal conduites, les millions du grand roi dilapidés. Les derniers défenseurs de Fort-Dauphin furent massacrés (1672). Cependant au sud, entre Fort-Dauphin et la baie de Saint-Augustin, se retrouvent encore quelques mulâtres qui descendent de ces premiers occupants. Si la « France orientale » devint le rendez-vous des négriers et des forbans de toutes les nations, les droits de la France n'en subsistaient pas moins. Ils furent rappelés à bien des reprises, soit par de multiples arrêts du Conseil royal, soit par la carte de 1731 qui mentionnne l'étendue des territoires dont John Law avait obtenu la concession pour sa Compagnie des Indes.

De nombreux projets de colonisation pour Madagascar furent proposés au gouvernement de Louis XV. Un seul sembla devoir réussir, celui de l'aventurier Beniowski, qui y fonda Port-Choiseul et acquit une grande autorité parmi les indigènes (1773-1775). Mais les colons de l'île de France, menacés dans leurs intérêts, obtinrent qu'un navire de guerre français serait envoyé pour le mettre à la raison. Beniowski osa résister et tomba percé d'une balle française. La Convention fit de Madagascar un département français. Napoléon y envoya un agent, Sylvain Roux, qui défendit Tamatave contre les Anglais jusqu'en 1811.

L'influence anglaise à Madagascar. — Le traité de Paris de 1814 cédait l'île de France aux Anglais. Son gouverneur Farquahr osa prétendre que Madagascar en était une dépendance. N'ayant pas réussi à faire admettre par la diplomatie cette singulière revendication, il chercha du moins à introduire les Anglais subrepticement dans l'île, à nouer des alliances avec les chefs indigènes comme si c'était une terre libre, enfin à leur fournir des officiers instructeurs et des armes pour leur permettre de résister à leurs ennemis, c'est-à-dire aux Français. D'abord le roi Radama Ier voulut tenir la balance égale ; il décréta que dans l'alphabet malgache les consonnes seraient empruntées à la langue anglaise et les voyelles à la langue française ; mais bientôt il chassa les Français établis à Fort-Dauphin et à Foulepointe, tandis qu'il accordait aux Anglais les droits de commerce, de résidence et d'enseignement à Madagascar. L'amiral Gourbeyre bombarda Tamatave. La reine Ranavalo demanda la paix, et Louis-Philippe acquit les îles de Mayotte et de Nossi-bé avec le protectorat des Sakalaves du Nord-Ouest. Des Français, Lambert, de Lastelle, Laborde, créèrent de grandes exploitations agricoles et industrielles. Cependant les pasteurs méthodistes anglais cherchaient à miner notre influence croissante. Napoléon III refusa les offres d'alliance des souverains de Madagascar, et par le traité de 1868 il reconnut Ranavalo II « *reine de Madagascar* », bien que la souveraineté des Hovas n'eût jamais été acceptée par toutes les populations de l'île et que quelques-unes d'entre elles eussent réclamé notre protectorat. La diplomatie napoléonienne, soucieuse surtout de la bonne entente avec l'Angleterre, n'avait fait aucune réserve en faveur de nos droits.

La première expédition (1883-1885). — Le traité Patrimonio. — Ce fut un encouragement de plus aux méthodistes pour tout oser : ils réussirent à convertir au protestantisme la race dominante des Hovas.

A la mort de Laborde, son héritage fut confisqué (1878), les biens des Français, leur vie même, étaient menacés. Les Hovas rêvaient « l'expulsion du pays de tout ce qui est français ». Il fallut, pour protéger nos nationaux, des représentations énergiques, appuyées bientôt de démonstrations armées. La France, engagée à fond au Tonkin et contre la Chine, dut se borner d'abord à de simples opérations de blocus des côtes. Le contre-amiral Pierre (avril-septembre 1883) mit garnison à Majunga et à Tamatave : il mourut à son bord, prématurément épuisé par les fatigues ; les contre-amiraux Galiber et Miot continuèrent son œuvre, et le consul français Patrimonio signa avec la reine Ranavalo III un traité assurant à la France la souveraineté de la baie de Diégo-Suarez et plaçant Madagascar sous un protectorat mal défini : l'escorte militaire du résident français à Tananarive était fixée à cinquante hommes ; l'exemplaire hova du traité portait que le résident français serait chargé « de *contempler* les relations extérieures du gouvernement hova », tandis que le texte français attribuait à notre résident la *direction* de toute la politique étrangère (17 décembre 1885).

La conquête définitive (1895). — On comprend que les Hovas aient joué habilement d'un traité que les circonstances n'avaient pas permis de rendre plus onéreux pour leur gouvernement. Excités par les méthodistes anglais, ils prétendirent investir, à la place de notre résident, les consuls étrangers. Les attentats contre les personnes et contre les propriétés des Français se multiplièrent. Le mari de la reine, qui était aussi son premier ministre, déclarait que les Français sont « comme les chiens qui aboient, mais qui ne mordent pas ». Les Français se décidèrent à mordre. En retour de l'adhésion de la France aux arrangements relatifs à Zanzibar entre l'Allemagne et l'Angleterre, ces deux puissances avaient reconnu le protectorat de la France sur Madagascar *avec toutes ses conséquences* (1890).

A la suite d'un vote unanime de la Chambre (1894), une expédition fut résolue. Bien qu'elle eût été longuement préparée, elle donna lieu à de graves mécomptes. On avait choisi, pour opérer le débarquement, le port de Majunga, bien que plus éloigné de Tananarive que Tamatave ; mais on espérait pouvoir opérer les transports par eau en remontant la Betsiboka. Les chalands disposés à cet effet avaient un trop fort tirant d'eau. Les troupes durent donc marcher et traîner leurs vivres et leurs munitions à travers la brousse; elles payèrent à la maladie un effroyable tribut. Tamatave et Majunga avaient été enlevés dès le début des hostilités (janvier 1885). Marowoay, Suberbieville, Andriba, furent successivement occupés. Pour emporter Tananarive, le général Duchesne forma une colonne de 4,000 hommes, qui bouscula tout sur son passage et obtint la reddition de la place dès la tombée des premiers obus (30 sept.).

Administration du général Galliéni. — La reine Ranavalo se rendit à discrétion et signa un traité de protectorat sans restriction (1er octobre 1895). Comme son gouvernement voulut de nouveau se jouer des Français, l'île fut déclarée colonie française (janvier 1896); peu de temps après, le nouveau gouverneur, l'énergique général Galliéni, n'hésita pas à déposer la reine et à l'envoyer captive à la Réunion (février 1897). Pour achever la soumission de Madagascar, qui est grande comme l'ancienne Gaule jusqu'au Rhin, le général Galliéni a pratiqué avec succès le système de la « tache d'huile ». Il a opéré de proche en proche et méthodiquement l'occupation progressive et la répression du brigandage, grâce au concours simultané de nos officiers et des administrateurs indigènes. L'esclavage a été aboli; on travaille avec ardeur à créer un réseau de routes; les entreprises agricoles et industrielles se multiplient; de grands travaux sont engagés pour améliorer les ports de Majunga et de Tamatave; la défense de Diégo-Suarez est assurée; un chemin de fer va relier Tamatave avec Tananarive. La pacification et la colonisation font des progrès rapides et donnent les plus belles espérances.

Les annexes de Madagascar. — Djibouti. — Sainte-Marie, Nossi-bé et les Comores sont les satellites immédiats de Madagascar. La Réunion, distante d'environ six cents kilomètres, a dû sa grande prospérité à la culture du café pendant le xviiie siècle, et aux plantations de canne à sucre pendant le xixe; aujourd'hui une ère nouvelle commence, celle de la vanille. Comme l'île Maurice, sa voisine, dont la population est restée française de cœur, bien que cédée à l'Angleterre depuis 1814, l'île de la Réunion peut et doit fournir un appoint considérable à la colonisation de Madagascar et, ce qui est infiniment précieux, des colons déjà acclimatés.

Nos établissements de la côte française des Somalis, Djibouti, avec Obock et Tadjoura, couvrent un très petit territoire. Mais la position maritime est d'une importance capitale. La cession d'Obock avait été négociée dès 1858 pour nous ménager, lors du percement de l'isthme de Suez, une station navale à l'autre porte de la mer Rouge : cette station ne fut utilisée qu'au moment de nos démêlés avec la Chine. La France installa à Obock des dépôts de charbons et de vivres, avec tout le matériel nécessaire au ravitaillement de nos escadres (1883-1885). Mais Obock est un mauvais port, sans profondeur, sans eau potable, sans accès facile vers l'intérieur. L'acquisition de Djibouti (1888) nous a, au contraire, procuré un établissement précieux. Djibouti a des canalisations d'eau douce, une jetée de 900 mètres, qui permet aux gros paquebots de débarquer leurs marchandises à quai. C'est aussi le point de départ de la voie ferrée du Harrar, qui doit être prolongée jusqu'à Addis-Ababa, la capitale de l'Abyssinie, et qui nous assure une situation privilégiée pour notre commerce dans ce grand pays. Djibouti est désormais un port de ravitaillement et d'escale de premier ordre pour nos grands services de navigation vers Madagascar et l'Australie, ou vers l'Inde et l'extrême Orient. Djibouti, c'est l'avenir ; nos cinq villes de l'Inde, c'est le passé. Ce sont les épaves d'un immense empire que Dupleix voulait nous donner et qui nous a échappé par l'incurie du gouvernement de Louis XV. Elles valent surtout par leur glorieuse histoire, comme souvenirs et comme regrets.

II. **L'Indo-Chine française.** — Si nous avons perdu l'Inde au XVIIIᵉ siècle, nous avons gagné l'Indo-Chine

6

française au XIXᵉ. La compensation n'est pas négligeable, puisque cette colonie couvre une superficie à peu près double de la France et compte près de 20 millions d'habitants. L'acquisition a passé par les mêmes phases que celle de Madagascar : de vieux droits qu'une politique insouciante avait laissé méconnaître; de grandes entreprises commerciales de nos nationaux entravées par la perfidie du gouvernement indigène; la nécessité d'une intervention, mais insuffisante, et suivie d'un traité de protectorat mal défini; enfin, à dix ans d'intervalle, la conquête définitive, telle est la suite symétrique des événements en Indo-Chine comme à Madagascar. Seulement ici la résistance des indigènes fut plus acharnée.

A l'évidente mauvaise volonté des Anglais à l'égard d'une action de la France qu'ils ne pouvaient entraver ouvertement, s'est jointe l'intervention armée de la Chine. Comme à Madagascar et au Soudan, la conquête a été brillamment menée par nos amiraux et nos officiers de l'armée de terre, au milieu de difficultés qui pouvaient paraître insurmontables et avec des moyens souvent insuffisants.

Les droits de la France en Indo-Chine. — Ce n'est pas une « guerre de cent ans », mais une infiltration lente de plus d'un siècle qui nous a introduits dans l'Indo-Chine. Cependant la vraie conquête date d'hier. En 1870, la Cochinchine et le Cambodge étaient seuls encore sous nos lois. Mais le Tonkin, l'Annam, le Laos, sont des acquisitions de la République. Ici encore une heureuse fatalité força la France à agir. Nos hommes d'Etat, sauf Jules Ferry qui eut une nette compréhension de l'avenir, se résignèrent, non sans inquiétude, à suivre la fortune qui les poussait.

L'envoi à Louis XIV d'une solennelle ambassade siamoise sous les auspices de l'aventurier grec Phaulkon et la mission de l'intendant Poivre à Hué (1748) avaient déjà ouvert les voies. Le véritable introducteur des Français en Indo-Chine fut le vicaire apostolique Pigneau de

Béhaine, qui persuada à l'empereur d'Annam Gia-Long de signer un traité d'alliance contre la Chine avec le roi Louis XVI (1787). Gia-Long obtint des vaisseaux, des troupes, des officiers, des armes et des munitions, et pour prix de ce service céda à la France la baie de Tourane et l'île de Poulo-Condore. Ces officiers défendirent l'Annam contre les Anglais pendant les guerres de la Révolution et de l'Empire. Le dernier survivant mourut en 1822.

Conquête de la Cochinchine (1862-1867). — Cependant ses successeurs montrèrent peu de reconnaissance pour les Français; l'un d'eux, Tu-Duc (1848-1884), s'acharna particulièrement contre nos missionnaires. De là de nombreuses réclamations diplomatiques, qu'il fallut même appuyer par la force. De 1858 à 1867, les amiraux Rigault de Genouilly, Charner, Bonard et la Grandière occupèrent successivement Tourane et Saïgon (1858), puis, en 1862, les trois provinces orientales du delta du Mékong (Saïgon, Mytho, Bienhoa) et enfin, en 1867, les provinces occidentales (Vin-Long, Chau-doc et Ha-Tien). Toute la Cochinchine était conquise. Le Cambodge s'était déjà placé sous le protectorat français (1863).

Exploration du Mékong (1866-1868). — Une grande exploration fut préparée pour remonter le Mékong et ouvrir par là une route commerciale vers la Chine. Le capitaine de frégate Doudart de Lagrée et le lieutenant de vaisseau Francis Garnier dirigeaient cette dangereuse expédition. Elle dura plus de deux ans (1866-1868). Après avoir traversé le Laos, les voyageurs parcoururent plus de 10,000 kilomètres dans des contrées dont la plus grande partie était ignorée des Européens. Ils remontèrent ou longèrent le grand fleuve jusqu'à Xien-Hong, tantôt à travers des cluses et des cataractes presque infranchissables, tantôt parmi des rivières vaseuses et d'épaisses forêts. Ils crurent à tort que la pénétration en Chine par la voie du Mékong est absolument impraticable. En réalité, ce fleuve descend des hauts plateaux de l'Asie

centrale par une série de biefs que séparent des rapides :
ces rapides ont pu être franchis, non sans difficulté, il est
vrai. Mais l'accès pourra en être facilité par des travaux
de dérochement ou des transbordements. Tandis que
Doudart de Lagrée, épuisé par les fatigues de cette glorieuse exploration, succombait dans le Yunnan, Francis
Garnier fit une pointe vers le Tonkin en descendant le
fleuve Rouge et en rapporta la conviction que la vraie
route de pénétration vers la Chine méridionale était la
vallée du fleuve Rouge. Ce fut l'origine de la conquête
du Tonkin.

Francis Garnier et Rivière au Tonkin (1873-1883).
— Le négociant français Dupuis utilisa cette voie du
fleuve Rouge pour expédier au gouvernement chinois un
convoi d'artillerie; mais les Chinois refusèrent de prendre livraison des canons dont ils n'avaient plus besoin,
et les mandarins annamites pillèrent à son retour la petite
flottille de Dupuis. Le gouverneur de l'Indo-Chine, l'a-
miral Dupré, pour châtier les auteurs de cette agression,
envoya au Tonkin Francis Garnier. Avec 181 hommes
et deux petites canonnières, Garnier traversa tout le
delta du fleuve Rouge et força l'entrée d'Hanoï, défendue par sept mille Annamites qu'abritaient d'épais rem-
parts. Les Annamites se comptèrent et comptèrent leurs
ennemis : ils n'avaient qu'à se serrer pour les étouffer.
L'héroïque Francis Garnier trouva la mort dans un guet-
apens (21 décembre 1873). Le delta du fleuve Rouge fut
évacué.

Le duc de Broglie, ennemi systématique de toute entreprise coloniale, voulut liquider à tout prix cette affaire.
Deux traités furent signés avec l'empereur Tu-Duc : l'un
politique, en vertu duquel il s'engageait « à conformer sa
politique extérieure à celle de la France »; l'autre commercial, qui stipulait l'ouverture des ports du Tonkin
« au commerce étranger sans distinction de pavillon ou
de nationalité ». En retour de ces avantages mal définis,
nous devions fournir à l'empereur d'Annam des canons,

des fusils, des munitions, cinq navires de guerre, des ingénieurs et des instructeurs militaires, et lui faire remise des six millions qui restaient dus sur l'indemnité de guerre précédemment exigée (1874). Ainsi nous souscrivions à des sacrifices onéreux et, grâce au principe de « la porte ouverte », nous assurions aux étrangers le même traitement qu'à nos nationaux. Ce traité Philastre (du nom de son négociateur) ne fut pas mieux observé que le traité Patrimonio à Madagascar. La piraterie redoubla, aux dépens des Français ; les mandarins continuaient à se jouer de nous. La situation de nos consuls devint bientôt intolérable. Le commandant Rivière, chargé d'une opération de police pour mettre les Annamites à la raison, renouvela l'héroïque folie de Garnier avec une troupe aussi peu nombreuse. Il périt comme lui, écrasé sous le nombre, en cherchant à se donner de l'air (1882-1883). Notre prestige en extrême Orient était sérieusement atteint. La Chambre, à l'unanimité, vota les crédits indispensables pour permettre à la France « de venger ses glorieux enfants ».

La conquête de l'Indo-Chine (1883-1885). — Il fallait frapper fort et vite. Mais la nation n'avait pas encore compris l'intérêt des entreprises coloniales ; nos hommes politiques mesuraient trop chichement les subsides. La guerre faite « par petits paquets » n'en fut que plus coûteuse et plus longue. Elle dura deux ans. Elle fut dirigée par l'amiral Courbet (1883-1885). Son coup d'essai fut un coup de maître ; il força les passes de Thuan-An et enleva la grande ville de Hué, capitale de l'Annam. Notre vieil ennemi Tu-Duc fut forcé, par la convention du 25 août 1883, de reconnaître le protectorat français sur l'Annam et le Tonkin. Mais le Tonkin était revendiqué par les Chinois comme une dépendance de leur empire. Il était infesté non seulement de pirates chinois, les *pavillons noirs,* mais aussi de réguliers chinois, les *pavillons jaunes.* Il fallait donc combattre la Chine, comme elle nous combattait elle-même, sournoisement, sans déclaration de guerre officielle et en respectant les intérêts complexes des puissances en extrême Orient. Déjà l'amiral Courbet s'était emparé de Sontay, dans le delta du fleuve Rouge. Au lieu des 181 hommes de Francis Garnier, des 650 hommes de Rivière, il avait dû mettre en ligne 9,000 hommes. Bientôt la nécessité s'imposa d'envoyer tout un corps expéditionnaire sous les ordres du général Millot, qui compléta la conquête du delta par la prise de Bac-Nin, de Hong-Hoa et de Tuyen-Quang[1]. Courbet, chargé de tenir en respect les forces chinoises, s'engagea hardiment dans les passes de la rivière Min, fit sauter l'arsenal de Fou-Tchéou, s'installa à Formose et aux îles Pescadores et intercepta les convois de riz à destination de la Chine. Affamer la Chine, c'était la forcer à demander grâce (1884-1885).

Le traité de Tien-Tsin (1885). — La retraite de Langson, à la suite de la blessure du général de Négrier, fut un accident sans portée militaire. Il est vrai que cette affaire de Langson, outrageusement grossie par les ennemis de Jules Ferry, leur donna l'occasion cherchée depuis longtemps de le renverser (30 mars 1885). Mais il fut vengé au bout de peu de temps. Les négociations déjà entamées par le commandant Fournier et reprises par Patenôtre, notre ambassadeur en Chine, aboutirent au traité de Tien-Tsin, celui-ci définitif (9 juin 1885). La Chine reconnut le protectorat français sur le Tonkin et ouvrit à notre commerce les riches provinces chinoises du Yun-Nan et du Kouang-Si. Deux jours après la conclusion de ce traité, Courbet, brisé par les fatigues d'un long et glorieux commandement, mourut à son bord du *Bayard*. Il avait mené à bonne fin son œuvre en extrême Orient. La France a trouvé dans cette guerre les hommes capables de parer aux plus grands dangers et aux situations les plus périlleuses.

---

1. A Tuyen-Quang, le commandant Dominé assiégé se distingua par une mémorable résistance, et le sergent Bobillot, qui s'était improvisé ingénieur à la tête de ses sapeurs, continua la lutte même blessé à mort.

Traités de 1896 et de 1904 avec le Siam. — L'ère de difficultés n'était pas close. Il fallut pendant plusieurs années multiplier les opérations de police dans toute la région du delta pour lutter contre la piraterie. L'Angleterre, devenue maîtresse de la Birmanie, nous suscitait des obstacles du côté du Siam. Les Siamois s'établissaient sur les deux rives du Mé-Kong. Pour les arrêter, Bangkok fut menacé de bombardement. Les conventions de 1896 et de 1904 avec l'Angleterre et avec le Siam ont fixé la limite occidentale des possessions françaises au Mé-Kong depuis sa sortie de Chine. Les Siamois se sont engagés à ne fortifier aucune position distante de moins de 25 kilomètres de la rive droite du Mé-Kong, et ils ont rétrocédé à notre protégé le roi du Cambodge les provinces de Battembang et de Siem-Reap qui avaient été enlevées à ses ancêtres. Le Siam devient un État tampon entre les possessions et les zones d'influence de la France et de l'Angleterre.

Administration de l'Indo-Chine française. — Notre empire français d'Indo-Chine est administré par un gouverneur général résidant à Saïgon, assisté d'un lieutenant gouverneur pour la Cochinchine et de résidents supérieurs pour le Tonkin, l'Annam, le Cambodge et le Laos. On l'a comparé à un bâton supportant deux sacs de riz : l'Annam est, en effet, une bande étroite de littoral comprise entre deux admirables rizières qu'alimentent les deux deltas du Mé-Kong et du Song-Koï ou fleuve Rouge. Mais bien d'autres richesses agricoles sont susceptibles d'un grand développement : les forêts de bambous, de teck, de mûriers, les champs de cannes, de coton, d'indigo; beaucoup d'autres cultures peuvent y être introduites, café, cacao, thé, poivre, caoutchouc. La pêche et la chasse sont fructueuses; nos bestiaux et nos animaux de basse-cour pullulent : les mines de Hong-Haï et de Kebao produisent un charbon de bonne qualité, sans compter les richesses minières de la région montagneuse du Tonkin encore à peine entrevues. En particulier, notre Indo-Chine doit fournir à la Chine le riz nécessaire à sa consommation, et à nous le thé et la soie dont nous avons besoin.

Les résultats. — Pendant les premières années, les gouverneurs se sont trop souvent succédé. Plusieurs, Paul Bert, de Lanessan, Doumer, ont cependant donné une impulsion active au progrès. Des messageries fluviales et des chemins de fer sillonnent les deltas; Hanoï est relié à Haï-phong, à Lang-Son et à Lao-Kaï par des voies ferrées qui seront prolongées en Chine. Deux points d'appui pour nos flottes ont été créés, l'un au cap Saint-Jacques, l'autre à Port-Courbet, dans la baie d'A-long. De grandes maisons commerciales, des succursales de nos grands établissements de crédit, ont été fondées.

Le commerce suit une progression rapide d'année en année. Il a dépassé 400 millions en 1903 : la part de la France y est considérable, et le commerce français se développe beaucoup plus rapidement que le commerce étranger. Déjà la Cochinchine se suffit à elle-même depuis plus de vingt ans. L'ensemble du budget de l'Indo-Chine a présenté, en 1902, un excédent de recettes approchant de deux millions. Les troupes annamites encadrées par nos officiers fournissent un bon service. Saïgon, Tourane, Haï-phong, sont d'excellents ports de ravitaillement pour notre flotte. « Nos soldats et nos marins n'ont pas combattu pour une gloire stérile. L'œuvre de patriotisme et de civilisation, à laquelle se sont dévouées tant de nobles existences, est en voie de s'accomplir. »

Les anciennes colonies. — Nos anciennes colonies ont subi peu de modifications depuis 1870. Les îles Marquises et Tahiti ont été occupées depuis Louis-Philippe. A Tahiti, le protectorat a été changé en souveraineté directe depuis 1880. L'archipel Gambier a été acquis en 1881, les îles sous le Vent en 1888. Les îles Toubouaï ont reconnu notre protectorat en 1889. La Nouvelle-Calédonie a servi de lieu de déportation pour les condamnés politiques de la Commune, et sert encore de lieu de relégation pour les condamnés de droit commun. Son sol est riche en nickel et autres métaux très recherchés. La colonisation libre commence à y pénétrer, grâce à l'essor donné à la culture du café. Elle se porte aussi vers les Nouvelles-Hébrides, dont la souveraineté reste encore indivise entre la France et l'Angleterre.

En Amérique, la France a acheté à la Suède l'île de Saint-Barthélemy (1877), une des Petites Antilles, qui lui avait déjà appartenu de 1648 à 1784. A la Martinique, la ville de Saint-Pierre a été détruite en quelques instants par une effroyable éruption de la Montagne-Pelée (8 mai 1902). En Guyane, nos frontières indécises ont été fixées par deux sentences arbitrales. L'une, rendue en 1891 par le tsar Alexandre III, a adjugé aux Hollandais le territoire qu'ils revendiquaient; l'autre, rendue par le président de la Confédération helvétique, a donné au Brésil tout le territoire contesté (Counani et annexes). Malgré sa mauvaise réputation, due aux deux tentatives faites sous Choiseul et au temps de la Restauration pour y implanter des colons, due plus tard au voisinage des déportés, la Guyane possède d'abondantes richesses agricoles : ses montagnes renferment de riches placers. La population trop rare de ce pays abandonne aujourd'hui les plantations pour la prospection et l'exploitation des gîtes aurifères, d'où peut naître pour cette colonie la source d'une nouvelle prospérité.

Les îlots de Saint-Pierre et Miquelon sont toujours des stations précieuses pour nos pêcheurs sur le grand banc et la côte ouest de Terre-Neuve; leurs droits, qui remontent au traité d'Utrecht (1713), étaient d'ailleurs sans cesse lésés par le gouvernement local de Terre-Neuve, auquel les Anglais n'ont cessé de donner un appui mal déguisé. Le traité franco-anglais de 1904 a enlevé aux Français le monopole de la pêche sur le « French-Shore », sans toutefois nuire aux intérêts de nos pêcheurs ni de nos marins dans ces parages.

Le nouveau pacte colonial. — En somme, la conquête est finie ; elle a été brillamment menée par nos officiers et par nos marins. Désormais l'ère de l'exploitation commence. Il y faudra apporter beaucoup de méthode, d'esprit de suite et de ténacité. Rappelons tout d'abord qu'elle doit avoir pour but d'élever la condition des indigènes, au lieu de les asservir, et aussi d'accroître la force et la richesse de la métropole, au lieu de la ruiner. La France a prodigué son sang et son argent pour l'acquisition de son nouvel empire ; les sacrifices pécuniaires continuent sous toutes les formes, subventions directes, emprunts, garanties d'intérêts, pour effectuer les travaux indispensables à la mise en valeur. La France ne peut avoir fourni en pure perte des avances si considérables. Elle doit demander à ses colons toutes les matières premières exotiques dont elle a besoin : la soie et le thé à l'Indo-Chine, le coton au Soudan, les huiles industrielles à l'Afrique occidentale, le caoutchouc au Congo, le café, le cacao à Madagascar, à la Guadeloupe, la vanille à la Réunion, etc. En échange, nos colonies doivent recevoir nos produits manufacturés de préférence à tous les autres. Ainsi donc, plus de complaisances en matière de tarifs coloniaux ; plus de cette politique « à grande envergure » si largement pratiquée au temps de Napoléon III, qui a fait si souvent la guerre pour assurer à toutes les nations les mêmes avantages qu'à la France. Ne pratiquons la doctrine de « la porte ouverte » que dans les pays où nous n'avons pas acquis par nos sacrifices de droits particuliers. « Les colonies, dit M. Etienne, doivent être absolument réservées au marché français ; l'indépendance économique amène bientôt l'indépendance politique. » Il ne faut pas non plus que nos colonies produisent pour l'exportation des denrées en concurrence avec celles de notre sol : elles ne doivent pas tisser sur place le coton ou la soie, ce qui porterait à notre industrie un tort considérable. L'activité de nos colons a de quoi s'exercer utilement pour longtemps en se bornant à la production exclusive des matières premières agricoles ou minières. M. Marcel Dubois condense cette doctrine dans une formule heureuse : « La production coloniale toujours solidaire, jamais antagoniste de la production métropolitaine. » Ainsi se prépare un régime qui rappellera l'ancien *pacte colonial*. C'est le résultat fatal du retour au système protectionniste et de la fermeture de la plupart des marchés étrangers à nos produits.

DIRECTIONS ET BIBLIOGRAPHIE

I. **Madagascar.** — Voir le résumé de l'*Histoire de la conquête et la situation actuelle* dans H. Vast, *l'Algérie et les Colonies françaises*, p. 477-527. — A. Rambaud, *la France coloniale*. — *Madagascar et les Iles voisines*, par Gabriel Marcel. — M. Wahl, *la France aux colonies*, chap. vi.

II. **L'Indo-Chine française.** — Historique et conquête. — H. Vast, ouvrage cité, p. 582-690. — A. Rambaud, ouvrage cité. — *L'Indo-Chine*, par le capitaine Bouinais et M. A. Paulus. — M. Wahl, ouvr. cité, chap. vii : *la Guerre du Tonkin et l'Indo-Chine française.* — En 1898, au moment où la Russie, l'Allemagne et l'Angleterre ont obtenu de la Chine la cession à bail de divers territoires, la France s'est fait adjuger sous la même forme le territoire et la baie de Kouang-Tchéou, à peu de distance d'Haï-Nan, et des loges à Canton, Fou-Tchéou, Chang-Haï, Tien-Tsin et Han-Kéou, avec la concession du chemin de fer de Han-Kéou à Pékin. La construction de ce chemin de fer donne une grande importance à la colonie française d'Han-Kéou. — Voir à ce propos le très intéressant ouvrage du regretté Félix Hémon, *Sur le Yang-Tsé*, p. 139-185.

ÉTUDES ET LEÇONS

I. — **De la colonisation.**

Avantages de l'émigration, ses dangers. Précautions à prendre quand on se décide à s'expatrier; conditions de réussite, etc.

Le maître, par d'utiles conseils, pourra éveiller parmi les enfants ou leurs parents des vocations coloniales et aussi les mettre en garde contre un engouement imprudent.

(Voir II. Vast, art. de la *Revue géographique*, juin 1902. — H. Vast, *l'Algérie et les Colonies françaises*, conclusion. — Marcel Dubois et Aug. Terrier, *les Colonies françaises, un siècle d'expansion coloniale.*)

II. — **Le général Galliéni.**

C'est, comme Savorgnan de Brazza, un de nos « grands coloniaux ». Il a déployé son activité sur les théâtres les plus divers au Soudan, au Tonkin, surtout à Madagascar.

1877-1880. Créateur de Bafoulabé sur le haut Sénégal, le capitaine Galliéni est chargé d'aller négocier à Ségou un traité avec le sultan Ahmadou. — Sa faible escorte (30 hommes et 300 bêtes de somme); il fonde le poste de Kita. — Trahie par ses guides, la mission tombe dans une embuscade et se trouve tout à coup entourée de 2.000 nègres hurlant; le convoi est mis au pillage. Galliéni avec les tirailleurs survivants pratique une trouée sanglante et atteint le Niger près de Bamako. Retenu à quelque distance de Ségou, dont l'entrée lui est refusée, Galliéni, par sa ferme contenance, intimide Ahmadou et lui arrache la signature du traité qui place ses États sous le protectorat de la France (11 mars 1881). La vraie route de pénétration du Soudan est ouverte.

1886. Il reçoit le commandement supérieur du Soudan, où le congrès de Berlin a reconnu nos droits : le lieutenant-colonel Galliéni accable Mahmadou Lamine, mais traite avec Ahmadou et Samory, qui reconnaissent notre protectorat. Il négocie autant qu'il combat : il cherche à rallier les nouveaux sujets français, rappelle les fugitifs dans les villages dévastés de la Falémé, affranchit les esclaves, ouvre à Bakel et à Kayes des écoles où sont réunis les fils des chefs et des notables, où les sous-officiers et gradés servent d'instituteurs : les plus intelligents de ces jeunes nègres sont envoyés en France. Des routes sont tracées, des viaducs construits; le Niger est descendu jusqu'à la hauteur de Tombouctou. Pour remplacer sur les marchés locaux les produits étrangers par les produits français, il fait dresser une liste des objets manufacturés vendus à gros bénéfice dans le Soudan par les Anglais et par les Allemands, et il expédie en France de belles collections des produits du pays. — Dans ses deux années de commandement (1886-1888), l'occupation française fait un grand pas.

1891-95. *Colonel au Tonkin.* Commande le premier et le second territoire militaire. Ses opérations rationnelles et efficaces pour extirper la piraterie dans la région montagneuse du Tonkin; il fait marcher de pair la pacification et l'organisation du pays et entretient de bonnes relations avec les autorités chinoises de la frontière.

Sept. 1896-1905. *Le général Galliéni à Madagascar.* — Situation inquiétante; l'insurrection est maîtresse dans l'Emyrne et jusque dans les environs de Tananarive. Sa fermeté alliée à la modération. — 28 février 1897 : déposition de la reine Ranavalo. — 1896-97 : répression de l'insurrection en Emyrne. — 1897 et années suivantes : pacification progressive de l'île par « la politique de tache d'huile », c'est-à-dire en regagnant le terrain pied à pied, par un mouvement continu et progressif, en refoulant toujours plus loin les rebelles, sans leur laisser aucun répit.

Sa méthode exposée dans ses instructions du 22 mai 1898 : 1° *Action militaire :* tout mouvement de troupes en avant doit avoir pour sanction l'occupation effective du terrain conquis. — 2° *Action politique :* l'organisation administrative d'un pays doit être parfaitement en rapport avec la nature de ce pays, de ses habitants et du but qu'on se propose ; — toute organisation administrative doit [suivre le pays dans son développement naturel. — 3° *Action économique.* A mesure que la pacification fait du progrès, le rôle du soldat passe au second plan, celui de l'administrateur au premier. Etudier et satisfaire les besoins sociaux des populations soumises ; favoriser l'extension de la colonisation, qui va mettre en valeur les richesses naturelles du sol et ouvrir des débouchés au commerce français. Utiliser les inépuisables qualités de dévouement, d'ingéniosité du soldat français, pour en faire des agents voyers, des instituteurs, des chefs de postes, etc. Tels sont les moyens employés.

Ainsi le général Gallieni a écrit un véritable manuel du parfait administrateur colonial. A Madagascar, il a opéré la pacification, créé l'organisation administrative, donné au mouvement commercial une vigoureuse impulsion, amorcé les routes, les chemins de fer, fondé des écoles. — Ainsi il s'est montré bon administrateur autant que général habile.

(Voir Dubois et Terrier, *Un Siècle d'expansion coloniale,* p. 778 à 802.)

CHAPITRE VII

Développement colonial de l'Angleterre. L'Inde et ses dépendances.

L'expansion coloniale est pour l'Angleterre une nécessité vitale. Elle a commencé dès la fin du seizième siècle. Elle s'est développée au dix-septième, grâce à la décadence de la marine hollandaise, et au dix-huitième par la destruction de la marine française. La séparation des colons anglais d'Amérique a eu pour compensation la conquête de l'empire indien.

La Compagnie des Indes y a consacré tout un siècle (1757-1857). Après Lord Clive et Warren Hastings, lord Wellesley annexa la sultanie de Mysore (1799), lord Minto le pays des Sikes (1809). Le marquis de Hastings mit fin à la domination des Mahrattes (1818), et lord Dalhousie réunit tout le pays du Sindh et du Pendjab (1849).

La révolte des Cipayes compromit la domination anglaise

(1857). Les sanglantes exécutions ordonnées par Nana Sahib à Cawnpour et à Lucknow furent vengées par les cruelles représailles des généraux Havelock, S. John Laurence et S. Colin Campbell à Delhi et dans le royaume d'Oude (1857-1858).

La Compagnie des Indes fut dépouillée de son privilège; l'Inde passa sous le gouvernement direct de la couronne d'Angleterre. L'exploitation effrénée des indigènes cessa. La métropole travailla efficacement au développement de la prospérité matérielle et de l'instruction parmi ses sujets. A la suite d'un fastueux voyage du prince de Galles, la reine Victoria a pris le titre d'impératrice des Indes (1876-1877).

L'empire indien a deux satellites surveillés de près par l'Angleterre : l'Afghanistan et la Birmanie. En Afghanistan, les Anglais cherchent à opposer leur influence à celle des Russes; en Birmanie, ils disputent aux Français les routes de la Chine méridionale.

A deux reprises, les Anglais sont entrés à Kandahar et à Caboul; mais le désastre de Djellabad (1842) leur a fait perdre une première fois l'Afghanistan. A la suite d'une seconde campagne (1878-1881), le traité de Rawalpindi (1880) leur a livré le protectorat du pays avec les frontières scientifiques de l'Inde fixées aux passes des monts Soliman. La soumission du Beloutchistan (1887), et du Kafiristan (1895) a complété leur domaine vers l'Ouest.

A l'Est, les côtes de la Birmanie ont été conquises en deux fois : l'Arakan et le Tennassérim en 1826, le Pégou et le Martaban en 1854. L'intérieur du pays a été soumis, à la suite de la campagne de 1886, comme compensation à notre acquisition de l'Indo-Chine orientale.

Déjà l'occupation de Poulo Pinang, de Malacca et de Singapour (1786-1826) poussait les Anglais à intervenir dans les affaires d'extrême Orient. La guerre de l'opium contre la Chine (1840-42) leur valut la possession de Hong-Kong et l'ouverture des premiers ports chinois. La guerre de Chine, où les Français eurent la principale part (1857-1860), profita surtout à l'Angleterre. Son influence dans le Pacifique n'a pas cessé de croître. En 1898, elle s'est fait céder par la Chine l'importante station maritime de Weï-haï-Weï. Ses sympathies en faveur du Japon ont amené la signature du traité anglo-japonais de 1902, renouvelé en 1906.

Ainsi l'Angleterre est plus que jamais captive de l'Inde : elle en garde les approches et les routes avec le même soin jaloux soit du côté de l'extrême Orient, soit du côté de l'Europe.

I. Le développement colonial de l'Angleterre.

— On connaît le mot de Michelet : « L'Angleterre est une

île ; maintenant vous en savez autant que moi sur son histoire. » Ce n'est pas un simple trait d'esprit : c'est une vue profonde sur l'histoire de l'Angleterre. Sa population ne trouve pas dans son sol même les ressources nécessaires à sa subsistance : il faut les aller chercher au loin par mer ; de là une tendance perpétuelle des Anglais à s'emparer de la domination de la mer et à constituer hors de leurs îles *une plus grande Bretagne*. Au moyen âge, leurs duchés de Normandie et de Guyenne leur tenaient lieu de colonies. Quand s'ouvrirent, dans les temps modernes, les routes océaniques vers l'Amérique et vers l'Orient, ils ne tardèrent pas à les suivre et à prendre une part toujours croissante à l'œuvre de l'expansion européenne. Dès le xvie siècle, les Cabot et plus tard les hardis marins d'Elisabeth fondèrent sur la côte américaine les premiers établissements britanniques. Les guerres civiles et religieuses du xviie siècle, l'abaissement de la Hollande, la ruine de la marine française dans les guerres entre Louis XIV et Guillaume III, leur procurèrent un accroissement rapide. Le long duel entre la France et l'Angleterre se poursuivit pendant tout le xviiie siècle jusqu'en 1815, assurant à nos rivaux l'hégémonie des mers et la prépondérance aux colonies. Le règne de Victoria leur a valu l'extension de leurs domaines naissants de l'Inde, de l'Afrique et de l'Australie. Jusqu'en 1880, ils n'eurent à redouter aucune concurrence maritime ou coloniale.

L'Angleterre contemporaine est devenue la nation industrielle par excellence, qui produit beaucoup plus qu'elle ne consomme. Elle a besoin de débouchés pour ses produits manufacturés. Elle a besoin de terres libres, où puisse vivre l'excédent de sa population. Dans la classe aristocratique et dans la bourgeoisie qui l'imite, l'usage veut que tout l'héritage aille à l'aîné. Les cadets ont pris l'habitude d'aller chercher fortune au delà des mers. Ainsi toutes les raisons se réunissent pour imposer au peuple anglais la nécessité de coloniser. De nos jours, l'école impérialiste en Angleterre a une tendance à considérer comme un rival, et même comme un ennemi, tout Européen qui colonise à ses côtés. Toute terre vacante occupée par autrui lui semble comme volée à son propre domaine.

Son caractère commercial. — Cette colonisation est exclusivement commerciale; partout l'Anglais recherche le profit. Jusqu'au milieu du siècle dernier, il a exploité à outrance ses sujets, sans faire aucun sacrifice pour les élever jusqu'à lui. On a dit que les Anglais et les Indiens se mêlent ensemble comme l'eau et l'huile. En Amérique, en Australie, les Anglais ont substitué brutalement la race blanche à la race indigène : en Afrique, ils s'acharnent à détruire la nationalité rivale des Boërs. Peu leur importe de semer des haines séculaires, s'ils y trouvent leur intérêt. Cependant nulle nation n'a apporté plus d'énergie et de suite dans ses desseins; nul gouvernement n'a montré une vigilance plus jalouse pour la protection de ses nationaux. Le sujet britannique a conscience, partout où il s'est établi, de voir ses droits aussi bien sauvegardés que jadis le citoyen romain. Nul peuple ne sait faire plus à propos les sacrifices nécessaires pour s'assurer dans l'avenir des avantages soigneusement escomptés. Peu importe à l'Anglais de n'être aimé ni de ses sujets ni de ses voisins; il est loyal en politique comme en affaires; il suit sa voie sans se laisser détourner, et il semble pratiquer la méthode la plus sûre pour arriver avec un minimum de sacrifices à un maximum de résultats. Le peuple anglais a donc mérité sa belle fortune coloniale.

Variété du domaine colonial anglais. — Il peut se donner le luxe d'avoir des colonies de tous genres : en premier lieu, des colonies de peuplement comme les 13 Etats américains au XVIIIe siècle, comme sont encore maintenant le Canada et l'Australie, indispensables pour y déverser le trop-plein de la population. Mais il a aussi de riches colonies d'exploitation, comme l'Inde; de simples comptoirs, comme Hong-Kong, ou des points d'appui pour ses flottes, comme Gibraltar, Malte, Aden, Singapour, etc. Au point de vue du gouvernement, tous les types sont de même représentés dans les colonies anglaises. Les unes ont un Parlement et un gouvernement responsables; ce sont de véritables Républiques autonomes : ainsi le Canada et l'Australie. Les autres n'ont que des institutions représentatives, un conseil élu qui vote le budget local, mais le pouvoir exécutif est confié à des fonctionnaires : ainsi la colonie du Cap. Les moins libres sont les *colonies de la couronne*. Gibraltar n'est qu'une grande caserne.

II. L'Inde anglaise. — L'Inde est le plus riche joyau colonial de la couronne britannique. On a pu dire que l'Angleterre est *captive de l'Inde*. En effet, ce n'est pas impunément qu'un Etat de 42 millions d'âmes domine un empire de près de 300 millions de sujets, qu'il faut maintenir dans l'obéissance et défendre au besoin contre les attaques de l'étranger. En s'emparant de l'Inde, les Anglais ont dû renoncer à leur vieille et chère habitude de n'avoir point d'autre protection que leur flotte. Ils ont organisé des armées de terre. Le sort de l'Inde est devenu la principale préoccupation de leur politique extérieure : sort d'ailleurs très incertain. Des soulèvements ont eu lieu; un nouvel état d'âme semble devoir prévaloir parmi les indigènes. Si, profitant de toutes les ressources que leur offre la civilisation européenne, dont ils goûtent de plus en plus les bienfaits, ils formaient entre eux une union solide, qu'adviendrait-il de l'empire anglais?

La Compagnie des Indes. — L'Inde a été acquise par les Anglais pour ainsi dire les yeux fermés, grâce à une corporation de marchands. Leurs premiers comptoirs n'avaient fait que végéter. Deux compagnies rivales s'en disputaient l'exploitation. Elles fusionnèrent en 1708. Ce fut l'époque où la disparition du Grand Mogol Aureng-Zeb rompit le lien, d'ailleurs si lâche, qui reliait entre elles les populations multiples de l'Hindoustan. Il n'y a pas, en effet, à vrai dire de nation indienne, mais une infinité de petites principautés hostiles entre elles. L'Inde au XVIIIe siècle était aussi divisée que la Gaule au temps de

César, que l'Italie ou l'Allemagne au temps de Napoléon. Elle constitue encore aujourd'hui un véritable monde, qui ressemble bien plus à l'Europe entière qu'à tel ou tel Etat de notre continent. Les Français y eurent d'abord la prépondérance. Mais les Anglais apprirent d'eux la tactique à suivre pour soumettre sans trop d'efforts les indigènes. Il fallait profiter de leurs divisions intestines, de leur faible résistance en présence des armes et de la discipline européennes, et de la facilité de communiquer cette même discipline aux indigènes en les exerçant à l'européenne et en les encadrant d'officiers européens. Les troupes indigènes ainsi encadrées forment les régiments de *cipayes*. Notre grand Dupleix nous eût donné l'Inde, en appliquant ces procédés d'occupation. Les Anglais n'ont fait qu'imiter son exemple. Leurs marchands, placés en contact permanent avec des petits princes barbares et agressifs, ont dû prendre un rôle de plus en plus militaire. La célèbre Compagnie des Indes a équipé des flottes, mis sur pied des armées de cipayes, conclu des traités avec les princes, rançonné les peuples, exploité les vaincus et tout soumis à sa puissance souveraine. Une incurable anarchie désolait l'Inde. Les Anglais y ont « ramassé l'autorité » et imposé la paix publique, comme autrefois les Césars au monde romain. C'est seulement pour l'Inde une révolution intérieure de plus. (SEELEY.)

La conquête de l'Inde. — Dès l'année 1754, le traité de Madras enleva aux Français toutes les conquêtes de Dupleix; la paix de Paris de 1763 ne leur laissa que les cinq villes qui nous restent encore aujourd'hui, comme les reliques de notre gloire passée. Aux Indes, les Français, abandonnés par leur gouvernement, ont perdu galamment la partie, sauvant du moins l'honneur. Les créateurs de l'empire anglais l'ont, au contraire, gagnée par les plus détestables procédés : lord Clive, Warren Hastings, spoliateurs des princes indigènes et des sanctuaires les plus vénérés, accapareurs du riz, sauf à faire périr de faim des milliers de malheureux, ont sans doute donné à la Compagnie des domaines immenses, mais par d'odieuses rapines. La conscience britannique les a justement flétris dans deux procès restés fameux. Ce fut une guerre de loups contre les brebis. De 1748 à 1785, les Anglais n'avaient encore acquis que le Bengale, les provinces de Madras et de Bombay.

Conquête du Dekkan (1780-1805). — La conquête était amorcée seulement. Plusieurs chefs indigènes ont prolongé la résistance de l'Inde. Ils furent encouragés et soutenus indirectement par les Français; mais ils ne purent former que des confédérations partielles. L'Angleterre continua d'exploiter habilement les discordes intestines. La guerre de l'Indépendance américaine eut son contre-coup dans l'Inde. Hayder Ali, sultan de Mysore, s'allia avec les Mahrattes, ces brigands des hauts plateaux du Nord-Ouest du Dekkan, qui par leur énergie et leur férocité s'étaient élevés peu à peu à la dignité de conquérants. Il avait parmi ses troupes 400 Français sous le commandement du comte de Lally, neveu de l'ancien gouverneur de l'Inde. Son fils Tippou-Sahib, avec l'aide de l'ancien lieutenant de Dupleix, le marquis de Bussy, et du bailli de Suffren, chassa les Anglais du Carnatic. Mais la paix de Versailles (1883) priva Tippou-Sahib de l'appui des Français; il dut signer avec l'Angleterre le traité de Mangalore, qui stipulait la restitution mutuelle des conquêtes (1784). Lors de l'expédition d'Egypte, Tippou-Sahib recommença la lutte. Bonaparte lui avait promis des secours qu'il n'eut pas le temps de lui faire parvenir. Cerné par deux armées que commandaient les deux frères lord Wellesley, gouverneur de l'Inde, et Arthur de Wellesley, le futur duc de Wellington, Tippou-Sahib se fit tuer pour ne pas tomber vivant entre les mains du vainqueur. Sa sultanie de Mysore fut annexée par les Anglais (1799). En vain Bonaparte reprit avec Paul Ier son grand dessein sur l'Inde : il s'agissait, pour en expulser les Anglais, d'y jeter les forces combinées de la France et de la Russie sous les ordres de Masséna, en traversant la Perse et l'Afghanistan. Il comptait sur les nombreux corps indigènes équipés et instruits à l'européenne par des Français, Raymond de Boigne, Perron, etc.

L'assassinat de Paul Ier l'empêcha de donner suite à ses chimériques conceptions. Lord Wellesley profita de cet abandon forcé de toute intervention européenne dans l'Inde. Il reprit avec une énergie nouvelle la lutte contre les Mahrattes : il imposa à tous les vaincus le système subsidiaire [1]. « Quand il quitta l'Inde (1805), il avait réalisé des conquêtes plus vastes que Napoléon, fermé l'Inde aux Français, détruit l'empire musulman du Mysore, détrôné les dynasties de Surate, du Carnatic, du Tandjore, démembré les Etats de l'Oude, du Nizam, du Peshva, du Sindhia, du Holkar, doublé le territoire de la Compagnie, donné aux présidences de Bombay et de Madras une vaste extension, prolongé celle de Calcutta jusqu'au delà de Delhi, placé sous sa main le Grand Mogol, mis en pratique la théorie d'une Angleterre suzeraine et des princes hindous ses vassaux. » (RAMBAUD.)

Soumission des Sikes, des Mahrattes et du Pendjab (1809-1849). — Terminée dans le Dekkan, la lutte recommença contre les Sikes du Pendjab. Rundjet-Singh, surnommé le lion du Pendjab, avait reçu de Napoléon des officiers français pour instruire ses troupes : lord Minto lui enleva tout le pays au sud du Sutledge (1809). Mais Rundjet-Singh reconstitua sa domination dans les montagnes inaccessibles du Népaul et du Cachmyr. Le marquis de Hastings, pour le tenir en respect, fonda la forteresse de Simla. Il fut plus heureux contre les Mahrattes : la dépossession du *pechwa* de Pounah et l'annexion de ses Etats à la présidence de Bombay marqua la fin de leur domination (1818).

Napoléon pensait toujours à l'Inde : il avait envoyé

---

1. Le *système subsidiaire* consistait pour les Anglais à imposer aux princes indiens des troupes de cipayes qui, sous prétexte de les défendre contre leurs ennemis, les tenaient à la discrétion de la Compagnie des Indes. Les princes protégés sont forcés de payer la garnison anglaise qui les surveille.

comme gouverneur de l'île de France un nouveau la Bourdonnais, le général Decaen (1803); à plusieurs reprises, il projeta d'envoyer dans l'Inde des escadres avec des troupes de débarquement pour y fomenter une révolte générale contre les Anglais. Mais, depuis Trafalgar, notre marine n'existait plus. Nos corsaires seuls maintenaient sur mer l'honneur de notre pavillon. Le traité d'Amiens avait cédé à l'Angleterre la riche colonie hollandaise de Ceylan : les Anglais s'emparèrent aussi de nos cinq villes de l'Inde ; ils forcèrent le général Decaen à capituler dans l'île de France (1810) ; ils enlevèrent encore aux Hollandais les îles de la Sonde. Les traités de 1815 les forcèrent à restituer à la France les cinq comptoirs indiens et l'île de la Réunion, à la Hollande les îles de la Sonde. Mais ils gardèrent Ceylan et l'île de France. Il ne leur manquait plus, pour dominer l'Inde entière, que de conquérir la vallée de l'Indus. A la suite de leur échec dans leur première expédition en Afghanistan, lord Dalhousie, le *grand proconsul*, réunit tout le pays du Sindh avec le Pendjab (1849). Désormais les Anglais, par eux-mêmes ou par leurs vassaux, étaient les maîtres incontestés. Leur domination s'arrêtait aux pieds de l'Himalaya et des terrasses orientales du plateau afghan.

La Compagnie des Indes n'avait pas cessé d'étendre ses domaines ; mais ses privilèges avaient été graduellement diminués. Dès 1813, tout sujet britannique put trafiquer librement dans l'Inde ; en 1833, les nations étrangères furent même admises au commerce de ce grand pays. Engourdie dans une politique de routine égoïste, la Compagnie ne songeait qu'au profit immédiat ; elle exploitait les Indiens avec la plus hautaine indifférence, négligeait tous les travaux actifs, maintenait ses sujets dans une honteuse ignorance ; elle ne cherchait à légitimer sa conquête par aucune amélioration du sort des indigènes, par aucun souci de leur progrès.

La révolte des cipayes (1857-1858). — Ce monstrueux égoïsme porta ses fruits. Le souverain de l'Oude venait d'être expulsé (1856); de vieilles légendes couraient le pays, affirmant que la domination anglaise, commencée en 1757 par la victoire de Plassey, devait disparaître au bout d'un siècle. Sous prétexte qu'ils avaient reçu des cartouches enduites de graisse de vache[1], les cipayes se révoltèrent au centre même de l'Inde, à Delhi, à Lucknow. Il n'existait pas encore de chemin de fer : les Anglais surpris furent massacrés en grand nombre. A Cawnpour, le farouche Nana Sahib fit hacher à coups de sabre, assommer à coups de crosse, précipiter pêle-mêle morts et mourants dans un puits 180 femmes et enfants qu'il avait faits prisonniers. A Lucknow, un millier d'Européens, dont un quart à peine de soldats, assiégés dans le palais de la résidence, attaqués par la fusillade, le canon, la sape et la mine, résistèrent pendant près de trois mois, au milieu des cadavres en décomposition de leurs morts, à l'attaque furieuse de 22,000 cipayes, sans recevoir aucune nouvelle du dehors. Le général Havelock pénétra enfin dans la place après vingt-deux jours de combats contre Nana Sahib. Il y fut assiégé à son tour et y résista avec le même héroïsme jusqu'à l'arrivée de sir Colin Campbell. Celui-ci, n'ayant que 5,000 hommes, se contenta de délivrer les survivants et d'évacuer Lucknow, qui ne fut repris que quatre mois plus tard. Havelock, nommé baronnet avec une pension de 1,000 livres sterling, mourut aux portes de Lucknow : « Pendant quarante ans, s'écria-t-il, j'ai réglé ma vie de manière que la mort me trouvât toujours prêt. Aussi n'ai-je pas peur : mourir, c'est gagner. » (Juillet 1857-janvier 1858.) Delhi ne fut repris qu'après un assaut meurtrier et une guerre de rues de sept jours. Pour terrifier les vaincus, le major Hodson, avec une escorte de

---

1. La vache est considérée parmi les Hindous comme une des incarnations de Brahma, inférieure au brahmane, mais supérieure à toute l'humanité. Quand un Hindou est sorti de sa caste, il doit, s'il obtient d'y rentrer, avaler un gâteau fait des quatre produits les plus sacrés du plus sacré des animaux : lait, beurre, urine et fiente de vache.

100 hommes, alla arrêter au milieu de 6,000 cipayes armés trois personnages royaux et les tua lui-même, à coups de pistolet, sur le chariot où ils étaient traînés. Les Anglais se vengèrent par d'horribles représailles et plongèrent dans la stupeur l'Inde entière. Malgré toute l'horreur de cette guerre, ce ne fut encore qu'un soulèvement particulier. Les Anglais, pour le réprimer, profitèrent comme par le passé des divisions intestines : ils firent agir leurs sujets du Bengale contre les révoltés d'Oude et les Sikes musulmans. Leur victoire fut une victoire de la civilisation sur une demi-barbarie.

Le gouvernement de la couronne. L'armée. — Ils comprirent cependant qu'ils devaient à l'Inde un gouvernement meilleur. La Compagnie des Indes fut supprimée, et la couronne investie du gouvernement direct. Un ministre responsable à Londres, assisté d'un conseil de 15 membres, traite les affaires de l'Inde et nomme le gouverneur général, ainsi que les plus hauts fonctionnaires. De grands efforts ont été faits pour développer la prospérité matérielle et la culture intellectuelle. Routes, canaux, chemins de fer, télégraphes, ont été multipliés ; écoles et grands établissements d'instruction se sont ouverts. Actuellement 140,000 écoles donnent l'instruction à près de 4 millions d'enfants. Cinq universités existent à Calcutta, Madras, Bombay, Lahore et Allahabad. Une école de médecine, une université musulmane, deux collèges de sanscrit, de nombreuses bibliothèques, musées archéologiques et jardins botaniques fournissent les matériaux de la science ou le haut enseignement. Les Hindous commencent à s'initier aux sciences et à la philosophie européennes. Ils comprennent les bienfaits qu'ils en peuvent retirer. Désormais les indigènes peuvent être admis à la plupart des fonctions publiques inférieures ; ils ne sont plus traités en vaincus, mais en enfants qui avec le temps peuvent arriver à sortir de tutelle. L'armée anglaise a été portée au nombre de 75,000 hommes. Les cipayes ont été réorganisés avec de grandes précautions :

on en compte à présent 143,000. Peu soucieux de fournir aux populations de l'Inde les éléments d'une révolte, les Anglais ont pris soin de diviser cette armée en trois corps différents par l'origine, par la langue et par l'organisation.

Les princes vassaux. L'empire. — L'Inde est divisée en huit gouvernements, ou commissariats, ayant à leur tête des gouverneurs ou lieutenants dont quelques-uns gouvernent avec l'aide d'un conseil législatif. Il y a deux sortes de territoires : les territoires britanniques et les territoires indigènes, vassaux ou alliés. Ceux-ci sont soumis à un régime variable, protectorat, tutelle ou vassalité. Quelques-uns payent tribut; la plupart sont tenus à n'entretenir aucun ambassadeur auprès d'aucun Etat étranger, à renoncer au droit de paix et de guerre, à accepter dans leur cour un *résident* anglais, qui sert d'arbitre suprême et dirige les relations étrangères, à limiter à un chiffre déterminé le nombre de leurs soldats, à accepter les lois de police générale imposées par les Anglais dans l'Inde entière, comme celles qui interdisent le suicide des veuves ou l'infanticide des filles. Les souverains indigènes peuvent faire des lois, infliger des supplices, battre monnaie, percevoir des impôts; ils ont des rangs soigneusement assignés dans les *durbars,* c'est-à-dire dans les cérémonies officielles de l'Inde. Les plus somptueux de ces durbars ont eu lieu en 1876 lors du voyage du prince de Galles dans l'Inde. Ce fut une merveilleuse chevauchée princière, une promenade triomphale destinée à faire éclater à tous les yeux la puissance et la majesté britanniques. A la suite de cette splendide apothéose, la reine Victoria a pris le titre officiel d'impératrice des Indes (janvier 1877), comme si le modeste royaume uni de Grande-Bretagne et d'Irlande n'était plus désormais qu'une humble province de ce grand empire oriental!

Progrès matériel. L'agriculture. Le commerce. — Le progrès matériel dû à l'organisation nouvelle de l'Inde est incontestable. Le percement d'un réseau complet de chemins de fer a mis en valeur des terres nouvelles et abaissé le prix des transports. De nombreux canaux d'irrigation dans la région moyenne du Gange et dans les hauts plateaux du Dekkan ont facilité la culture partout où l'humidité est insuffisante.

D'importantes réserves de vivres sont accumulées dans des greniers publics pour parer à ces épouvantables famines, qui vingt fois en un siècle ont décimé les populations hindoues. Mais il ne faut plus que les fonds d'assurances contre la famine, constitués par un prélèvement sur l'impôt, passent à des dépenses militaires. La famine de 1877 a encore coûté la vie à quatre millions d'indigènes! En 1896, le gouvernement de l'Inde a été de nouveau pris au dépourvu. Une série de cinq années de sécheresse a atteint 60 millions d'indigènes, dont presque un tiers a succombé, malgré les efforts trop tardifs de l'administration et des particuliers. Les progrès de la culture rendront toujours plus rares ces épouvantables fléaux. Le blé remplace désormais sur les hauts plateaux le coton. Après les Etats-Unis et la Russie, c'est l'Inde qui exporte le plus de blé. Au contraire, les madras, les calicots, les madapolams fabriqués avec le coton de l'Inde ne se vendent que dans le pays même. Les admirables tissus de cachemire ne sont plus guère achetés que par les plus riches indigènes. La fabrication de la soie est en baisse. Le jute seul est en progrès. Mais des cultures nouvelles prospèrent : le quinquina, récemment importé d'Amérique, le thé, planté dans beaucoup de provinces du Dekkan et à Ceylan. Les quatre cinquièmes du thé consommé en Angleterre viennent de l'Inde.

L'Inde n'est pas un pays d'élevage : la viande, dont l'usage est prohibé par la religion, est d'ailleurs peu hygiénique. Mais combien d'essences d'arbres précieux pour l'ébénisterie, pour la médecine, s'échelonnent sur les pentes verdoyantes des Nilgherries et sur les flancs majestueux de l'Himalaya! L'Inde est essentiellement un pays agricole, où l'on trouve tous les climats et toutes les zones de température; sa flore est comme un abrégé de celle du monde entier. Les quatre cinquièmes de sa population sont employés aux travaux agricoles. En laissant dépérir les tissages de l'Inde et en favorisant l'extension des cultures, du blé, du thé et des autres denrées alimentaires, les Anglais ont supprimé une concurrence qui pouvait devenir redoutable pour leurs usines, et éloigné en même temps le péril de la faim.

Les mines sont peu nombreuses, et l'exploitation n'en est pas très développée. La houille produit cependant 12 millions de tonnes : mais le fer et le cuivre sont très peu abondants; l'Inde restera toujours pour les métaux travaillés tributaire de la métropole. Le commerce s'est, au contraire, développé avec rapidité : il était d'environ 25 millions vers 1760; il est aujourd'hui de plus de 5 milliards, dont environ la moitié avec l'Angleterre. Le jour où la voie ferrée du Grand Central asiatique viendrait doubler le canal de Suez, les échanges atteindraient un chiffre encore beaucoup plus élevé.

III. **Les annexes de l'Inde. — L'Afghanistan. —** L'Inde anglaise est flanquée de deux formidables bastions, d'où sans cesse peuvent descendre de belliqueux envahisseurs : à l'ouest, le plateau de l'Afghanistan; à l'est, les terrasses de la Birmanie. Pour défendre leur empire indien contre l'éventualité de nouvelles invasions, les Anglais ont cherché à devenir les maîtres des deux pays. C'est la politique d'offensive apparente, destinée à assurer la défensive réelle d'un pays conquis, politique si souvent pratiquée par les civilisés à l'égard des barbares insoumis du voisinage.

L'Afghanistan, qui occupe la portion orientale du grand plateau de l'Iran, est habité par des peuples indépendants et belliqueux, indomptables et pillards. Leur chef, qui prend le nom d'*émir,* est seulement à la tête d'une féodalité toujours prête à la révolte. Les chefs féodaux sont toujours assurés de trouver un appui auprès des Russes ou des Anglais, qui guettent les divisions intestines pour les tourner à leur profit. L'Afghanistan et la Perse deviennent ainsi des champs clos où s'exerce la rivalité des deux grands peuples.

Première campagne de l'Afghanistan (1840-1842). — Cette rivalité eut d'abord pour théâtre la ville de Hérat. Poussé par les Russes, Mohammed shah, souverain persan, assiégea Hérat; des officiers anglais défendirent la place et firent échouer tous les assauts des Persans (1837-38). Pour prévenir de nouveaux progrès des Russes, il fallait aux Anglais le solide point d'appui de l'Afghanistan. L'émir Dost-Mohammed demandait la cession de Peschawer pour prix de son alliance. C'eût été l'acheter trop cher. Lord Auckland, gouverneur de l'Inde, envoya contre lui une armée qui entra à Caboul et à Kandahar; Dost-Mohammed fut interné à Calcutta et remplacé par un rival, qui accepta un résident anglais avec un corps d'occupation. L'Afghanistan était traité, comme l'Inde, en pays conquis (1840). Mais une insurrection générale éclata presque aussitôt. Les Anglais, cernés dans leur camp, durent capituler et livrer leurs armes et leurs canons, à condition de retourner librement dans l'Inde. La capitulation fut violée : les 17,000 Anglais, surpris dans la passe de Khyber, à Djellabad, mitraillés par leurs propres canons, furent massacrés (1841-1842). Les Anglais vengèrent cet effroyable désastre en ravageant l'Afghanistan, mais sans s'y installer en maîtres. Ils rétablirent Dost-Mohammed, en lui imposant un traité d'alliance, et remirent à des temps meilleurs une conquête qu'ils avaient voulu précipiter (1843).

La seconde campagne (1878-1880). — C'est seulement la conquête du Turkestan par les Russes qui détermina les Anglais à de nouvelles interventions dans l'Afghanistan. A l'émir Shere-Ali, fils de Dost-Mohammed et allié des Russes, ils opposèrent Yacoub-Khan, qui fut impuissant à faire accepter de ses sujets le protectorat anglais. Les Afghans se révoltèrent; la mission anglaise de Caboul, commandée par le major Cavagnari, fut massacrée (1879). Lord Roberts, après une pénible campagne, entra à Caboul et à Kandahar. Abderraman, petit-fils de Dost-Mohammed, qui avait remplacé Yacoub-Khan, se décida à traiter. Par la convention de Rawalpindi (1880), il reçut une dotation annuelle de 3 millions : les troupes anglaises évacuèrent l'Afghanistan, mais en gardant les passes de Khyber, de Peiwar et de Bholan, qui constituent les *frontières scientifiques* de l'Inde. Un chemin de fer est construit de Chikarpour à Quettah, à mi-chemin de Kandahar. Depuis cette époque, les rapports n'ont cessé de s'améliorer entre le gouvernement de l'Inde et les Afghans. Les Anglais enserrent l'Afghanistan au sud par le Beloutchistan, acquis en 1887; au nord, par le Kafiristan (1895).

La tension politique entre les Anglais et les Russes n'a cessé de décroître depuis vingt ans. A la suite de l'occupation de Merv, une commission anglo-russe a délimité la frontière entre le Turkestan et l'Afghanistan (1885); une autre, la frontière entre le Pamir russe et la haute vallée afghane de l'Amou-Daria, étroite lisière indépendante entre les possessions des deux grands empires. En somme, l'Afghanistan est virtuellement autonome; mais de plus en plus il tend à passer sous le protectorat de l'Angleterre, surtout depuis l'avènement d'un nouvel émir à la mort d'Abderraman (1902).

Conquête de la Birmanie (1824-1885). — La conquête de la Birmanie anglaise s'est opérée en trois fois. Dès 1818, les Anglais s'étaient installés dans le précieux îlot de Singapour. Une première guerre contre les Birmans leur livra l'Assam, les côtes de l'Arakan et du Tennassérim (1824-1826). Une seconde guerre leur valut l'annexion du Pégou et du Martaban (1852-1854). Dès ce moment, ils étaient les maîtres de tout le littoral, de l'embouchure du Gange à la presqu'île de Malacca. Enfin, pour maintenir ses relations avec la Chine, où la Russie pénétrait par la vallée de l'Amour et la France par le

Tonkin, l'Angleterre acheva la conquête de la Birmanie. Le roi Thibaw refusait aux Anglais le monopole de l'exploitation de ses forêts de bois de teck. Lord Dufferin, gouverneur de l'Inde, envoya contre lui le général Prendergast avec 15,000 hommes. Le roi fut pris dans sa capitale, son royaume confisqué, et la frontière du gouvernement de l'Inde reportée jusqu'aux confins du Yunnan chinois et au Mé-Kong. Le traité du 15 janvier 1896 et les conventions de 1904 ont délimité de ce côté les sphères d'influence de la France et de l'Angleterre. A la France, toute la région du Laos occidental jusqu'à la ligne de faîte entre la région du Mé-Kong et celle du Ménam. A l'Angleterre, toute la presqu'île de Malacca; entre les deux, le Siam, État tampon.

Pénétration anglaise en Chine (1840-1898). — La possession de l'Inde a conduit naturellement les Anglais à pénétrer les premiers dans cette Chine mystérieuse qui se fermait systématiquement à l'étranger. Les Anglais vendaient aux Chinois leur opium du Bengale. Quand le gouvernement chinois interdit l'importation de cette denrée funeste, les Anglais bravèrent cette défense. 32,000 caisses d'opium furent jetées à la mer par les ordres du vice-roi de Canton. Les Anglais déclarèrent la guerre à la Chine; ils bloquèrent la rivière de Canton (1840), puis enlevèrent les forts du Tigre, les villes de Ning-Po et de Shanghaï (1841). Enfin, l'amiral Parker remonta le Yan-tse-Kiang et entra à Nankin, coupant en deux la Chine du Nord et celle du Midi. Deux fois, les Anglais avaient offert la paix; deux fois, ils s'étaient heurtés aux lenteurs calculées et à l'insidieuse fourberie des mandarins. Le dernier coup frappé menaçait la Chine au cœur. Le traité de Nankin (1842) fut exécuté : les Anglais y gagnèrent la cession de Hong-Kong, l'ouverture à leur commerce des cinq ports de Shanghaï, de Ning-Po, de Fou-Tcheou, de Amóy et de Canton, avec une indemnité de 115 millions. Depuis cette époque, ils obtinrent de nouveaux avantages en faveur de leur commerce en s'associant à l'action de la France pour venger les massacres de missionnaires et de marchands européens. Le traité de Pékin (1860) ouvrit au commerce européen, dont ils étaient les maîtres, 13 ports au lieu de cinq. Enfin, après la guerre entre la Chine et le Japon (1895), au moment où l'empire chinois semblait se désagréger sous la poussée de tous les peuples colonisateurs de l'Europe, l'Angleterre, par une nouvelle convention avec la Chine, s'est fait céder à bail l'importante position maritime de Weï-haï-Weï et elle a imposé aux Chinois l'engagement de ne céder à aucune puissance les territoires du Yang-tse-Kiang, où elle cherche à rendre son influence prépondérante.

Les routes de l'Inde. — Ainsi la nécessité de conserver l'Inde, de s'en réserver les avenues, pour en assurer le trafic, a dominé depuis un siècle toute la politique anglaise. Déjà, à la chute de Napoléon, elle s'est fait donner le cap de Bonne-Espérance, l'île de France et Ceylan, qui en étaient les principales étapes. Elle s'est assuré depuis 1877 dans l'administration du canal de Suez une autorité égale à celle de la France, et, malgré la reconnaissance de la neutralité du canal, il lui serait facile, grâce à la possession de l'Egypte, de le confisquer à son profit en cas de guerre maritime. La possession de l'île de Socotora et d'Aden lui donne, à l'autre porte de la mer Rouge, des points d'appui excellents. Vers l'extrême Orient, Malacca, Singapour, Hong-Kong et Weï-haï-Weï sont ses escales sur la route de Chine. Avec Gibraltar, Malte et Chypre dans la Méditerranée, le chef d'escadre anglais qui fait le trajet de Portsmouth jusqu'au Pétchili et au Japon est toujours assuré de pouvoir se ravitailler chez lui, dans un port bien anglais, à l'abri du pavillon national.

DIRECTIONS ET BIBLIOGRAPHIE

I. **Développement colonial de l'Angleterre.** — Voir SEELEY, *l'Expansion de l'Angleterre*, toute la première partie.

II. **L'Inde anglaise.** — *La Conquête.* — Voir SEELEY, même ouvrage, seconde partie. — Pour la révolte des cipayes, LANIER, *Lectures géographi-*

ques, l'Asie, t. II : *l'Hindoustan,* très intéressants extraits sur les durbars, — *les combats d'éléphants,* — *les famines dans l'Inde,* — *les Parsis de Bombay,* — *la pêche des perles,* etc.

III. L'Afghanistan et la Birmanie. — Voir DRIAULT, *la Question d'Orient,* chap. IX, *Anglais et Russes en Asie.*

ÉTUDES ET LEÇONS

L'âme hindoue.

Malgré toutes les transformations extérieures, l'âme indienne a peu changé; elle est, comme jadis, assaillie de préjugés antiques. Les Indiens sont toujours parqués en castes sévèrement fermées. Les Brahmanes, caste religieuse, sont, dit-on, sortis de la bouche du Créateur; les *Kchatrias* ou guerriers, de sa poitrine; les *Vaïcias* ou marchands, de son ventre; les *Soudras* ou artisans, de ses pieds. Les *parias* sont ceux qui n'ont pas de caste, ou qui, par leur faute, ont été chassés de celle où les rangeait leur naissance. Il suffit de manger de la viande pour devenir un paria. Aussi les Anglais sont-ils considérés comme des parias. Une union entre personnes de deux castes différentes parait une monstruosité. Un long atavisme de plus de trente siècles a pénétré l'Hindou de tous ces préjugés. Beaucoup d'entre eux savent l'anglais, lisent des journaux et revues, et passent des examens de mathématiques; et ces mêmes hommes s'évanouissent s'ils touchent par mégarde à un plat chargé de viande ou s'ils aperçoivent dans leur bol de lait un poil de vache[1].

Leur religion a eu pour expression première les hymnes des Védas, dont l'origine se perd dans la nuit des temps. Elle est d'une complication infinie. La trinité hindoue de Brahma, Vichnou et Siva préside à tous les autres dieux; mais ceux-ci sont au nombre de plusieurs millions: Vichnou a 108 transformations différentes, et Siva, le dieu destructeur, peut prendre plus d'un millier de façons d'être et de noms. Le culte consiste en des pratiques extérieures dont le sens est incompréhensible le plus sou-

1. Il faut faire exception pour les *Parsis,* descendants des anciens mages, adorateurs de Zoroastre, nombreux surtout à Bombay. Ce sont des hommes d'affaires consommés, gros industriels, banquiers, armateurs, entrepreneurs de grands travaux, dont plusieurs sont arrivés à amasser des fortunes comparables à celles des milliardaires américains. Leur magnificence et leur charité sont devenues proverbiales. Ils font donner à leurs enfants une instruction très soignée. Ils détiennent toutes les professions libérales. On n'a jamais vu de Parsi laboureur, groom, coiffeur ou barbier. — Les musulmans ne sont pas divisés par castes; mais ils forment un monde fermé, exclusif, dont l'Islam est la patrie supérieure, et ils sont sensibles à l'idée panislamique.

vent, mais qui se perpétuent d'âge en âge. Y désobéir est un péché irrémissible qui flétrit et qui tue. Il faut voir dans la ville sainte de Bénarès, sur les bords du Gange, la foule des fidèles, haletante autour des brahmanes, immerger dans le fleuve sacré les cadavres de leurs morts, prodiguer des offrandes au soleil, à l'eau, aux animaux utiles ou malfaisants, même aux plantes et aux pierres, multiplier les ablutions, les prières et les vœux. Ils sont là plus de 25,000 brahmanes qui, de l'aube jusqu'au coucher du soleil, n'ont pas une minute de repos. D'autres parcourent les provinces en pénitents pour exciter la pitié ou le fanatisme : les uns ont le cou pris dans un gril de fer qui les empêche de jamais appuyer la tête ; d'autres ont la joue traversée par un cadenas ou mors ; d'autres fixent le soleil jusqu'à s'aveugler, ou se coupent la langue pour s'enlever l'usage de la parole. Les légendes poétiques des Védas ont dégénéré en une idolâtrie grossière, et le mépris de la douleur et de la mort contribue à entretenir un fanatisme hostile à l'Angleterre. Ainsi, malgré les bouleversements des conditions qu'entraîne parmi les Hindous l'acquisition de la richesse ou l'imitation de la vie anglaise, l'esprit de caste subsiste toujours ; l'Indien reste en proie à tous les plus vieux préjugés de sa race ; son âme n'a pu encore se façonner à la moderne.

Les Anglais ont beaucoup fait pour l'Inde depuis un demi-siècle ; ils l'ont transformée par leurs grands travaux ; ils ont cherché par l'instruction à élever les indigènes. Cependant ils n'ont pas réussi à se les assimiler : l'Anglais garde dans l'Inde ses habitudes, sa morgue, ses attitudes de conquérant ; l'Hindou, d'autre part, reste fidèlement attaché aux préjugés et aux coutumes des ancêtres. L'Hindou semble devoir puiser surtout, dans l'instruction qui lui est libéralement distribuée, la conscience de sa force, l'esprit de nationalité. Il cherche à pénétrer dans les conseils du gouvernement, à exercer les fonctions publiques, à obtenir des libertés locales plus étendues. Des congrès locaux, dont les délégués forment des conseils provinciaux, ont été institués ; un congrès national créé en 1886 est même investi du droit d'émettre des vœux. C'est un premier acheminement vers l'autonomie que l'Indien intellectuel voudrait obtenir. Ses aspirations politiques s'éveillent. Il se sent plus instruit, plus fort, plus capable de sortir d'une tutelle humiliante, profitable surtout à ses maîtres hautains. Les journaux en langue hindoue prennent pour thème habituel la critique passionnée des actes de l'administration anglaise. Ils comparent les Anglais aux sauterelles qui s'abattent sur les récoltes, aux « chenilles qui dévorent la substance des arbres ». La domination anglaise n'est pas établie sur la force, mais sur l'extrême passivité des Hindous, sur les divisions de leurs anciens gouvernements, sur les rivalités des deux religions hostiles, brahmanisme et islamisme. Le jour où l'esprit national aurait fait de notables progrès, où un chef naîtrait capable d'unir les incalculables forces éparses en ce moment contre « les diables étrangers », ce jour-là, la petite armée britannique, dont un tiers seulement est composée d'Anglais, ne résisterait pas longtemps aux 3.600,000 hommes, aux 4.000 canons que possèdent les princes indigènes, qui seraient soutenus par toute la nation. Le péril pour l'Empire anglais de l'Inde ne semble devoir venir ni de la Russie ni de la France, mais bien de l'Inde elle-même, si les Anglais ne trouvent pas le moyen d'y perpétuer les divisions intestines.

Lire : André Chevillon, *Dans l'Inde,* très intéressant récit de voyage sur le pays et sur les mœurs. — L. Rousselet, *l'Inde des rajahs,* très curieuses descriptions de combats d'éléphants, de lutteurs, etc., avec de belles illustrations. — A. Métin, *l'Inde d'aujourd'hui* (plus récent et très bien informé).

CHAPITRE VIII

La colonisation anglaise en Amérique, en Australie, en Afrique.

En 1763, après la résistance glorieuse de Montcalm, le traité de Paris transféra à l'Angleterre le Canada.

Pendant longtemps les Anglais s'acharnèrent contre les Canadiens Français : ils voulaient leur enlever leur langue et leur religion. La constitution du Dominion du Canada (1867) a mis fin à cet antagonisme. Les huit Etats confédérés du Dominion ont un gouvernement autonome, et l'égalité des droits politiques dans le gouvernement central. La nomination du gouverneur général par la couronne d'Angleterre est le seul lien entre la colonie et la métropole. La religion catholique est librement exercée. La langue française est officielle comme l'anglais. Les Canadiens Français forment un groupe très important, très attaché à son ancienne patrie, sans vouloir cependant se détacher de la nouvelle.

La prospérité s'accroît rapidement, les belles cultures du Manitoba, les riches mines des montagnes Rocheuses, la pêche et la chasse, l'exploitation des forêts et chutes d'eau, sont des éléments de richesse susceptibles d'être beaucoup développés. L'émigration se porte toujours plus loin vers l'occident, et le

Transcanadian railway, ouvert depuis 1886, favorise cette expansion.

Le Commonwealth australien est, comme le Dominion du Canada, une colonie de peuplement foncièrement anglaise. Reconnue d'abord par les Hollandais, l'Australie eut pour premiers colons les convicts anglais établis à Sydney (1788). Bientôt commencèrent vers l'intérieur des explorations difficiles, à cause de l'aridité du sol. La traversée du continent fut opérée avec succès par Burke et par Stuart (1860-62).

Les colons se multiplièrent à l'est du continent. Peu à peu, après la Nouvelle-Galles du Sud, se formèrent les établissements de l'Australie occidentale (1829), de l'Australie du Sud (1834), de Victoria (1851) et du Queensland (1859). Au squatter, propriétaire d'innombrables troupeaux, s'étaient ajoutés les mineurs qui exploitent les riches gisements des Alpes australiennes et le settler ou cultivateur. Les indigènes ont disparu rapidement, soit par la concurrence vitale, soit par les mauvais traitements des Anglais.

Comme les Canadiens, les Australiens jouissent du self-government : ils ont formé une confédération, le Commonwealth (1901). L'union une fois accomplie, le lien rattachant l'Australie à l'Angleterre est devenu purement nominal.

L'Egypte contemporaine doit beaucoup aux Français. L'expédition de Bonaparte (1798-1799) a commencé à la tirer de sa torpeur. Méhémet Ali a confié à des Français le soin d'en faire un Etat civilisé. Ferdinand de Lesseps, avec des capitaux français, a percé le canal de Suez (1859-1869).

Cependant les Anglais ont occupé militairement l'Egypte à la suite du bombardement d'Alexandrie (1882). Chassés du Soudan égyptien par les fanatiques du Mahdi, ils ont réussi à le reconquérir (1898).

Les Anglais ont détruit l'autonomie des deux Républiques du fleuve Orange et du Transvaal à la suite de la guerre contre les Boërs (1899-1902).

Dans le partage de l'Afrique, ils se sont attribué toute la région du Nil depuis l'embouchure jusqu'aux grands lacs ; l'Afrique australe avec le cours moyen du Zambèze, le cours inférieur du Niger et les établissements de la Côte d'Or et de Sierra-Leone.

Les Allemands sont maîtres de l'Afrique orientale allemande, du Sud-Ouest africain, du Cameroun et du Togo ; les Italiens, de Massaouah et de l'Erythrée ; les Belges, du Congo indépendant.

Les Portugais gardent le Congo méridional et le Mozambique ; les Espagnols, quelques îles ou comptoirs.

Le Maroc, l'Abyssinie et la république de Libéria ont seuls conservé leur indépendance.

I. Le Dominion du Canada. — L'Inde anglaise est une colonie de la couronne. Au contraire, le Dominion du Canada et le Commonwealth australien sont de véritables républiques autonomes, dotées d'un gouvernement représentatif à l'image de la mère patrie. Le *self-government* y est complet : un lien très lâche les unit à la Grande-Bretagne; elles ne cherchent pas à le briser. D'ailleurs la méthode coloniale de l'Angleterre a été depuis deux siècles tout l'opposé de celle de la France. Une suite de tentatives officielles presque aussitôt abandonnées, une tutelle administrative qui arrêtait tout élan, décourageait toute émigration nouvelle; puis, au moment décisif, quand il s'agit de lutter pour l'existence, le complet abandon du gouvernement, telles ont été les raisons de la perte de notre empire colonial en 1763. Les Anglais ont suivi la marche contraire; ils ne se sont inquiétés de leurs colons que quand il s'est agi de les défendre. Mais alors le gouvernement n'a pas un instant failli à sa tâche, et, sans empiéter en rien sur la libre autonomie de ses sujets, il a mis à leur service toutes les forces navales britanniques. Ainsi « la nouvelle France disparut pour s'absorber dans le sein de la nouvelle Angleterre ». (SEELEY[1].)

Persécution des Canadiens Français. — Devenus sujets anglais, les Canadiens Français déployèrent une incroyable énergie pour ne pas perdre leur nationalité. Les Anglais pratiquèrent à leur égard tour à tour une politique de persécution ou de conciliation, suivant qu'ils avaient ou non besoin de leurs bons offices. Les Français furent d'abord très maltraités : on voulait les contraindre à abjurer le catholicisme. Il y eut une véritable chasse à l'homme organisée dans les forêts de l'Acadie : 7,000 Acadiens catholiques furent déportés au loin. Pendant la guerre d'Amérique, la persécution cessa. Les Canadiens repoussèrent des murs de Québec les Bostoniens, dont ils avaient

---

1. Voir le cours de première année, chap. XXX.

eu tant à se plaindre pendant la guerre de Sept ans. Les *loyalistes* anglais, c'est-à-dire les colons qui restaient fidèles au roi d'Angleterre, abandonnèrent les Etats-Unis et vinrent s'établir au nord des grands lacs. Ainsi commença à se former, dans la région du haut Saint-Laurent, un Canada anglais. En 1791, la contrée fut divisée en deux grandes provinces : le haut Canada ou Canada anglais, et le bas Canada ou Canada français. Chacune d'elles eut son Parlement. Mais les Anglais ne voulaient reconnaître pour l'un et l'autre de ces Parlements que l'usage officiel de la langue anglaise. Le plus grand péril couru par la nationalité française fut pendant la période qui s'étend de 1826 à 1849. Les Anglais avaient décrété par un bill l'absorption du Canada français dans le Canada anglais, la proscription de la langue française et des entraves au libre exercice du culte catholique. Le journal *le Canadien* répliqua à cette prétention en prenant pour devise : « Nos institutions, notre langue, nos lois. » A la suite d'une lutte légale acharnée, entremêlée de quelques émeutes (1837 et 1838), les Canadiens obtinrent enfin en 1849 que la langue française eût, au même titre que l'anglais, le caractère de langue officielle. Les catholiques recouvrèrent la liberté de leur culte.

Constitution du Dominion (1867). — Enfin l'acte du 1er juillet 1867 a proclamé l'égalité complète des deux Canadas et organisé le *self-government*. Le nouvel Etat, connu sous le nom officiel de *Dominion of Canada*, c'est-à-dire puissance du Canada, se compose de toute l'ancienne Amérique anglaise, sauf l'île de Terre-Neuve, qui reste à part. C'est une puissante république fédérale, déjà presque indépendante à l'égard de l'Angleterre. La couronne nomme le *gouverneur général,* personnage presque exclusivement décoratif, choisi parmi les lords anglais qui parlent également bien le français et l'anglais, puisque les deux langues sont indifféremment employées dans les actes publics. Comme les rois constitutionnels, le gouverneur général a pour mission de choisir les ministres dans la majorité du Parlement. Ceux-ci exercent le pouvoir exécutif; ils désignent aussi les membres du *Sénat*, qui sont nommés pour la vie. La *Chambre des communes* est composée d'un peu plus de 200 membres, dont 65 d'origine française, qui sont nommés par les Canadiens d'après un mode de suffrage censitaire assez compliqué. Dans chaque Etat fédéré, le gouverneur général nomme de même un lieutenant-gouverneur, dont l'autorité est purement nominale; les ministres qu'il choisit gouvernent avec un Conseil législatif élu. La capitale fédérale est la ville d'Ottawa, à la limite du Canada français et du Canada anglais. Le lieutenant-gouverneur et le Conseil législatif résident dans la capitale de chaque Etat confédéré. Les huit Etats qui forment le Dominion sont gouvernés de même; ce sont l'*île du Prince-Edouard*, la *Nouvelle-Ecosse* ou Acadie avec l'île du Cap-Breton, le *Nouveau-Brunswick*, l'*Etat de Québec* ou bas Canada, l'*Etat d'Ontario* ou haut Canada, le *Manitoba*, la *Colombie britannique* et le territoire du Nord-Ouest. Quatre territoires situés entre le lac Ouinnipeg et les Montagnes Rocheuses n'ont encore qu'un rudiment d'organisation; ce sont *Assiniboïa, Saskatchéwan, Alberta* et *Athabasca ;* ils deviendront bientôt des Etats complets, grâce à l'énorme poussée de l'immigration et de la culture vers l'ouest. Trois autres, *Kewatin*, le *Nord-Est* et le *Labrador oriental,* sont presque dénués d'habitants et placés sous la dépendance directe du gouvernement central.

La race française au Canada. — Sauf le gouverneur général et le chef de la milice, tous les fonctionnaires, ministres et lieutenants-gouverneurs des Etats particuliers, membres du Parlement, etc., doivent être de nationalité canadienne. L'autonomie de la colonie est donc presque complète. L'Angleterre s'est résignée à l'accorder au lendemain de la guerre de Sécession américaine, par crainte soit d'une conquête possible des Etats-Unis, soit de soulèvements qu'auraient pu provoquer contre les Anglo-Saxons du Canada les Français et les Irlandais, qui y sont très nombreux. En effet, sur près de cinq millions de Canadiens, il y a un bon tiers de Français, catholiques ardents, parlant un français classique qui rappelle celui de la Fontaine et de Mme de Sévigné.

On accuse quelquefois les Français de ne point être aptes à coloniser : l'exemple du Canada prouve le contraire. Lors de la cession du Canada à l'Angleterre en 1763, on comptait environ 60,000 colons français. Bien qu'il n'y ait eu aucune immigration de la métropole, bien que pendant longtemps les Anglais aient fait tous leurs efforts pour arracher du cœur de leurs nouveaux sujets l'attachement à leur ancienne patrie, proscrivant la langue française, persécutant le catholicisme, les 60,000 anciens colons sont devenus en un peu plus d'un siècle plus d'un million et demi. Où trouver un exemple d'une si forte vitalité?

Prospérité économique. Le Transcanadian railway. — Aujourd'hui les deux langues sont regardées comme officielles au même titre; tous les cultes sont librement exercés. Les Français, sans renier leur vieille affection pour la France, sont ralliés à un gouvernement qui satisfait à toutes leurs légitimes aspirations. Montréal, Québec, Toronto, Hamilton, Ottawa, deviennent d'importantes cités commerciales, aménagées à l'européenne et dotées de tous les progrès de la civilisation contemporaine.

Depuis 1886, une grande ligne, le *Transcanadian railway,* a été ouverte à la circulation pour relier les ports de l'un à l'autre Océan. Cette voie ferrée commence à Halifax et dessert toutes les villes importantes du Saint-Laurent et des grands lacs; elle enrichit des villes toutes nouvelles, Fort-Arthur et Fort-William au nord du lac Supérieur, Ouinnipeg sur le lac du même nom, Régina, Calgary dans les belles prairies de l'Ouest; Vancouver avec ses annexes de New-Westminster et de Port-Moody, point terminus de la ligne, port du plus grand avenir sur le Pacifique. En effet, on peut effectuer par cette voie le

trajet de Liverpool à Yokohama en trente jours. Il faut
quarante-cinq jours pour le même trajet effectué par Suez
et Singapour. Comme aux États-Unis, la plus grande
étendue de ce chemin de fer a été construite en plein
désert. La population s'est agglomérée autour de la gare,
et des villes sont nées comme par enchantement, avec
leurs distributions d'eau, leur éclairage au gaz ou à l'é-
lectricité, leurs imprimeries, leurs journaux, leurs hôtels
et leurs banques. C'est tout un monde nouveau, grand
comme plusieurs Frances, qui se trouve, par cette construction audacieuse, appelé à la vie civilisée.

Développement de la culture. Emigration vers l'ouest.
— Combien d'éléments nouveaux de prospérité se sont
ajoutés en effet dans ce *Far-West* canadien qui, de même
que le *Far-West* des États-Unis, devient le champ favori
de l'immigration! Ce n'est plus seulement la grande pêche
sur le banc de Terre-Neuve, ou dans les fjords de la Colombie britannique, ni l'abatage des forêts, où l'on a
trouvé, le long des affluents de la rive gauche du Saint-
Laurent, des *wellingtonia* géants mesurant jusqu'à 137 mètres de haut et 35 mètres de diamètre, où l'on exploite le
pitchpin d'aspect si gracieux; voici que les agriculteurs,
jusqu'ici resserrés sur un étroit ruban de terres voisines
du Saint-Laurent et des grands lacs, voient s'ouvrir les
plaines étendues du Manitoba, formées d'un gras humus
qu'il suffit de gratter légèrement pour en obtenir d'admirables moissons. Le Manitoba, ouvert seulement depuis
quelques années à la culture, semble devoir être dans un
avenir prochain l'un des plus riches greniers à céréales du
monde entier. Plus à l'ouest, les plateaux qui s'étendent
en pente douce des Montagnes Rocheuses jusqu'aux
grands lacs attirent par leurs immenses prairies des éleveurs toujours plus nombreux. Le mineur trouve en abondance, dans les montagnes de l'Ouest, non seulement
l'or et l'argent autant qu'en Californie et au Nevada, mais
la houille, qui n'existe pas plus au sud, le cuivre, enfin le
pétrole, qui paraît devoir réserver beaucoup d'heureuses

surprises aux chercheurs. Dans le Nord, les Indiens, les métis bois-brûlé, les Ecossais et les Français, unis par le même goût des aventures, pratiquent en toute liberté leur métier de chasseurs et de trappeurs et continuent d'alimenter des plus riches pelleteries les forts et les comptoirs fondés par l'ancienne Compagnie de la baie d'Hudson, dont le territoire a été absorbé dans la grande confédération du Dominion.

Une transformation considérable s'opère même dans les parties les plus anciennement cultivées. Les agriculteurs de la province de Québec, ne pouvant lutter pour la production du blé avec les riches cultures du Manitoba, s'adonnent surtout à l'élevage. Ils ont des beurreries et des fromageries modèles. Ils exportent en Angleterre des millions d'œufs et de boîtes de beurre conservé dans la glace. La culture fruitière réussit à souhait (pommes du Canada). Le défrichement des forêts, qui avance toujours plus au nord du Saint-Laurent, fournit en abondance la *pulpe* de bois qui sert à fabriquer le papier : on assure qu'un journal comme le *Petit Parisien* consomme par an 120,000 pieds d'épinette. Et le papier ne sert pas seulement à l'imprimerie : on fabrique aussi des essieux, des conduites d'eau, des roues de locomotive en papier, qui sont plus résistantes que les roues en fer. Les scieries, les fabriques de pulpe sont mues par les chutes d'eau, qui, dans le seul district du lac Saint-Jean, sont évaluées à une force de 600,000 chevaux-vapeur. Voilà donc de nouvelles productions industrielles qui se développent dans des conditions inouïes de puissance et de bon marché.

Conclusion. — Ainsi les ressources les plus variées sous un climat souvent rigoureux, mais éminemment salubre, et avec un gouvernement qui laisse au complet développement de l'individu une absolue liberté, voilà des séductions qui peuvent attirer vers ce monde du *Dominion* une population toujours plus nombreuse d'immigrants. Un jour viendra, qui n'est pas loin sans doute, où le Canada, comme un fruit arrivé à maturité, se détachera complètement de l'Angleterre, sa métropole. Ce jour-là, les hommes d'État de la grande république des États-Unis chercheront peut-être à faire entrer dans leur puissante fédération cette république sœur. Mais ni les Canadiens Anglais ni surtout les Français n'accepteraient cette solution sans protester les armes à la main. Devant une tentative d'annexion de leurs ambitieux voisins, ils ne céderaient qu'à la force.

II. **L'Australie. — Colonisation de l'Australie. —**

L'Australie, qu'on appelle souvent aussi l'Australasie, est, comme le Canada, une colonie de peuplement, où les indigènes ont encore plus complètement disparu, et une colonie parlementaire, qui vient de réaliser son unité. Le *Commonwealth australien* est calqué de très près sur le Dominion canadien.

Le continent australien, à la fin du XVIIIe siècle, était connu sous le nom de Nouvelle-Hollande, parce que les Hollandais en avaient exploré le littoral; mais ils n'y avaient formé aucun établissement. Des Français, Bougainville, la Pérouse et d'Entrecasteaux; des Anglais, Dampier, Wallis et le capitaine Cook, achevèrent, dans la seconde moitié du XVIIIe siècle, l'exploration des côtes et firent connaître les archipels voisins. Les *convicts* ou forçats anglais en furent les premiers colons : le commodore Philips en amena un premier convoi à Sydney, dans la baie profonde et sûre de Port-Jackson (janvier 1788).

À partir de 1793, des émigrants libres commencèrent à s'établir; dès 1804, les convicts furent surtout dirigés vers la Tasmanie; depuis 1840, ils ne furent plus envoyés que dans l'Australie occidentale : enfin, la transportation en Australie a complètement cessé en 1868. Les convicts furent donc bien les premiers pionniers de cette terre vierge; mais ils y ont été noyés, dès l'origine, dans un fort afflux de population libre. Sur les 83,000 convicts amenés en Nouvelle-Galles, 20,000 à peine y sont restés. La génération actuelle des Australiens n'a pas à rougir de ses origines.

Explorations de l'intérieur. — Le littoral était encore seul connu ; on le savait très peu accessible au Nord, à cause de la barrière corallienne qui oppose, en face de la côte, une muraille compacte, où les passes sont rares et difficiles ; beaucoup plus hospitalier vers le Sud-Est, où l'on rencontre des ports profonds et sûrs. Les premières relations de voyages à l'intérieur furent peu encourageantes : Sturt, au delà de la haute frange des Alpes australiennes, découvrit des terres toujours plus arides ; Eyre, dans le Sud, des lagunes saumâtres ; Leichardt, dans le Nord-Est, se heurta au *scrub,* brousse dangereuse, où le voyageur est forcé de se tailler un sentier à arêtes vives, au milieu des eucalyptus nains et des ajoncs épineux entrelacés (1829-1848). Cependant Burke et Mac Doual Stuart réussirent à traverser du sud au nord tout le continent australien sur deux lignes à peu près parallèles : l'un, parti de Melbourne pour arriver au golfe de Carpentarie ; l'autre, d'Adélaïde à Port-Darwin, où se trouve aujourd'hui le port de Palmerston (1860-1862). Ce dernier itinéraire est suivi actuellement par la ligne télégraphique jetée à travers tout le continent. De différentes stations de cette ligne sont parties, dans la direction de l'Ouest, les explorations de Giles, du major Warburton, des frères Forest (1870-1873).

Grâce à ces hardis voyageurs, dont le grand souci était, pendant des journées et des semaines entières, de trouver une mare, un ruisselet, une goutte d'eau, ou de se frayer un étroit sentier au milieu des épines de la brousse qu'ils teintaient de leur sang, l'exploration première du continent austral est terminée, sans que cependant le détail de chaque partie soit scientifiquement connu. On sait que les riches régions du Queensland, que les terrasses orientales des Alpes australiennes, sont propres à de belles cultures : c'est le domaine du *settler ;* que les flancs des montagnes recèlent des richesses d'un prix incalculable pour le *mineur ;* que sur les pentes occidentales s'étendent, jusque vers la région centrale des grands lacs, des plaines herbeuses, qui feront longtemps encore la fortune des *squatters*. Au delà commence l'implacable désert des sables mouvants, qui aboutissent dans le voisinage des côtes au *scrub* épineux et malfaisant. Ainsi le continent australien est un bloc mal dégrossi par la nature, qui n'a pris quelque importance que grâce au labeur acharné d'une race énergique.

Disparition des indigènes. — Les indigènes étaient des nègres de petite taille, aux membres grêles, au ventre bombé, à la chevelure laineuse, au crâne pyramidal, vivant de chasse et de pêche, les derniers des humains. Ils ne connaissaient pas l'usage des métaux et n'avaient pas dépassé l'âge de pierre.

L'arrivée des Anglais a été le signal d'une disparition rapide de la race indigène. Ils ont payé ses services avec l'eau-de-vie, et l'ivrognerie est devenue le vice préféré de ces sauvages ; ils leur ont imposé des vêtements dans les villes naissantes, et quand les noirs, de retour au sein de leurs tribus, revenaient à leur nudité primitive, ils périssaient de la phtisie ; ils leur ont communiqué la petite vérole, et le vaccin n'a pas d'effet sur le noir australien. Surtout ils l'ont refoulé dans les plus mauvaises terres ; ils ont détruit le kangourou, qui était son meilleur gibier ; ils l'ont réduit à se nourrir d'animaux immondes. Ils ont organisé contre les malheureux qui s'approchaient de leurs anciennes terres, désormais occupées par les enclos des moutons et des bœufs, de sanglantes chasses à l'homme. Ces chasses ont réussi au gré des colons : en 1876, est morte la dernière des indigènes de la Tasmanie. On estime à moins de 50,000 le nombre de nègres australiens existant encore aujourd'hui. Ils devaient être plus de 200,000 il y a un siècle.

Les troupeaux. Les squatters. — L'importation des moutons par Mac Arthur, en 1797, a été le point de départ de la fortune de la nouvelle colonie. Les grands propriétaires de troupeaux, ou *squatters,* ont occupé progressivement les immenses pâturages situés sur les pentes des

Alpes australiennes et dans les hauts plateaux de l'intérieur. Il fallait peu de main-d'œuvre pour cette industrie pastorale. L'Australie devint bientôt un grand marché de production de laine, de peaux et de viande. L'industrie des squatters commença la fortune du pays. Cependant des protestations s'élevaient contre l'extension de la grande propriété. Les squatters s'étendaient selon leurs besoins sur de larges parcours vacants et se croyaient quittes envers la couronne en payant une très faible redevance annuelle.

Les concessions de terres. L'acte Torrens. — Le gouvernement anglais adopta le système préconisé par Wakefield, qui consiste à vendre à un prix relativement élevé des concessions restreintes et à employer les sommes perçues de ce chef à payer le prix du passage de journaliers et ouvriers pauvres, qui devaient fournir la main-d'œuvre[1]. Ainsi se forma la petite propriété, à côté de la grande. Les cultivateurs ou *settlers* firent reculer vers l'intérieur du continent les squatters.

Les mines d'or. — La culture subit une crise lors de la découverte de l'or : deux illustres géologues, Strelecki et Murchison, avaient prédit, d'après l'examen des roches des Alpes australiennes, qu'elles devaient être riches en métaux précieux. En 1847, un berger des environs de Bathurst trouva une grosse pépite d'or enveloppée dans une gangue de quartz. Un célèbre mineur de Californie, Hargreaves, pratiqua des fouilles heureuses : l'or abondait depuis Bathurst, aux environs de Sydney, jusqu'à Sandhurst et Ballarat, dans le voisinage de Melbourne. L'annonce officielle de la précieuse découverte (1851) provoqua

---

1. Depuis cette époque, l'acquisition de la propriété a encore été régularisée par l'*acte Torrens*, promulgué le 2 juillet 1858. Le propriétaire, qui veut placer sa terre sous le bénéfice de cette loi adresse à l'enregistrement une demande avec ses titres de propriété, une description de l'immeuble et un plan : on laisse s'écouler un délai de six mois, pour que les contestations puissent se produire ; puis la propriété est enregistrée, cadastrée ; le propriétaire reçoit un titre définitif, détaché d'un registre à souche, qui contient la description de la propriété, et où sont consignées toutes les charges, hypothèques, etc., qui peuvent la grever.

un *rush,* c'est-à-dire une immigration considérable d'aventuriers de tout pays, qui, un pic à la main, un tamis sur le dos, recherchaient ardemment les pépites, fouillaient les placers, tamisaient le sable. Tous les crimes qu'engendre la soif de l'or, l'Australie les connut dans cet âge, qui ne ressembla que par le nom à l'âge d'or des poètes. Beaucoup trouvèrent la misère, au lieu de la fortune rêvée. Mais ceux que le sort n'avait point favorisés se firent cultivateurs pour nourrir les autres : ainsi la culture ne cessa plus de se développer dans tous les parages de l'Est. Les céréales, la vigne, les fruits d'Europe au Sud, la canne à sucre et les cultures tropicales dans le Queensland, donnèrent d'excellents produits et constituèrent la plus durable des richesses.

Grâce à l'élevage, aux mines, à la culture, la colonisation s'est rapidement développée dans toutes les parties non désertiques de l'Australie. A l'origine, la Nouvelle-Galles seule existait. Elle a essaimé successivement : en 1829, l'Australie occidentale, encore peu peuplée, qui n'a obtenu l'autonomie qu'en 1890 ; en 1834, l'Australie méridionale, où domine la petite propriété ; en 1856, Victoria, riche par la culture autant que par les mines ; en 1859, le Queensland, seule colonie australienne à climat tropical. L'Australie centrale et l'Australie septentrionale, déserts à peine peuplés, n'ont pas d'existence politique propre ; elles sont rattachées à l'Australie méridionale. En 1825, la Tasmanie ; en 1840, la Nouvelle-Zélande, ont été placées sous la loi anglaise. L'Angleterre a également occupé les îles Viti ou Fidji (1874), et la partie sud-est de la Nouvelle-Guinée (1887-1888) ; elle partage avec la France le protectorat des Nouvelles-Hébrides (1886). Mais ces derniers établissements sont restés des colonies de la couronne.

Les constitutions. — Au contraire, les cinq Etats de l'Australie avec la Tasmanie et la Nouvelle-Zélande ont des gouvernements représentatifs et une autonomie presque complète. Dès 1842, un Conseil législatif élu, de trente-six membres, avait été placé dans la Nouvelle-

Galles du Sud en face du gouverneur. A partir de 1855, les sept Etats de l'Australie ont successivement obtenu des constitutions parlementaires. Dans chaque Etat, le gouverneur, envoyé par la couronne britannique, désigne, dans la majorité du Parlement, le *premier,* qui choisit ensuite ses collègues du ministère ; il nomme aussi soit à vie, soit à temps, les membres du *Conseil législatif* ou Chambre Haute. L'*Assemblée législative* est directement élue par le suffrage universel. L'Australie méridionale et la Nouvelle-Zélande ont même accordé aux femmes le droit de suffrage.

Nulle part les ouvriers n'ont de salaires plus élevés et ne font de journées plus courtes ; nulle part ils ne comptent un plus grand nombre de représentants dans les assemblées politiques. Partout les Eglises sont séparées de l'Etat ; partout l'enseignement public est *non confessionnel.* Des expériences de socialisme d'Etat sont tentées, surtout dans la Nouvelle-Zélande, où des impôts progressifs sont établis sur les successions, sur le revenu mobilier et même sur la grosse propriété foncière. La journée de huit heures, le minimum de salaire, l'arbitrage obligatoire, la limitation du droit de propriété, toutes ces mesures, imposées par l'Etat, ont valu à la Nouvelle-Zélande le surnom de Paradis des ouvriers. Des colonies ainsi fondées sur un sol vierge, dans une contrée presque dénuée d'indigènes, peuvent se prêter bien plus facilement que notre vieille Europe à l'application des théories sociales les plus hardies.

Le Commonwealth australien (1901). — Ces établissements d'Australie, ayant même origine et même population anglaise, semblaient devoir arriver facilement à se confédérer. Des essais de fédération ont été tentés dans la grande convention d'Hobart-Town (1883), et plusieurs fois repris sans succès. En 1899, un *fédéral council,* chargé de régler en commun les mesures générales de défense, a été nommé. Un bill de fédération entre les cinq Etats continentaux de l'Australie a été accepté par les représentants australiens et ratifié par la couronne d'Angleterre (1900). Ce projet consacre l'autonomie presque absolue de cet autre *Dominion*.

Ce qui a longtemps entravé l'union, c'est la question du régime douanier. Les intérêts économiques sont, en effet, opposés. Victoria et l'Australie méridionale, pays de mines et d'industrie, demandent des tarifs protecteurs pour écarter la concurrence anglaise. Queensland, la Nouvelle-Zélande, pays agricoles, réclament, au contraire, le libre-échange; la Nouvelle-Galles flotte entre les deux systèmes.

Malgré l'extrême difficulté de concilier des intérêts aussi opposés, l'union australienne a été établie depuis le 1er janvier 1901. Le *Commonwealth of Australia*, c'est-à-dire la confédération australienne, comprend les cinq Etats continentaux et la Tasmanie. La Nouvelle-Zélande reste encore en dehors. Chaque Etat conserve son ancienne organisation et son gouverneur particulier. Mais la couronne anglaise nomme désormais un gouverneur général, en résidence à Sydney; à Melbourne siège le parlement fédéral, comprenant deux Chambres : 1° un Sénat, composé de six membres élus pour six ans par le parlement de chacun des Etats confédérés; 2° une Chambre des représentants, composée de douze membres nommés par le suffrage direct dans chacun des Etats. Les ministres anglais Salisbury et Chamberlain ont travaillé avec les *premiers* de chacun des Etats australiens à constituer cette union féconde qui s'est réalisée à l'ouverture du xxᵉ siècle. Même vivant complètement de sa vie propre, l'Australie restera, par ses institutions politiques et sociales autant que par ses habitudes commerciales, une fille ou tout au moins une sœur cadette de l'Angleterre; et il y a tout lieu de croire qu'elles ne deviendront pas de longtemps des sœurs ennemies.

III. — **L'Egypte.** — **Règne d'Ismaïl-pacha (1863-1879).** — Quoique l'Egypte ait été pendant tout le xixᵉ siècle profondément imprégnée de l'esprit français, elle est devenue en 1882, grâce à une défaillance momentanée de notre politique coloniale, un des plus riches fiefs de l'Angleterre.

L'époque de l'ouverture du canal de Suez (1869) marqua la plus grande prospérité de l'Egypte. Ismaïl-pacha, petit-fils de Méhémet-Ali, avait obtenu du sultan le titre de khédive ou vice-roi, qui lui donnait le second rang dans l'Islam. Deux Anglais passés à son service, sir Samuel Baker et Gordon, lui soumirent, au delà de la Nubie déjà conquise, le Darfour et le Kordofan avec toute la région des lacs du haut Nil, territoires égaux à quatre fois la superficie de la France et peuplés de 10 millions d'habitants (1871-1876). Mais ces coûteuses expéditions et les prodigalités insensées de ce prince ruinèrent le trésor égyptien : la banqueroute était imminente et devait frapper surtout les Européens, qui avaient largement prêté à l'Egypte. Ismaïl chercha à désarmer les Anglais en leur cédant d'abord ses 176,000 actions du canal de Suez, qui firent du gouvernement britannique le plus fort actionnaire de cette entreprise, jusque-là exclusivement française. Alors les porteurs de titres de la dette égyptienne s'adressèrent à leurs gouvernements respectifs. Le contrôle des finances égyptiennes fut confié à deux ministres, l'un Français, l'autre Anglais. Ce fut le régime du *condominium* (1877); lorsque Ismaïl voulut s'en affranchir, il fut déposé et remplacé par son fils Tewfick pacha (1879-1892).

Occupation de l'Egypte par les Anglais (1882). — Mais alors se forma un parti national qui se proposait de se débarrasser de l'étranger. Arabi-pacha, chef de ce parti, demanda l'éloignement des ministres européens, l'augmentation de l'armée, la réunion d'une assemblée de notables. Devenu ministre de la guerre, Arabi chassa du cabinet les contrôleurs français et étrangers et suscita une émeute à Alexandrie contre les étrangers. La France eût dû agir d'un commun accord avec l'Angleterre. Gambetta avait préparé cette action; mais, dans un moment de défaillance fatale, nos hommes politiques se prononcèrent pour l'abstention. Les Anglais intervinrent brutalement : ils bombardèrent Alexandrie; les Français l'eussent sans doute épargnée. Puis l'armée du général Garnet Wolseley dispersa en quelques minutes les troupes égyptiennes qu'Arabi lui opposait. Le lendemain, l'avant-garde anglaise s'embarquait tranquillement sur le chemin de fer et arrivait sans encombre au Caire. Arabi, condamné à mort, fut interné dans une somptueuse retraite de l'Inde. Le contrôle anglo-français fut supprimé. Depuis cette époque, l'Angleterre n'a pas cessé d'occuper l'Egypte et de disposer souverainement de ses destinées.

Le Soudan égyptien. — L'occupation anglaise ne sembla pas avoir porté bonheur à l'Egypte. Une guerre sainte s'alluma dans la Nubie : le *mahdi* (ou prophète) Mohammed-Ahmed prêchait l'extermination des Anglais. Le désastre de l'expédition du général Hicks (1883), les échecs répétés de sir Garnet Wolseley, le massacre de l'héroïque Gordon à Khartoum (1885) décidèrent les Anglais à évacuer tout le Soudan égyptien et à ramener la frontière de l'Egypte à la deuxième cataracte, c'est-à-dire à Ouady-Halfa.

Mais les Anglais n'ont reculé que pour avancer plus sûrement; ils ont poursuivi avec activité les travaux d'établissement d'un chemin de fer qui maintenant longe le Nil jusqu'à Khartoum et se relie à la mer Rouge à Port-Soudan, nouvelle fondation qui porte un nom significatif. Profitant de l'échec des Italiens en Ethiopie, ils ont occupé Kassala. Leur armée anglo-égyptienne, sous les ordres de Kitchner, détruisit à Omdurman, élevé en face des ruines de Khartoum, l'armée des derviches commandée par le khalife Abdullah, successeur du mahdi (1896-1898). Les Anglais, qui ont fait les frais de l'expédition, prétendent en conserver les bénéfices. Ils ont réoccupé la vallée du haut Nil, et leur victoire d'Omdurman leur a permis d'obtenir du gouvernement français l'abandon de Fachoda occupé par Marchand.

Ces succès affermissent en Egypte la domination anglaise, que l'accord franco-anglais de 1904 semble avoir reconnue implicitement. Sans doute les Egyptiens n'ont pas oublié notre langue; ils fréquentent nos écoles; ils sont à même de comparer l'œuvre éminemment civilisatrice de la France avec l'entreprise surtout utilitaire des Anglais. Les nouveaux maîtres de l'Egypte ont cependant relevé ses finances, développé les cultures et accru toutes les ressources du pays. L'Egypte aujourd'hui est riche et prospère, et, si l'on excepte quelques panislamistes ardents, la domination anglaise est non seulement acceptée par les plus intelligents des indigènes, mais même considérée comme un bienfait. Les Anglais tiennent à l'Egypte à cause de sa richesse, mais surtout parce que le canal de Suez est la plus grande route stratégique de l'Inde. Malgré le traité de neutralisation du canal, signé en 1887, ils veulent, en cas de guerre, en être les seuls maîtres.

Les Anglais dans l'Afrique orientale et australe. — L'Angleterre, dans le partage de l'Afrique, s'est adjugé encore l'*Afrique orientale anglaise,* c'est-à-dire la région voisine des sources du Nil, avec la moitié du lac Victoria-Nyanza et tout le lac Albert-Nyanza, et l'île de Zanzibar, si précieuse comme port de relâche et comme entrepôt de tout le pays des sources du Nil et du lac Tanganyka. Elle a constamment agrandi son beau domaine du Cap, en y ajoutant successivement le Natal, les pays des Bassoutos, des Zoulous, le Griqualand et tout le Kalahari. Malgré le droit évident du Portugal à tout l'*hinterland* compris entre les côtes de l'Angola et du Mozambique, la *Compagnie Sud-Africaine* anglaise a revendiqué et s'est attribué de vive force les territoires des Matébélés et des Barotsés, de chaque côté du Zambèze. Ces vastes territoires, dont la superficie vaut deux fois celle de la France, forment aujourd'hui la province de Rhodesia, du nom de Cecil Rhodes, fondateur de la compagnie à charte (*chartered*) chargée d'organiser ce pays. Après avoir formé

les syndicats des mines de diamant de Kimberley et des
mines d'or de Johannesburg, Cecil Rhodes, devenu premier ministre du Cap, rêvait de constituer un *bond* ou
confédération de toutes les portions distinctes de l'Afrique australe sous l'autorité de la couronne britannique
et de lancer un chemin de fer franchissant l'Afrique de
part en part, du Cap au Caire.

La guerre des Boërs (1899-1902). — Les tranquilles
pasteurs boërs étaient troublés dans leur quiétude par
l'afflux des émigrants et l'activité sans repos des bras-
seurs d'affaires, tous *uitlanders,* c'est-à-dire étrangers.
Par leurs taxes sur les transports en chemin de fer et
sur la dynamite, par leur refus d'accorder le droit de vote
aux uitlanders, les *Burghers* du Transvaal cherchaient à
sauvegarder leur indépendance. Les uitlanders s'imagi-
nèrent pouvoir les traiter comme de simples nègres. Le
docteur Jameson, chef de la police anglaise, secrètement
d'accord avec le gouverneur du Cap et le ministre anglais Chamberlain, chercha par un *raid* audacieux à s'emparer du Transvaal (janv. 1896). Vaincu, il fut désavoué.
Mais les exigences croissantes des Anglais provoquèrent
une guerre sauvage, où les deux Républiques d'Orange
et du Transvaal défendirent avec énergie leur autonomie
contre les spéculateurs du Cap soutenus par le gouvernement britannique.

Les Anglais, trop dédaigneux, au début, de leurs adversaires, se firent battre à Ladysmith, à Colenso. Mais les
commandos boërs n'étaient pas aptes à la grande guerre.
Ils ne purent déloger les Anglais de Ladysmith, de Kimberley, de Mafeking. Lord Roberts, le vainqueur des
Afghans, le sirdar Kitchner, triomphateur des derviches,
soutinrent une lutte acharnée, avec des forces six fois
supérieures, contre les *commandos* peu nombreux, mais
d'une incroyable mobilité, que dirigeaient Botha, Dewet,
Delarey. Ces chefs héroïques n'ont pas été vaincus; ils
se sont rendus à merci, malgré leur vieux président Krü-
ger, sur l'invitation de leurs concitoyens, pour éviter

leur destruction totale. Le traité de Prétoria (31 mai 1902) a marqué la fin de l'indépendance des deux Républiques. Les Boërs se sont engagés à être désormais de loyaux sujets de l'Angleterre. Ils ont reçu en échange la promesse de libertés étendues, avec des subsides pour rebâtir leurs fermes et reconstituer leurs cultures.

Les Anglais dans l'Afrique occidentale. — Sur la côte occidentale, les Anglais sont un peu moins bien partagés. Cependant ils ont le Bénin avec les embouchures du Niger jusqu'à Boussa, et le cours de son principal affluent la Bénoué jusqu'à Yola: les établissements de la Côte d'Or avec le pays des Achantis en Guinée; la côte mortelle de Sierra-Leone, « le tombeau du blanc », disent les indigènes; le cours de la Gambie, tout aussi peu salubre. Ici leurs possessions forment des groupes épars; elles sont enclavées au milieu des possessions françaises et allemandes. Situation pleine de périls; car les fantaisies imprévues des indigènes, l'ardeur intempérante des fonctionnaires anglais ou l'ambition jalouse des compagnies *à chartes,* auxquelles l'Angleterre abandonne la souveraineté de ses plus grands territoires africains, peuvent toujours amener des conflits imprévus.

Heureusement le gouvernement anglais est plus prudent que ses agents ou ses missionnaires méthodistes. Il comprend la nécessité de respecter les droits bien établis des autres puissances; il se soumet sans trop de mauvaise grâce aux décisions d'arbitres ou de congrès. D'ailleurs il tient les deux océans avec l'Ascension et Sainte-Hélène, avec les îles Maurice et Rodrigue, les Amirantes et les Seychelles, Socotora et Périm. Partout l'Angleterre s'est assuré la domination des mers.

L'empire britannique. — Ainsi l'empire colonial britannique est le plus majestueux ensemble qui soit. Nulle puissance aussi forte ne s'est constituée depuis l'empire romain. En s'embarquant à Southampton pour doubler le cap de Bonne-Espérance, pour faire escale à Ceylan et à Singapour et pour s'arrêter à Melbourne, un Anglais aura parcouru environ 26,000 kilomètres en ne touchant jamais qu'à des terres anglaises. S'il revient par Hong-Kong et le Canada, il aura fait le tour du monde en entendant constamment parler sa langue et en gardant l'illusion de n'être pas sorti de sa patrie.

DIRECTIONS ET BIBLIOGRAPHIE

I. Le Dominion du Canada. — Consulter : L. LANIER, *Lectures historiques : l'Amérique*, chap. II. — Quant au droit de pêche des Français sur la côte de Terre-Neuve, voir H. VAST, *les Grands Traités du règne de Louis XIV*, t. III, p. 79-81. — Sur la puissance économique du Dominion, JULES HURET, *de San-Francisco au Canada*, p. 455 à 481.

II. L'Australie. — CROSNIER DE VARIGNY, *l'Empire anglais d'Australie*, *Revue des Deux Mondes*, 15 août 1887. — ALBERT MÉTIN, *le Socialisme en Australie et en Nouvelle-Zélande*. L'auteur, pendant un séjour de six mois dans les diverses colonies australiennes, a été chargé par le ministère du commerce de rédiger une enquête sur les institutions sociales de ce pays. Il a résumé dans son livre son savant travail.

III. L'Egypte. — ED. DRIAULT, *la Question d'Orient*, chap. X, *la Question du Nil*; et le livre très complet de L. BRÉHIER, *l'Egypte de 1898 à 1900*.

ÉTUDES ET LEÇONS

I. La race française au Canada. — Une France s'est perpétuée qui parle encore notre langue, qui rappelle par ses traditions et ses mœurs patriarcales la France du drapeau blanc fleurdelisé.

1° *Étonnante vitalité.* — Nombreuses familles de 12 à 15 enfants : en 1890, une loi du Parlement de Québec a octroyé 40 hectares de terre à tout père de famille ayant 12 enfants vivants. Dans une commune de 300 familles, 17 d'entre elles avaient droit aux 40 hectares. — *Remarquable longévité :* dans la petite commune de l'Assomption, on a pu célébrer le même jour, en 1888, le cinquantenaire du mariage de 40 conjoints. Il semble que le froid active la vie et la conserve.

2° *Expansion des Français.* — Jadis cantonnés sur les bords du cours inférieur du Saint-Laurent, ils se répandent dans le Manitoba et dans les prairies de l'Ouest, franchissent le grand fleuve, gagnent du terrain dans tout le nord-est des États-Unis. (Le Maine et le New-Hampshire ont au congrès de Washington plusieurs représentants qui sont des Canadiens Français.) Ils regagnent de ce côté le terrain enlevé au Canada par les citoyens des États-Unis.

3° *Leur patriotisme.* — Les Canadiens Français ont gardé un cœur vraiment français. Nombreux enrôlements et souscriptions ouvertes parmi eux, au moment de la guerre franco-allemande ; ils célèbrent nos fêtes nationales, s'associent à tous nos deuils.

Littérature française du Canada. — Très riche et très vivante : M. Fréchette, poète canadien récemment couronné par l'Académie française. — M. Rameau, le grand historien national du Canada, l'apôtre éloquent des idées françaises.

La population française double en vingt-cinq ans. On estime qu'à la fin du XX⁰ siècle il y aura, sans immigration étrangère, 30 millions de Français au Canada, si la progression de la population se maintient aussi rapide que dans ces dernières années.

II. Deux explorateurs anglais : Livingstone, Stanley. — L'un est un grand homme, et l'autre seulement un grand Anglais.

Les trois voyages de Livingstone : 1° *1849 à 1855.* Du Cap au Zambèze et toute la traversée de l'Afrique, de Saint-Paul de Loanda à Quilimane, en suivant le cours du Zambèze. — 2° *1858.* Exploration au nord des bouches du Zambèze : découverte des lacs Nyassa et Chirwa. — 3° *1865-1873.* Exploration du Tanganyka et des sources du Congo, qu'il croit être les sources du Nil. Mort de Livingstone.

Livingstone a eu l'honneur de faire connaître, à lui seul, presque tout l'intérieur de l'Afrique australe. Médecin, pasteur, parlant la langue des indigènes, il se présente à eux comme un génie bienfaisant, avec sa femme, ses enfants, ses compagnons, missionnaires comme lui. Il proteste contre les excès sauvages des traitants et dénonce à l'Europe les funestes conséquences de l'esclavage. Il honore l'humanité tout entière. Il fait aimer la civilisation européenne.

Stanley, né en Angleterre, successivement au service du directeur du journal américain le *New-York Herald*, comme reporter, puis du roi Léopold de Belgique, comme agent de la Société internationale africaine, puis du gouvernement égyptien, pour délivrer Emin-pacha. — Doué du même courage, il déploie le même dévouement à la science que Livingstone. Mais il ne part qu'avec beaucoup d'argent, une nombreuse escorte, des armes et des munitions en abondance : 1° *1871-1872.* Il ravitaille Livingstone sur le lac Tanganyka. — 2° *1875-1877.* Exploration des lacs Victoria et Albert Nyanza ; fixation des véritables sources du Nil. Son accord avec le grand traitant d'esclaves Tippou Tib. Il descend le Congo depuis le lac Tanganyka jusqu'à son embouchure et livre 57 combats aux indigènes. — 3° *1887-1889.* Il remonte le Congo et l'Arrouhimi, brave la fièvre, la faim, les anthropophages, les ténèbres de la grande forêt africaine, qu'il met quatre mois et demi à traverser, et délivre Emin-pacha, qui tenait encore, assiégé par les partisans du mahdi, dans la province de l'Egypte équatoriale. Sa colonne, composée au départ de 1.500 personnes, n'en comptait plus que 750 à son arrivée à Zanzibar.

Stanley est une sorte de Cortez moderne : mais il fait trop facilement parler la poudre. Il fait détester des indigènes la civilisation européenne.

Lecture à faire : LIVINGSTONE, *Explorations dans l'Afrique australe.* — STANLEY, *A travers le continent mystérieux.* — *Dans les ténèbres de l'Afrique.*

III. Partage du continent africain. — C'est un des événements coloniaux les plus surprenants que le partage du continent africain arrêté au congrès de Berlin (1885). Les diplomates examinèrent les traités conclus par les missions militaires des différentes puissances avec les chefs indigènes, et déterminèrent les zones d'influence de chacune sur des cartes parfois insuffisantes. Chaque traité fut suivi d'une délimitation de frontières sur le terrain. Mais combien de difficultés soulevées par les puissances rivales ! Combien d'expéditions, meurtrières souvent, pour achever la soumission des territoires attribués à chacun des contractants ! Cependant ce congrès a décidé l'ouverture des grands fleuves africains au commerce de toutes les nations ; il a de nouveau prononcé une condamnation absolue contre l'esclavage. Il a fait œuvre d'arbitrage utile en réglant les droits de chaque Etat, sans recourir à la guerre.

Les premiers venus, les Portugais et les Espagnols, ont vu restreindre leur domaine. Les Espagnols ont les Canaries et la côte qui leur fait face, mais qui n'est que l'extrémité déserte du Sahara, et en outre quelques îles du golfe de Guinée avec le poste côtier du Rio Mouni. Les Portugais possèdent les Açores, les îles Madère et du Cap-Vert, quelques points de la côte de Guinée, le Congo portugais et le Mozambique. Les Allemands, très tard venus, se sont adjugé depuis 1884 toutes les terres vacantes sur le littoral africain : le Togoland et le Cameroun en Guinée ; Angra Pequeña et les territoires des Damaras et des Namaquas, qui constituent le Sud-Ouest africain allemand ; enfin l'Afrique orientale allemande en face de Zanzibar et jusqu'au lac Tanganyka. L'Italie, maîtresse de Massaouah et d'Assab, sur la mer Rouge, s'est fait attribuer le littoral voisin de l'Abyssinie et la côte du pays des Somalis, sous le nom de colonie de l'Erythrée. Enfin le roi des Belges a créé de ses deniers l'Etat libre du Congo, au centre de l'Afrique australe.

Conclusion. — 1° *Restriction* du nombre des Etats indépendants : trois subsistent encore : l'Abyssinie, le Maroc, tous deux convoités par les puissances européennes (œuvre de la conférence d'Algésiras, 1906) ; la petite république de Libéria.

2° *Pénétration* progressive de l'intérieur : chemins de fer français de Bône à Biskra, — d'Oran à l'oasis de Figuig. — Chemins de fer amorcés de la Guinée française, de la Côte d'Ivoire et du Dahomey. — Chemins de fer de Lagos, dans la Nigéria anglaise, de Matadi à Léopoldville (Congo belge), de Saint-Paul de Loanda (Congo portugais); — du Cap, de Natal, de Durban et de Beira à Salisbury (Afrique australe), de Mombassa à Port-Florence, sur le lac Victoria (Est africain britannique); — de Djibouti à Harrar (français), de Souakim à Berber, d'Alexandrie à Khartoum (anglais); de Port-Soudan (mer Rouge), à Khartoum; etc.

L'esclavage partout combattu avec succès.

Le continent noir ouvert à l'exploitation agricole et au commerce européen.

CHAPITRE IX

Développement de la Russie. — Transcaucasie, Turkestan, Sibérie. — Les grands chemins de fer.

L'Empire russe fut longtemps un Etat plutôt asiatique qu'européen. Il est maintenant l'un et l'autre, et sa domination s'étend de la Baltique au Pacifique.

Ses progrès du côté de l'Europe devinrent rapides à partir de l'avènement des Romanof (1613). Pierre le Grand (1689-1725) ouvrit des fenêtres à son peuple sur la Baltique, sur la mer Noire, sur la Caspienne. Il voyagea en Europe, créa une armée, une marine, une administration. Pour arracher les Russes à l'influence de l'Asie, il fonda une capitale nouvelle, Saint-Pétersbourg (1703). Sa véritable héritière, Catherine II (1762-1796), lettrée, amie des philosophes français, donna à la Russie un vernis de civilisation et l'agrandit aux dépens de la Pologne et de la Turquie. Sous Alexandre Ier, tour à tour allié et adversaire de Napoléon Ier, la Russie fit de nombreuses acquisitions aux traités de 1815.

Désormais la politique extérieure de la Russie est surtout absorbée par la question d'Orient. A l'intérieur, Alexandre II, le tsar libérateur (1855-1881), a aboli le servage (1861). Mais son règne fut troublé d'abord par une révolte de la Pologne qu'il réprima durement (1863), puis par la propagande des nihilistes qui voulaient tout détruire pour tout reconstruire; il périt victime d'un attentat (1881), au moment où il songeait à donner à la Russie un commencement de liberté politique. Alexandre III (1881-1894) a favorisé l'effort des panslavistes pour unifier toutes les provinces encore disparates de son empire. A l'intérieur, il a pratiqué la politique de compression ; à l'extérieur, la politique de l'alliance française (1891-1893). Nicolas II (1894), d'abord héritier des vues de son père, a été malheureusement entraîné à la guerre contre le Japon (1904-1905). Les défaites de la Russie ont eu pour résultat un réveil de l'esprit particulariste et des énergies révolutionnaires. La convocation de la Douma (1906) a été un premier pas vers l'octroi d'une constitution. Les bonnes volontés du tsar sont paralysées par la résistance du parti autocratique et de la bureaucratie.

Depuis 1840, les interventions de la Russie dans la question d'Orient ne lui ont guère valu que des déceptions. Aussi a-t-elle tourné vers l'Orient asiatique ses principaux efforts d'expansion. Cette expansion est essentiellement continentale. De même qu'en Europe elle poursuit le panslavisme, elle cherche en Asie à dominer tous les peuples d'origine mongole. C'est la politique du panmongolisme. Les cosaques, à la fois soldats et cultivateurs, en sont les principaux agents.

La Sibérie, entamée dès le seizième siècle, a été soumise dans les deux siècles suivants. Déjà Pierre le Grand a fondé Petropaulosk dans le Kamchatka. Au dix-neuvième siècle, la poussée russe s'est exercée dans trois directions : le Caucase, le Turkestan et la région du fleuve Amour.

Dans le Caucase, la lutte a été soutenue alternativement contre les Turcs (traités d'Ackermann, 1826, et de San-Stefano, 1878) et contre la Perse (traités de Gulistan, 1813, et de Tourkmantchaï, 1828). Schamyl, chef des Tcherkesses, a prolongé la résistance jusqu'en 1857.

Dans l'Asie centrale, la conquête, commencée par les steppes des Kirghizes (1848-1854), s'est étendue à la région du Sir-Daria (1864-1876). Elle a été complétée par l'expédition de Khiva (1873), par la soumission des Turkmènes Tekkés (1881) et par l'occupation de Merv (1884).

Dans la région de l'Amour, le traité d'Aïgoun (1858) a étendu la frontière russe jusqu'à l'Oussouri, et les conventions de 1898 avec la Chine ont fait entrer la Mandchourie dans la sphère d'influence de la Russie. Depuis la défaite de la Russie (1905), l'influence japonaise s'est substituée dans cette province à l'influence russe.

Par ces trois possessions, la Russie surveille ou menace la Turquie, la Perse, l'Inde et la Chine. La conquête a été suivie aussitôt de l'exploitation par le moyen de magnifiques voies ferrées, le Transcaucasien, le Transcaspien, le Transsibérien, le Transmandchourien.

I. — Le développement de la Russie. — La race slave. — A bien des égards, la Russie est un morceau de l'Asie qui s'étend sur l'Europe. Les proportions mêmes de cet Etat sont asiatiques. Le tsar règne sur un territoire de 22 millions de kilomètres carrés, deux fois autant que l'Europe entière, sur un empire de 130 millions de sujets. L'ambition russe se développe simultanément dans deux directions : en Occident, elle tient en échec l'Allemagne sur la Baltique et la Vistule, l'Autriche sur le revers des Carpathes; elle guette Constantinople par le bas Danube et la mer Noire; en Asie, elle pèse par le Caucase et l'Arménie sur l'Asie turque; elle étreint la Perse et vise l'Inde anglaise par le Turkestan; en escaladant le plateau de Pamir et en longeant la région de l'Amour, elle tient l'empire chinois par les deux extrémités, sans perdre de vue le Japon. On comprend de quel poids ce souverain d'un monde pèse sur les destinées de notre globe et avec quel intérêt nous devons suivre ses progrès.

D'autre part, la race slave, qui forme la plus grande partie de la population de la Russie, a été longtemps à demi barbare. Sous la menace ou le débordement des hordes asiatiques de Tatars et de Mongols, elle était restée jusqu'au XVIe siècle étrangère aux mœurs et à la civilisation comme à la vie politique de l'Europe, soumise à un régime patriarcal, féodal, théocratique, plongée dans l'ignorance. Mais, après être demeurée à l'écart des grands mouvements intellectuels et sociaux des races latines et germaniques, elle a fait depuis trois siècles de vigoureux efforts pour regagner le temps perdu et prendre rang parmi les peuples civilisés. Seulement ces efforts sont entremêlés de défaillances, ces progrès suivis de réaction; ce travail intérieur a produit des crises gouvernementales et sociales qui donnent à cette histoire une originalité particulière et qui méritent aussi notre attention.

Œuvre de Pierre le Grand (1682-1725). — C'est Pierre le Grand qui initia le premier la Russie à la civilisation européenne. Dans son enfance de vagabond et de débauché, il se lia avec des aventuriers de toutes les nations et apprit d'eux à connaître l'Europe. Il alla en Hollande, en Angleterre, en Autriche, chercher les secrets de l'art militaire et maritime, construisit une barque, puis une flotte, créa un régiment discipliné à l'européenne, puis une armée. Il déclara la guerre aux robes traînantes, aux longues barbes, à la réclusion des femmes. Il se rendit maître du clergé en supprimant le patriarche de Moscou et se proclamant lui-même chef de l'Église orthodoxe. Pour déraciner la vieille Russie de la terre asiatique et la transplanter en terre civilisée, il transféra sa capitale de Moscou à Saint-Pétersbourg, qu'il créa sur les rives de la Néva. Aujourd'hui encore Saint-Pétersbourg est la capitale administrative et européenne ; Moscou, avec son Kremlin, ses couvents, ses églises, ses dômes dorés, ses murailles peintes, ses immenses bazars, est le cœur de la sainte Russie, une vision d'Orient. Son despotisme bienfaisant imposait la civilisation à coups de knout, le progrès à coups de hache. Il enrichit la Russie des dépouilles de la Suède sur la Baltique, prit aux Turcs Azov, qu'il reperdit, et aux Persans Derbent, qu'il garda. C'étaient des fenêtres ouvertes sur la Baltique, sur la mer Noire et sur la Caspienne. A sa mort, il avait lancé son peuple dans toutes les directions.

Œuvre de Catherine II (1762-1796). — Après une longue somnolence du peuple russe, Catherine II continua l'exécution des mêmes desseins. Elle transforma l'Ukraine, domaine des Cosaques à demi nomades, en un riche champ de culture, la *terre noire,* et fonda de nombreuses villes, qui portent son nom, dans les steppes du Sud et sur les pentes de l'Oural. C'était une magicienne qui cherchait à charmer l'Europe en s'attachant à plaire aux philosophes français : elle ouvrit des écoles pour son peuple... sur le papier ; elle recueillit les vœux des délégués de toutes les parties de son empire pour les réformes des lois et pour la suppression de l'esclavage, et ses réformes restèrent à l'état de projet. En affectant d'être plus libérale que Voltaire, Diderot et Rousseau, dont elle reçut les éloges, elle ne sacrifia aucune parcelle de son pouvoir autocratique. Allemande, elle donna à la Russie une bonne partie de la Pologne et conduisit son peuple sur la « route de Byzance[1] ».

Alexandre Ier. — Son petit-fils, Alexandre Ier (1801-1825), très fin politique, très curieux mélange de calcul et de générosité, fut vraiment un grand souverain européen. Il fut mêlé à tous les événements de l'épopée napoléonienne ; il profita de tous. Le vaincu d'Austerlitz, d'Eylau, de Friedland, gagna, en devenant l'ami de Tilsitt et d'Erfurt, la Finlande au nord, la Bessarabie au sud, et sut empêcher Napoléon de refaire la Pologne. Puis, quand cette amitié lui parut trop lourde, il la rompit à temps. Et, lorsque la Russie fut devenue le tombeau de la Grande Armée, il mena l'Europe à l'assaut du colosse et porta les coups décisifs. Il fut un moment l'arbitre de nos destinées, et il fonda la Sainte-Alliance, gardienne de l'œuvre de 1815.

Nicolas Ier. — Son successeur Nicolas Ier (1825-1855) continua ce rôle avec une vigilance farouche. Il fut par toute l'Europe le champion intraitable de l'absolutisme, l'ennemi mortel de toutes les révolutions : il fit avorter celle de la Pologne en 1831 ; il en écrasa une autre sans pitié, celle de la Hongrie, en 1849. Son idéal aurait été, suivant Lamartine, « l'immobilité du monde ». Il reprit aussi les desseins de Catherine. Il marcha sur la « route de Byzance » ; trois fois il faillit y arriver ; l'Europe l'arrêta en 1829 par la paix d'Andrinople, en 1841 par la convention des Détroits, en 1855 par la prise de Sébastopol. Il mourut pendant la guerre de Crimée. Le traité de Paris, subi par son successeur Alexandre II, constitua un recul pour la Russie, paralysée dans son action militaire sur la mer Noire (1856).

1. Voir, pour le détail de l'histoire de Pierre le Grand et de Catherine **II**, le cours de première année, chap. XXXI.

La politique d'Alexandre II (1855-1881). — Très différent de son père, par son caractère et par son œuvre intérieure, Alexandre II poursuivit cependant sa tâche en Orient ; car ce n'est pas la politique de tel ou tel prince, c'est la pensée d'un peuple, l'œuvre nationale, l'acte de foi d'une race. Avec une décision audacieuse, il rompit, en 1870, les liens dans lesquels le traité de Paris avait voulu le garrotter, puis il recommença en 1877 la croisade des Balkans. On a vu ses succès, les Russes aux portes de Constantinople. Mais la diplomatie lui ôta ce que la guerre semblait lui avoir assuré, et la politique allemande le joua très subtilement au congrès de Berlin, en 1878. (Voir chap. IV.)

Le servage. — Pour sa politique intérieure, Alexandre II a mérité le surnom de *tsar libérateur* ; il était libéral, généreux, largement humain. Par une série de fatalités, il fut conduit à osciller sans cesse entre la liberté et la répression. C'est à lui qu'est dû l'affranchissement des serfs, œuvre glorieuse, comparable seulement à l'abolition de l'esclavage en Amérique.

Le servage ne datait en Russie que de la fin du XVI⁰ siècle. Pour fixer au sol la population encore à demi nomade des cultivateurs, les tsars avaient attaché le paysan à la glèbe et donné les *âmes* aux propriétaires terriens. Lors de l'affranchissement, les serfs étaient au nombre d'environ 50 millions et formaient presque la moitié de la population. Près de 25 millions d'entre eux étaient serfs de l'Etat, c'est-à-dire des domaines de la couronne, des apanages, des mines, etc. Pour ceux-là, il suffisait de les déclarer libres et de régler la redevance qu'ils devraient payer pour devenir propriétaires des terres auxquelles ils étaient attachés. Pour les autres, paysans ou domestiques des propriétaires, la question se compliquait. Afin de la trancher, le tsar créa d'abord un *Comité supérieur* ; puis une *commission impériale* élabora, au milieu de mille difficultés, la loi libératrice (1858-1861).

L'abolition. — Le paysan cesserait d'être attaché à
la glèbe et aurait tous les droits du propriétaire libre; il
obtiendrait, moyennant une redevance, la jouissance perpétuelle de son enclos, c'est-à-dire de la portion de terre
qui semblerait nécessaire à sa subsistance, et qui variait
suivant la valeur productive des terres dans les divers
pays. Cette jouissance perpétuelle pourrait se transformer en entière propriété moyennant un droit de rachat
déterminé. Pour que ce rachat pût être promptement
effectué, l'Etat se substituait aux anciens propriétaires,
en les indemnisant par une certaine somme en papier-
monnaie; et c'était entre les mains de l'Etat, devenu leur
créancier, que les paysans affranchis s'acquitteraient peu
à peu. L'entreprise, on le voit, était hardie autant qu'humaine, et devait imposer longtemps une lourde charge
aux finances publiques. Enfin, pour mener à bien cette
énorme besogne, on créait des *médiateurs de la paix,* qui
devaient régler équitablement les questions de personnes et celles de propriété. On imagine aisément que de
mauvais vouloirs la réforme rencontra dans l'ancienne
classe des propriétaires, après le premier sacrifice obtenu
ou imposé; quels obstacles aussi elle trouva dans l'ignorance ou dans les prétentions excessives des serfs! Il
faut plus d'énergie pour faire le bien que pour maintenir
les abus. C'est l'honneur d'Alexandre II d'avoir rendu à
la moitié des Russes leur dignité d'hommes.

Organisation administrative et judiciaire. — Il
comprit aussi la nécessité de donner à ce peuple, créé
par ses lois, une organisation et un rudiment de vie
politique. Pour cela, il généralisa une antique institution
slave, le *mir* ou commune rurale. Le *mir,* organisé partout où il y avait un groupe de paysans affranchis, fut
substitué au seigneur pour l'administration des intérêts
communaux et la police locale. Elu par les paysans seuls,
il choisissait son maire ou *staroste.* Plusieurs mirs étaient
groupés en un *volost* ou canton, où il y avait un tribunal
cantonal. Bientôt une loi (1864) organisa des conseils de

districts (*zemstwos*), où entraient à la fois les délégués des mirs et ceux des gentilshommes du district; les questions de voirie, d'alimentation et d'hygiène étaient de leur compétence. Un certain nombre de districts enfin formaient ensemble un *gouvernement,* avec un conseil de gouvernement, composé des délégués des conseils de districts, et chargé du vote du budget provincial. A tous les degrés de cette hiérarchie administrative, des tribunaux étaient établis; et divers *oukazes* (lois) promulgués à cette époque introduisent dans la justice russe quelques-uns des principes qui ont depuis lontemps prévalu en Occident : débats publics et contradictoires, jury en matière criminelle, suppression d'une grande partie des châtiments corporels.

A cet édifice il manquait le couronnement, la *douma,* le régime représentatif, une assemblée élue contrôlant le gouvernement. La logique des choses y conduisait Alexandre II. De graves soucis le forcèrent à ajourner cette suprême réforme.

Le nihilisme. — En effet, un étrange malaise travaillait la Russie et allait la troubler profondément. Le *nihilisme* commença à se manifester dès 1864. C'est la doctrine de la destruction générale pour la reconstruction universelle : « Rien à garder en Russie, rien à prendre en Europe, tel serait, dit M. Rambaud, le dernier mot de cette philosophie du néant. » Les nihilistes condamnaient tout, le gouvernement, la religion, la hiérarchie sociale, la propriété, la famille; ils méprisaient le parlementarisme occidental; ils raillaient « l'économie politique des bourgeois ». C'était sur des ruines accumulées qu'ils voulaient recommencer le bonheur de l'humanité. Les premiers théoriciens furent Tchernichevski et Bakounine. Des théories philosophiques et sociales empruntées à l'Allemagne, interprétées par la logique outrancière et appliquées avec l'exaltation extraordinaire de la race slave, tels furent les éléments de cette secte fameuse, qui passa bientôt de la rêverie à l'action.

La propagande. — Elle grandit à la faveur des diverses causes de mécontentement qui résultaient de la situation politique de la Russie : mécontentement provoqué par les réformes chez les propriétaires, qui trouvaient qu'on leur avait trop pris; chez les paysans, qui trouvaient qu'on ne leur avait pas assez donné; mécontentement causé par la lenteur de l'empereur à accorder les libertés attendues, par les abus d'un fonctionnarisme corrompu et souvent brutal; mécontentement surtout chez les jeunes gens instruits dans les écoles et les universités, et qui, ne trouvant aucun débouché dans la vie administrative, aucun emploi de leurs facultés dans l'ordre social, constituaient une redoutable catégorie de déclassés; les femmes sorties des gymnases, avec la passion de savoir et la volonté énergique qui les distinguent en Russie, apportaient encore un appui au parti. Des répressions rigoureuses exercées contre les premiers adhérents grossirent encore le nombre des sectaires, qui avaient à la fois la fureur du crime et la folie du martyre. Le parti recevait son inspiration des exilés d'Angleterre et de Suisse. Des journaux étaient publiés par des imprimeries clandestines, comme le fameux *la Terre et la Liberté*. La funeste doctrine de l'*anarchie* revêtit ainsi en Russie une forme spéciale et terrible qu'explique le tempérament slave.

Les attentats. — Bientôt le nihilisme passa de la propagande à l'action. Des comités exécutifs se formèrent; la guerre fut déclarée au pouvoir et à la société : « Nous reconnaissons l'assassinat, disait un manifeste, comme un des principaux moyens qui soient à notre disposition pour lutter efficacement contre le despotisme russe. » Les nihilistes firent comme ils le disaient. En 1878, une femme, Vera Zassoulitch, tira un coup de pislolet sur le général Trépof. Le jury l'acquitta, et ses amis, l'arrachant à la police au sortir du tribunal, lui permirent de s'évader. Les attentats se multiplièrent sous la rigueur des châtiments. Bientôt la personne de l'empereur fut visée. En 1879, Solovief tira sur Alexandre II sans l'atteindre.

Peu après, une mine éclata sous le train impérial qui entrait à Moscou. Le 17 janvier 1880, une effroyable explosion de dynamite au Palais d'hiver fit 60 morts et 40 blessés.

Le tsar, qui avait échappé par miracle à ces abominables tentatives, voulut enlever aux criminels l'appui qu'ils trouvaient dans le mécontentement général. Sur le conseil du général Loris-Mélikof lui-même, qui dirigeait avec zèle la poursuite des nihilistes, Alexandre II avait résolu de donner enfin à la Russie un commencement de régime représentatif. Le 13 mars 1881, il venait d'envoyer au *Messager officiel* le projet de constitution ; il sortit en voiture ; une bombe blessa à ses côtés plusieurs hommes de son escorte ; le tsar, sain et sauf, s'approchait des blessés : une deuxième bombe lui brisa les jambes et lui ouvrit le ventre. On le rapporta mourant au palais.

Alexandre III (1881-1894). Nicolas II (1894). — Ce crime a ajourné pour longtemps les libertés russes. Alexandre III n'a pas voulu désarmer devant la secte homicide. Il a hautement revendiqué son pouvoir de droit divin ; son règne a été dans le développement intérieur un temps d'arrêt. Il a étouffé toutes les revendications de races parmi les peuples annexés de force aux Slaves de Russie.

Le royaume de Pologne, formé en vertu des traités de 1815, avait cessé d'exister à la suite du soulèvement de 1831. Mais le patriotisme polonais n'avait pas désarmé. De nouveaux troubles durement réprimés provoquèrent un dernier soulèvement (1863). Une lutte sauvage éclata. Napoléon III ne put obtenir l'intervention de l'Europe en faveur des Polonais. Écrasés par le nombre, ils furent rigoureusement châtiés. Le nom de la Pologne disparut : elle devint le gouvernement de la Vistule. La langue polonaise fut remplacée par la langue russe dans tous les actes officiels. Alexandre III, loin d'adoucir ce régime de suspicion à l'égard de ses sujets de Pologne, l'aggrava.

L'autonomie de la Finlande reçut d'assez graves atteintes, qui aboutirent sous Nicolas II à la suppression de la diète du grand-duché. Dans les provinces baltiques, Esthonie, Livonie, Courlande, l'aristocratie est allemande, et la classe inférieure slave ou finnoise. La russification du pays a commencé par la transformation de l'université allemande de Dorpat en université russe. Le réveil du vieil antagonisme des races ajoute une difficulté des plus graves à tous les maux qui assaillent la Russie de nos jours.

L'alliance franco-russe. — Le règne d'Alexandre III est, au contraire, très remarquable par sa politique extérieure. Depuis le congrès de Berlin (1878), où Bismarck avait infligé à la Russie d'inoubliables humiliations, une évolution avait commencé dans le système des alliances russes. Jamais Alexandre II n'avait été favorable à la France. S'il avait pardonné à Napoléon III la guerre de Crimée, il lui en voulait d'avoir montré des sympathies, d'ailleurs stériles, à la Pologne révoltée. Il prêta à la Prusse l'appui de sa neutralité bienveillante, et servit ainsi singulièrement les desseins de Bismarck. Son refus d'intervenir en notre faveur (mission Thiers) paralysa toute intervention européenne. En 1872, il forma avec l'Allemagne et l'Autriche l'alliance des trois empereurs, dirigée surtout contre la France. Cependant, en 1875, il se prononça nettement contre le projet, que caressait alors notre ennemi, de nous chercher une nouvelle « querelle d'Allemand ». Dès ce moment la politique russe, sous la direction de Gortschakoff, faisait échec à la politique de Bismarck. L'évolution s'accentua à partir de 1878. Et quand Alexandre II mourut assassiné (1881), l'alliance des trois empereurs était déjà rompue en fait.

Avec Alexandre III, la rupture fut complète. Les visites échangées entre les flottes des deux pays, à Cronstadt (1891) et à Toulon (1893), bientôt suivies des échanges de visites entre les chefs d'Etat, ont manifesté à toute l'Europe l'alliance franco-russe. Les présidents Félix Faure et Loubet ont été acclamés à Saint-Pétersbourg. Le tsar

Nicolas II a été reçu deux fois en France, à Paris (1896) et à Compiègne (1901). Comme gage de son amitié, la France a souscrit avec empressement tous les emprunts qui ont permis à la Russie de perfectionner son outillage économique et de construire à travers la Sibérie la longue voie ferrée qui atteint le Pacifique. Cette alliance franco-russe a servi de contrepoids à la *triplice* de l'Allemagne, de l'Autriche et de l'Italie, et elle sauvegarde heureusement la paix de l'Europe.

Le tsar Nicolas II s'est inspiré dans toute sa politique des vues de son père (1894). Mais, à la suite des échecs de la guerre russo-japonaise, l'opinion libérale s'est réveillée : la nation réclame instamment une constitution. L'octroi d'une *douma* (1906), bientôt dissoute, a été un pas timide vers l'octroi des libertés constitutionnelles indispensables à un grand peuple. Malheureusement le parti autocratique et la bureaucratie, qui vivent des abus, sont opposés à toutes les réformes, et les révolution-naires cherchent à les imposer par de sauvages attentats qui rappellent ceux des nihilistes et sèment la terreur dans tout le pays. C'est une crise nouvelle, qui diffère seulement par les moyens employés de celles que la Russie a traversées à diverses reprises, et qui se termi-nera fatalement à l'avantage des réformistes. Une grande nation ne peut sombrer dans les excès des révolutions, et le progrès ne recule jamais.

II. Les Russes en Asie. — Caractère de la con-quête russe. — Ce qui frappe dans l'étude de la conquête russe en Asie, c'est l'esprit de suite et la patience. Maî-tres de la Sibérie depuis le xviiie siècle, les Russes ont suivi au siècle suivant trois directions : la Transcaucasie, qui les introduit entre la Turquie et la Perse ; le Turkes-tan, qui les porte au cœur de l'Asie, vers le grand nœud orographique au delà duquel est l'Inde ; la région de l'A-mour, par laquelle ils enveloppent le nord de la Chine. Ils ont marché lentement ; ils ont souvent reculé devant les obstacles : ils n'ont jamais renoncé définitivement à leurs entreprises. Ils s'avancent par la diplomatie, par le commerce, par la guerre : ils emploient tous les moyens, sans jamais se lasser. On sent que ce peuple sait attendre et sait vouloir.

Occupation de la Sibérie. — Ils entament la Sibérie dès le règne d'Ivan IV. Vers 1560, un aventurier, resté légendaire, le cosaque Irmack, prend Sibir, ville aujourd'hui déchue, qui a donné son nom au pays. Ses successeurs continuent la conquête pendant tout le xvii⁰ siècle, au milieu d'invraisemblables périls : l'un d'eux, Khabarow, est le véritable Cortez de la Sibérie. Ils atteignent jusqu'à la région de l'Amour, qui leur apparaît comme une terre promise. Mais les Chinois les arrêtèrent là par le traité de Nertschinck (1689). Le Kamchatka fut conquis en 1690; les îles Kouriles en 1711. Puis ce fut la période des explorations, brillamment inaugurée en 1724 par l'illustre Behring. Celui-ci atteignit l'extrémité du continent, toucha l'Amérique et mourut au retour (1740). On l'enterra dans une des îles de la mer qui porte son nom. Ces travaux scientifiques, aussi héroïques et aussi utiles que les exploits des aventuriers, se continuèrent jusqu'en 1845 (voyages de Middendorf et de Gavriloff aux bouches de l'Amour, etc.).

Les Russes au Caucase. — Une suite d'entreprises non moins méthodiques et non moins utiles a livré à la Russie l'énorme masse du Caucase et les diverses régions qu'on désigne, au sud de cette chaîne, sous le nom de Transcaucasie. Les Russes se sont en quelque sorte glissés à droite et à gauche de cette barrière formidable, le long des mers Noire et Caspienne, avant de donner l'assaut à la citadelle montagneuse. La conquête commence à l'est sous Pierre le Grand, qui conquiert, à la suite d'une guerre contre la Perse, le Daghestan avec Derbent et le Chirvan avec Bakou (1724). Catherine II ramène de ce côté l'effort de la Russie en disciplinant les Cosaques du Don, en les enrégimentant pour la lutte prochaine, en créant, comme base d'opérations, les forteresses de Stavropol et de Wladicaucas. Les Cosaques seront désormais d'infatigables et précieux auxiliaires de la politique russe. On a remarqué avec raison que, par un procédé qui lui est particulier, la Russie lance à la conquête des pays barbares les races à demi barbares qu'elle a prises à son service. Catherine II reçut en 1791 l'hommage du roi de Géorgie Héraclius ; son fils, le tsar Paul Ier, réunit ce pays et Tiflis (1801). De nouvelles guerres contre la Perse et la Turquie permirent à Alexandre Ier et à Nicolas Ier d'occuper une partie de l'Arménie avec la forte place d'Erivan, que conquit Paskiewitch (traité de Tourkmantchaï avec la Perse, 1828), et la Mingrélie, avec le port de Poti (traités d'Ackermann et d'Andrinople, 1829, avec la Turquie). L'investissement du Caucase était à peu près complet.

Schamyl et les Tcherkesses. — Quant à l'assaut, il fut rude. Il y avait là des populations musulmanes qui firent une résistance héroïque : à l'est, dans le Daghestan, la secte des *Murides* tint les Russes en échec pendant vingt-cinq ans sous son iman, véritable Abd-el-Kader du Caucase, Schamyl. Il ne se soumit qu'en 1857. A l'ouest et au nord, dans la Caucasie, les Tcherkesses, comme les Kabyles de notre Algérie, disputèrent aux Russes jusqu'en 1863 leurs âpres sommets et leurs vallées profondes. Vaincus, ils ne se soumirent pas. Ils émigrèrent en masse et allèrent mourir de misère dans les villes d'Asie Mineure, où la Turquie avait consenti à leur donner asile. Dès lors le Caucase, cette barrière entre deux mondes, était aux Russes. Ils continuèrent en 1877 leur marche en avant, par l'escalade du massif arménien qui commande les routes de l'Asie occidentale, et ils reçurent au traité de Berlin les villes de Kars et de Batoum.

Déjà ils avaient mis le pays en exploitation. Bakou renferme d'intarissables puits de pétrole. Les deux vallées opposées du Rion et de la Koura offrent une voie naturelle, que suit aujourd'hui un chemin de fer reliant Poti à Bakou. C'est la route la plus directe vers la Perse et le Turkestan. Depuis cette époque, les Russes n'ont pas cessé d'exercer en Perse une influence prépondérante. De nos jours, l'ambassadeur du tsar à Téhéran joue presque le même rôle qu'un résident anglais auprès d'un rajah de l'Inde.

Le Turkestan. — Maîtres de l'Asie septentrionale et de la Transcaucasie, les Russes s'avancent vers l'Asie centrale. Cette conquête s'explique par bien des causes. D'abord il était nécessaire d'ouvrir un nouveau champ à la colonisation russe. Le *grand Russe* continue aujourd'hui sur les bords du Sir-Daria et de l'Amou-Daria la colonisation continentale et paysanne, commencée jadis sur les bords du Volga. Puis il a fallu sauvegarder les premières conquêtes faites contre des hordes de pillards sauvages qui les menaçaient et les ravageaient. En ce cas, une sorte d'attraction géographique s'impose. L'Etat civilisé, en contact avec des pays sauvages ou à demi barbares, est obligé de les faire entrer dans sa sphère d'action pour garantir ses possessions nouvelles. Enfin, dans ces dernières années, les Russes voulaient aussi se faire redouter de l'Angleterre. En 1854, ils ne possédaient rien du Turkestan; l'Angleterre a suscité contre eux la coalition qui aboutit à la ruine de Sébastopol et au traité de Paris. En 1877, lors de la guerre entre la Russie et la Turquie, l'Angleterre resta neutre, parce que les Russes, maîtres du Turkestan, pouvaient menacer l'Afghanistan et l'Inde. La force nouvelle qu'ils venaient d'acquérir en Asie servait aux Russes à se faire respecter en Europe.

Difficultés de cette conquête. — Cette immense région du Turkestan est, par excellence, la région des contrastes : contraste entre les plus hauts plateaux et les plus basses plaines du globe; contraste entre les riches vallées des hauts fleuves, Amou-Daria, Sir-Daria, avec leurs produits variés, leurs villes populeuses autrefois célèbres, comme Samarkande, et le cours inférieur de ces mêmes fleuves, qui se traînent dans des déserts infinis et désolés avant de se perdre dans les sables ou dans d'immenses mares salées (mer d'Aral, Caspienne ; contraste entre un froid polaire et une chaleur insupportable. Sur la même route, des armées russes ont péri par le froid, d'autres dans les sables brûlants. Il fallait franchir ces terribles zones de désolation pour arriver à ces belles contrées. Il fallait surtout arracher ce pays aux ravages des Turkmènes, qui y avaient organisé le plus méthodique et le plus barbare des pillages. Les Russes ont agi là, comme ailleurs, avec un mélange de prudence, d'audace, de ténacité.

Khiva. Samarkande. Merv. — Une première tentative fut faite par Pierre le Grand, sur Kkiva; elle échoua complètement (1717). Un siècle plus tard, les Russes tournaient la mer Caspienne par le nord, franchissaient le fleuve Oural et soumettaient les demi-nomades de la Grande Horde, dans la steppe de Tourgaï. Le général Pérowski fait alors une nouvelle tentative sur Khiva (1839); c'est encore un désastre : le froid détruit l'armée.

Alors on prolonge le mouvement tournant; on gagne la mer d'Aral; on y fonde le fort Pérowski (1848-52); de cette base d'opérations on remonte le Sir-Daria; on se mêle aux querelles des khans de Khokand, de Bokhara; on prend Tachkend (aujourd'hui la capitale russe de la région) et Kodjend; on finit par s'emparer de Samarkande, le cœur de la position (1867). Par les eaux du Zarafchan, on tient l'orgueilleux émir de Bokhara, qui est forcé de se reconnaître vassal (1868). Ainsi Khiva est investi au midi, au nord, à l'est. Enfin, en 1873, le général Kauffmann se lance sur la ville, qui avait défié tous ses prédécesseurs. Il y parvient au prix de souffrances inouïes (7,000 chameaux de son armée périrent, sur 10,000). Il la bombarde et la réduit à l'état de territoire vassal.

Mais le grand désert, le *sable noir,* était toujours en proie aux tribus pillardes. Alors la Russie lance contre elles Skobeleff, dont l'intrépidité est devenue légendaire. Géok-Tépé, où s'étaient entassés 50,000 Turkmènes, fut pris d'assaut (1881) après une affreuse tuerie. Deux ans après, les Russes étaient à Merw, aux portes de l'Afghanistan.

L'occupation de l'Asie centrale par les Russes est un bienfait pour l'humanité. Lorsqu'ils ont imposé leur protectorat aux maîtres de Khiva et de Bokhara, leur premier acte a été de fermer ces grands marchés d'esclaves où paraissaient des milliers de Persans et d'Indiens; on leur donnait juste la quantité d'eau et de pain nécessaire pour ne point mourir d'inanition, afin que leur faiblesse les empêchât de fuir. Tous ces malheureux attendaient de la Russie leur libération. Désormais l'esclavage est rigoureusement aboli dans toute l'étendue des domaines du *tsar blanc*. En outre, les Russes cherchent à rendre accessibles au grand commerce ces contrées, jusque-là impénétrables à cause de la barbarie ambiante. Le chemin de fer transcaspien de Krasnovodsk, sur la Caspienne, à Samarkande a été inauguré en 1889.

La région de l'Amour. — La troisième direction suivie par les Russes est la région du fleuve Amour. Au début du siècle dernier, la Russie entretenait déjà deux petites garnisons dans les ports perdus d'Okhotsk et de Petropaulosk. Les baleiniers y relâchaient en grand nombre Bientôt la Chine commença à s'ouvrir au commerce européen. Il importait à la Russie de ne pas se laisser devancer dans les stations septentrionales du Pacifique. Le général Mouravief occupa militairement tous les territoires situés au nord de l'Amour et en obtint de la Chine la cession, par le traité d'Aïgoun (1858). Il fonda Nicolaïewsk, qui devint la capitale du nouveau gouvernement des *bouches de l'Amour*. Deux ans plus tard, le général Ignatief, par le traité de Pékin (1860), y ajouta le territoire compris entre l'Oussouri et la mer; la Russie était ouverte au trafic chinois, et la Chine au trafic russe. La Chine, vaincue par la France et l'Angleterre, recherchait l'appui amical du tsar, qui lui prodiguait des égards intéressés.

Richesses de la Sibérie. La caravane. — La vaste plaine sibérienne, malgré son terrible climat et sa faible population, n'est pas un pays à dédaigner et n'est pas seulement, comme on le croit, un immense et terrible bagne. La plaine glacée du nord (la *Toundra*) donne ses fourrures; la large zone forestière du centre (la *Taïga*). ses bois; le littoral, les fleuves, les lacs, ont leurs pêcheries; le *steppe* de l'ouest (pays des Khirghiz), les troupeaux; les flancs de l'Oural et de l'Altaï recèlent des mines inépuisables, qui sont une des grandes richesses de la Russie : fer, platine, or, argent, cuivre, etc. Et la Sibérie tout entière est, de plus, une grande voie de communication d'Orient en Occident. Le commerce se faisait par la célèbre *route de la caravane* qui relie la Chine (Kiatka, Maïmatchin) à la foire de Nijni-Novgorod et à l'immense entrepôt de Moscou, par le lac Baïkal, Irkoutsk, Krasnoiarsk, Tomsk, Iékatérinenbourg. Une ligne télégraphique, la plus longue du globe (11,000 km.) relie, sans sortir de l'empire russe, Libau, sur la Baltique, à Pétropaulosk, à l'extrémité du Kamchatka. Mais c'est dans le territoire de l'Amour, cette annexe de la Sibérie, que les Russes trouvent le plus de ressources et mettent le plus d'espérances. Ce pays est partout habitable et cultivable, et de plus il est politiquement très bien situé pour permettre à la Russie d'intervenir dans les affaires de l'extrême Orient. Wladiwostock, « la dominatrice de l'Orient » (c'est le sens du mot), est un port d'avenir. De Nicolaïewsk, perdu vers l'embouchure du fleuve Amour, ils ont transféré à Wladiwostock la métropole de leurs établissements du Pacifique. Ils ont entrepris avec des capitaux français la gigantesque ligne du *Transsibérien,* qui actuellement relie Moscou à Wladiwostock.

La Mandchourie. — Ils avaient rendu à la Chine le service de faire adoucir les clauses les plus onéreuses du traité de Simonosaki, que lui imposait le Japon victorieux; en récompense de ce service, ils ont obtenu de la Chine le droit de prolonger le Transsibérien à travers la Mandchourie jusqu'à Port-Arthur, dont ils ont obtenu la cession à bail (1896-1898). Ils ont très vite construit le chemin de fer *transmandchourien,* qui se greffe à Kharbin sur le Transsibérien, et qui conduit jusqu'à Port-Arthur, port en eau chaude, toujours libre de glace, à l'entrée du Pé-tchi-li. On verra comment le beau rêve des Russes de s'ouvrir la libre navigation du Pacifique et la prépondérance maritime en extrême Orient a été dissipé par leurs revers dans la guerre russo-japonaise (1904-1905).

La puissance russe. — Ainsi la Russie s'avance de tous côtés vers le Sud, comme poussée par une pente naturelle. Elle aspire à tenir des débouchés sur les mers libres : Constantinople, les ports du golfe Persique et du Pé-tchi-li. Mais ses efforts pour affranchir ses escadres de guerre de la servitude des détroits sont frappés partout d'impuissance. La colonisation russe demeure « la tache d'huile », qui gagne rapidement, mais seulement le continent. Au moins les Russes ont-ils sur les Anglais la supériorité du don de l'assimilation. Le tsar est considéré par ses sujets d'Asie comme l'héritier des chefs mongols; et les Turkmènes, si récemment soumis, sont tout prêts à entreprendre de grandes chevauchées sous le commandement des officiers du tsar blanc. On a pu craindre, il y a quelques années, que ces chevauchées ne fussent dirigées vers l'Inde. Mais le conflit, à un moment si redouté, entre l'Angleterre et la Russie apparaît comme moins probable que jamais. Les difficultés de l'Angleterre dans l'Inde, celles de la Russie avec le Japon, rendent invraisemblable le duel de « la baleine et de l'éléphant ».

Malgré les difficultés de l'heure présente, l'avenir de la Russie est plein de promesses. Ce n'est pas une histoire vulgaire que celle d'un peuple qui, considéré presque comme une peuplade barbare il y a deux siècles, domine aujourd'hui de la Baltique à la mer du Japon, des bouches du Danube au plateau de Pamir, jette des lignes télégraphiques à travers les steppes, trace des voies ferrées à travers les déserts, et force l'Europe et l'Asie à compter avec lui dans toutes les questions.

DIRECTIONS ET BIBLIOGRAPHIE

I. Développement de la Russie. — A. RAMBAUD, *Histoire de la Russie.* C'est un abrégé excellent de l'histoire politique, littéraire et sociale. — ANATOLE LEROY-BEAULIEU, *l'Empire des tsars et les Russes;* voir t. Ier, livre VII, *le Paysan et l'Emancipation des serfs;* t. II, livre Ier, *la Commune rurale et le « self-government » des paysans;* et livre VI, *de l'Agitation révolutionnaire et des Réformes politiques.* — Voir aussi *la Russie,* librairie Larousse (réunion d'articles de la *Revue Larousse*).

II. Les Russes en Asie. — LANIER, *Lectures géographiques : l'Asie,* t. Ier, livre Ier. Voir en particulier une notice intéressante et très bien résumée sur les différentes conquêtes des Russes, p. 46 à 60. — DRIAULT, *la Question d'Orient,* chap. IX, *En Asie, Anglais et Russes.* La répercussion des événements de la politique générale sur les progrès ou les arrêts de la conquête russe et de la conquête anglaise y sont bien indiqués.

ÉTUDES ET LEÇONS

Les grands chemins de fer russes à travers l'Asie.

La lutte à peine terminée, les ingénieurs entrent en scène; l'exploitation commence grâce aux Cosaques, et l'assimilation suit de près.

Trois grandes lignes sillonnent les trois grandes conquêtes nouvelles des Russes en Asie.

1° Le *Transcaucasien,* de Batoum sur la mer Noire, par Poti et Tiflis, à Bakou sur la Caspienne : transport des pétroles de Bakou. — Facilité d'accès pour faire passer des troupes vers la Turquie d'Asie et vers la Perse.

2° Le *Transcaspien,* de Krasnovodsk à Samarkande et Tachkend avec deux embranchements, l'un de Merv sur Hérat, l'autre de Khodjend à Andijan, au fond de la fertile province du Fergana.

C'était un problème en apparence insoluble de construire une voie ferrée à travers un désert. Le général Annenkoff, chargé de ce beau travail, a employé des wagons à deux étages où se trouvaient les ateliers, les dortoirs et les réfectoires. Les locomotives marchaient au pétrole. Les trains allaient chercher sur les bords de la Caspienne toutes les pièces nécessaires. On les assemblait à mesure que les travaux d'art avançaient; les wagons marchaient de 7 à 8 kilomètres plus loin après chaque journée de labeur; ainsi le train construisait la voie; le chemin de fer ressemblait à un organisme vivant, se suffisant à lui-même et trouvant dans ses propres conditions d'existence les moyens de vivre et de se développer. Ce chemin de fer de 300 lieues de long, exécuté en trois ans au cœur de l'Asie centrale, hier encore sauvage, et qui relie à la Caspienne Merv, l'Amou-Daria, Bokhara et Samarkande, ressemble à l'œuvre merveilleuse de quelque génie des *Mille et une Nuits*. Il suffit maintenant de six jours pour aller en toute sûreté de Moskou à Samarkande. Auparavant, ce même trajet exigeait plus de deux mois, et au prix de combien de dangers! La plus grande partie du commerce de l'Asie centrale va se trouver attirée vers les ports russes de la Caspienne et de la mer Noire. Il a été inauguré en 1889 jusqu'à Samarkande et prolongé depuis lors dans les directions indiquées ci-dessus.

3° Le *Transsibérien*, de Moscou à Wladiwostock, suit d'abord la route de la *caravane* légèrement modifiée : de Tcheliabinsk (au pied de l'Oural), il traverse le Tobol à Kourgan, l'Obi près de Tomsk, l'Iénisséi à Krasnoïarsk ; d'Irkoutsk, il contourne par le sud le Baïkal, atteint la Tchilka à la ville du même nom et l'Argoun à Nagadan; il continue en Mandchourie droit sur Wladiwostock par Kharbin, d'où se détache le Transmandchourien sur Moukden et Port-Arthur.

Cette œuvre gigantesque a été accomplie par des bataillons de chemins de fer, sous la direction du général Annenkof et dans les mêmes conditions que le Transcaspien. Elle fait le plus grand honneur au gouvernement russe qui l'a menée à bien.

Deux projets de chemin de fer à travers la Perse :

1° *Projet russe :* de Tiflis par Tauris, Téhéran, Méched et Hérat jusqu'aux capitales afghanes de Caboul et de Kandahar.

2° *Projet anglais :* de Constantinople ou d'Alexandrette à Bagdad et de là, par Ispahan, Yezd et Bender-Abbas, en suivant la mer d'Oman, sur Kourratchee à l'embouchure de l'Indus. — Mais difficulté de la dernière section, à cause de l'extrême aridité du littoral de la mer d'Oman.

D'ailleurs les Allemands, qui sont décidés à ne pas laisser perdre les bénéfices du rôle qu'ils exercent de protecteurs bénévoles du sultan, semblent décidés à s'attribuer l'exploitation de la ligne de Constantinople à Bagdad. L'Asie Mineure et la Perse semblent destinées à devenir l'enjeu de sanglantes rivalités entre les grandes puissances européennes.

La science française, les capitaux français, ont exécuté ces deux entreprises colossales : le canal de Suez et le Transsibérien, c'est-à-dire la jonction à travers le vieux monde de l'Atlantique et du Pacifique.

Lectures : Pierre Leroy-Beaulieu, *la Rénovation de l'Asie.* — Napoléon Ney, *En Asie centrale à la vapeur.* — Notice et plan du Transsibérien publiés à l'occasion de l'exposition de 1900.

CHAPITRE X

La guerre russo-japonaise. — Ébauche d'un empire colonial allemand.

I. — Le monde des Chinois est un monde à part, d'une merveilleuse unité. Leur race occupe la Chine depuis les temps les plus reculés. Leur langue, très facile à parler, ne peut être écrite que par les lettrés. Leur religion, le bouddhisme, prêche le détachement de toutes les choses humaines pour arriver au bonheur. Ils ont un culte inaltérable pour les coutumes des ancêtres et une haine instinctive pour le progrès.

Ce monde chinois rigoureusement fermé à tout ce qui venait de l'étranger n'a commencé à s'ouvrir qu'à la suite de la guerre de l'opium (1840-1842). Plus tard la guerre de Chine, où les Français ont eu la principale part, a forcé les Chinois à subir de plus en plus le contact de l'étranger (1857-1860). De nos jours, la Chine devient, malgré sa résistance, une proie que se disputent les puissances européennes.

Shangaï reste le principal entrepôt du commerce européen; et de même que les Européens s'introduisent toujours plus avant en Chine, les Chinois vont chercher fortune toujours plus loin de leur sol natal.

L'ancienne organisation du Japon présentait beaucoup de ressemblance avec celle de la Chine. Dès 1854, Yokohama fut ouvert aux étrangers. La révolution de 1868 a produit un bouleversement complet. L'empereur du Japon, pour dompter les factions hostiles, a confié lui-même aux Européens le soin de présider à la transformation de son peuple. La civilisation européenne est introduite de toutes pièces parmi les Japonais.

La guerre sino-japonaise (1894-1895) a révélé la force nouvelle du Japon. Elle a eu pour causes de longs démêlés avec la Chine à propos de la Corée. Les Chinois, vaincus sur terre et sur mer, ont subi le traité de Simonosaki (avril 1895), dont l'intervention de la Russie, de l'Allemagne et de la France a fait adoucir les conditions.

La défaite de la Chine a provoqué un premier essai de démembrement : les Allemands ont occupé de force le Chantoung; les Russes se sont installés en Mandchourie et ont obtenu la cession à bail de Port-Arthur; les Anglais, de Weï-Haï-Weï; les Français, de la baie de Kouang-Tchéou (1898-1900). En vain les Boxers ont protesté, en provoquant un soulèvement national contre l'étranger. Le siège des légations européennes à **Pékin** a été vengé par une expédition internationale : la Chine a été forcée de donner satisfaction à l'Europe.

La Russie, en possession de la Mandchourie, convoitait encore la Corée. Le Japon était résolu à en exclure les Russes comme les Chinois. La guerre russo-japonaise **(1904)** révéla la savante préparation des Japonais, en même temps que la profonde désorganisation des forces russes. L'invasion de la Corée et de la Mandchourie, les batailles de Liao-Yang et de Moukden, la capitulation de Port-Arthur et le désastre naval de Tchousima, furent les douloureuses étapes de la défaite des Russes. Le traité de Portsmouth (5 sept. 1905), conclu grâce à la médiation des Etats-Unis, a consacré la victoire des Japonais. La Mandchourie et la Corée passent sous le protectorat nominal ou réel du Japon.

Désormais le Japon, allié à l'Angleterre, exerce dans l'extrême Orient une prépondérance incontestée. La menace de la concurrence industrielle des Chinois et des Japonais est plus redoutable pour l'Europe que la perspective de leurs invasions armées. C'est en cela que consiste le vrai péril jaune.

II. — Depuis 1884, les Allemands ont ébauché un empire colonial. Bismarck voulait détourner vers des terres allemandes l'émigration germanique et ouvrir à l'industrie allemande des débouchés nationaux. Les terres vacantes d'Afrique, Togoland, Cameroun, Afrique sud-occidentale et Est africain allemand, ont été acquises dès le début, ainsi qu'une partie de la Nouvelle-Guinée, les archipels Bismarck et Salomon. La Chine a cédé à bail le Chantoung (1898). L'Espagne a vendu aux Allemands les Mariannes et les Carolines (1899). Les positions acquises assurent à la marine naissante de l'empire allemand des bases utiles de ravitaillement. Mais le plus fort courant de l'émigration allemande continue de se porter vers les deux Amériques.

I. Chine et Japon. — Le monde chinois. — La Chine est un monde véritable, mystérieux, encore peu connu des Européens ; un grand réservoir de peuples, dont le pullulement peut devenir une menace pour notre civilisation européenne. Son territoire est un peu plus étendu que celui de l'Europe, sa population à peu près égale. Par la race, par la langue, par la religion, les Chinois forment un tout indivisible, d'une incroyable unité. Leur civilisation, vieille de quinze à vingt siècles, semblait s'être figée pour toujours. Leur culte de la tradition, leur

horreur de tout changement, leur répugnance pour le progrès, sont des traits tout particuliers de leur caractère. Cependant le monde chinois commence non seulement à s'entr'ouvrir aux Européens, mais même à leur emprunter leurs armes de guerre et les secrets de leur industrie, pour sauvegarder son indépendance. Comme la terre de Chine, malgré sa fécondité, ne peut nourrir tous ses enfants, beaucoup d'entre eux vont chercher fortune au loin. L'homme jaune apparaît, depuis quelques années seulement, en Australie, aux Etats-Unis et plus tard encore en Europe, et il s'y multiplie avec une rapidité inquiétante. Sommes-nous donc exposés à une nouvelle invasion venue de l'Asie? Le blanc doit-il disparaître devant le jaune? L'avenir est-il aux « fils du ciel »? Grave question, qui préoccupe non plus seulement les géographes et les voyageurs, mais même certains hommes d'Etat.

La race chinoise. La langue. — Tout le monde connaît le Chinois, et qui en a vu un, les a vus tous. Ils ont tous la même taille, plutôt petite, la même complexion délicate, le teint jaune olivâtre, la face écrasée et en forme de losange, les pommettes saillantes, la longue tresse de cheveux noirs, durs et plats. Ils ont au plus haut degré l'amour de la famille et le respect des ancêtres. La *salle des ancêtres* est la plus ornée de chaque maison; là s'accomplissent les actes les plus importants de la famille chinoise : mariages et adoptions, lecture des testaments, jugements et condamnations. Les fils offrent son cercueil à leur père à l'âge de soixante ans, si le père ne l'a pas acheté auparavant. Tout Chinois tient avant toute chose à être enterré suivant les rites; il veut avoir des enfants capables de lui rendre après la mort les mêmes honneurs qu'il a rendus lui-même à ses ancêtres. Quand une femme est stérile, la loi permet au mari d'en épouser plusieurs autres, jusqu'à ce qu'il ait enfin une postérité. Leur code date du IIIe siècle avant l'ère chrétienne. Leurs traités de médecine sont vieux de deux mille ans, et tout autre livre plus moderne leur paraîtrait dangereux. Les examens pour les grades inférieurs d'officiers consistaient naguère encore à bander des arcs de plus en plus résistants, à faire le moulinet avec des hallebardes de plus en plus lourdes; arcs et hallebardes, armes antiques qu'ils échangeront, une fois gradés, pour des fusils. Mais ainsi l'exige la tradition, et les programmes d'examen commencent seulement à se transformer.

Leur langue est peut-être cause en grande partie de leur état arriéré. Elle compte environ 40,000 signes différents; elle est relativement facile à parler, mais il faut toute une vie pour savoir l'écrire. Aussi ont-ils le culte de la calligraphie; les *lettrés* sont l'objet d'une vénération toute particulière. Ils passent des examens de plus en plus difficiles pour s'élever des plus humbles aux plus hautes fonctions. Jusqu'ici les moins instruits et les moins intelligents des mandarins étaient réservés pour la carrière des armes. Le Chinois est éminemment pacifique. Il a la peur instinctive des coups. Son respect des ancêtres lui fait un devoir de rendre à ses parents un corps intact, tel qu'il l'a reçu d'eux.

Pour faire de lui un guerrier, il faut vaincre, souvent à coups de bambou, ses plus instinctives répugnances. Cependant son mépris complet de la mort fait de lui un soldat très capable d'une défensive acharnée. L'empereur de la Chine est un maître absolu; aucune aristocratie ne limite son autorité; les Chinois vivent sous un régime démocratique et égalitaire. Grâce aux examens, le fils du *coolie*[1] peut arriver aussi haut que le fils du prince. Mais, si haut placé fût-il, son sort est à la discrétion de l'empereur. Tout mandarin doit toujours porter avec lui ses insignes : jaquette jaune, plume de paon, ou bouton de cristal, pour pouvoir les rendre sur-le-champ en cas de disgrâce.

La religion. Le bouddhisme. — Leur religion, le bouddhisme, remonte au VIIe siècle avant l'ère chrétienne.

---

1. Le *coolie*, c'est le Chinois adonné au travail manuel.

Prêchée d'abord dans l'Inde par Çakya-Mouni, elle a été réformée au vɪ^e siècle par Confucius. Celui-ci était un grand philosophe qui n'a pas fait de miracles, mais qui a prêché la réforme morale. Il recommande l'accomplissement fidèle du devoir, l'observation des coutumes établies, la soumission au prince. En se détachant de tous les biens terrestres, en diminuant tous ses besoins, l'homme devient un sage ; il mérite à sa mort de s'absorber dans le sein de la nature, qui est Dieu ; il se confond dans le néant ou *nirvâna,* ce qui est la félicité suprême. Le bouddhisme a été adopté comme religion officielle en Chine, l'an 61 de l'ère chrétienne.

Cette sagesse austère ne convient qu'aux lettrés. Les *bonzes,* ou prêtres de Bouddha, entretiennent parmi les illettrés les superstitions les plus grossières et en vivent. Ils ont des *moulins à prière,* où ils tournent continuellement les livres sacrés, pour dispenser les fidèles du soin de marmotter les oraisons qu'ils contiennent. Leur tête est marquée d'autant de petites taches blanches, résultats de brûlures, qu'ils ont fait de vœux : vœu d'abstention de vin et de viande, vœu de respecter la vie des carpes dans les étangs des temples, etc. Ils prédisent l'avenir, tantôt en dressant un oiseau savant à choisir une carte dans un jeu, tantôt en lançant en l'air deux noix de coco. Si elles retombent toutes deux à plat, la prière sera exaucée ; toutes deux sur la partie convexe, la prière ne le sera pas ; si l'une est à plat et l'autre sur la partie convexe, c'est que la divinité ne veut pas se prononcer. Tous ces procédés nous semblent grotesques. Cependant, en prêchant le détachement des biens terrestres et le mépris de la mort, ces prêtres exercent une salutaire influence sur la foule.

Exclusion des étrangers. Guerre de l'opium (1840-1842). — La Chine a été de tout temps strictement fermée à tout contact étranger. Dès le ɪɪ^e siècle avant l'ère chrétienne, la *grande muraille* fut élevée sur une longueur d'environ 200 lieues, à peu près la distance de Paris à

Marseille, pour empêcher les incursions des Mongols.
Nul ne pouvait plus pénétrer par terre, pas même pour
faire le commerce. Par mer, les relations étaient très
rares; si un Chinois rentrait dans son pays après avoir
réussi à s'en échapper, la loi voulait qu'il fût puni de
mort. Au XVIe siècle, les Portugais s'établirent dans la
presqu'île de Macao, et des missionnaires chrétiens cher-
chèrent à évangéliser le pays.

C'est de nos jours seulement que la Chine a commencé
à s'entr'ouvrir. Les Chinois ont la passion funeste de
fumer l'opium, qui leur procure une ivresse malfaisante,
suivie de la folie au bout de quelques années d'abus. L'o-
pium, recueilli dans la province indienne du Bengale,
était fourni aux Chinois par les Anglais. Le gouvernement chinois en interdit l'importation. Les Anglais bravèrent la défense : 22,000 caisses d'opium furent jetées à
la mer sur l'ordre du vice-roi de Canton. Les Anglais, qui
voulaient, pour le plus grand profit de leur commerce,
forcer les Chinois à continuer de s'empoisonner, déclarèrent la guerre (1839). Deux fois, ils crurent avoir arraché
la paix à la lenteur calculée, aux promesses fallacieuses
des mandarins chinois. Ils avaient d'abord bloqué la rivière de Canton (1840), puis enlevé les forts du Tigre,
les ports de Ning-Po et de Shangaï (1841). Le second
traité ne fut pas plus exécuté que le premier. Alors l'amiral
Parker remonta le Yang-tse-Kiang, coupant en deux la
Chine du Nord et celle du Midi; il entra à Nankin et força
les mandarins terrifiés à exécuter enfin leurs promesses.
Le traité de Nankin (1842) stipula en faveur des Anglais
une indemnité de 115 millions, la cession de Hong-Kong
et l'ouverture de cinq ports : Shangaï, Ning-Po, Fou-
Tcheou, Amoy, Souato. Peu de temps après, une mission
française envoyée en Chine par Louis-Philippe, sous les
ordres du marquis de Lagrené, obtint facilement les mêmes
avantages pour les Français. Bientôt les Américains et
les autres nations européennes furent admis indistincte-
ment à en jouir. Les Chinois étaient bien aises d'opposer

à l'influence anglaise celle des autres peuples européens (1844).

La guerre de Chine (1860). — Les étrangers étaient cependant toujours mal vus en Chine. Des marchands et surtout des missionnaires européens furent à diverses reprises victimes du fanatisme chinois. A toutes les réclamations, la diplomatie chinoise n'opposait que des réponses dilatoires ou des promesses de satisfaction qui n'étaient pas tenues. En 1857, une démonstration armée fut décidée de concert par la France et l'Angleterre. Canton fut pris, le Pei-ho fut remonté, Pékin menacé. Les mandarins signèrent alors le traité de Tien-tsin (1858), qui assurait des satisfactions raisonnables. Mais, quand les diplomates chargés d'échanger les ratifications se rendirent à Tien-tsin, leurs canonnières furent accueillies à coups de canon.

Il fallait venger cette félonie par un châtiment exemplaire. Une expédition fut préparée. Le général Cousin-Montauban et le vice-amiral Charner étaient à la tête des Français; S. Hope Grant commandait les forces anglaises; le baron Gros et lord Elgin étaient chargés des négociations. La campagne fut vivement menée. Les troupes, débarquées près de Takou, remontèrent la rive droite du Péïho, délogèrent les innombrables bandes chinoises du pont de Palikao et entrèrent à Pékin au son d'une fanfare guerrière. La capitale du céleste Empire était profanée par l'étranger. L'empereur était en fuite; sa belle résidence du palais d'été fut mise au pillage. Cette fois, la Chine dut subir toutes les conditions des vainqueurs. Elle paya une forte indemnité de guerre; huit ports nouveaux furent ouverts aux étrangers; enfin les puissances purent avoir à Pékin leurs ambassadeurs. Depuis cette époque, et en vertu de conventions nouvelles, d'autres ports et même des villes de l'intérieur, situées sur la grande artère navigable du Yang-tse-Kiang, ont été rendus accessibles aux étrangers. A Han-Kéou, sur le Yang-tse, à plus de 300 lieues de son embouchure, les Français ont un quai de France, une colonie prospère et une industrie florissante. La Chine n'a pas cessé de détester les étrangers, mais elle est contrainte de les subir.

La vie commerciale à Shangaï. — De tous les ports chinois, Shangaï est de beaucoup le plus animé. Il occupe à peu près le centre du littoral chinois sur les rives du Hoang-Pou, qui est l'un des bras multiples du delta du puissant Yang-tse-Kiang. La ville européenne, située en avant de la ville chinoise, fut fondée en 1842 par les « diables étrangers » sur un terrain marécageux, où n'existaient que quelques cabanes de pêcheurs. La concession américaine, encore peu peuplée, se présente la première quand on vient de la mer. La concession anglaise ou *British Settlement* et la concession française, qui lui font suite, sont au contraire de véritables villes, annexes de la ville chinoise. Les consulats des diverses autres puissances ont reçu l'hospitalité dans ces deux concessions. Le consul anglais, investi seulement des attributions judiciaires, est assisté d'un conseil municipal, nommé par les résidents de toutes les nations, qui est chargé de l'administration de la police. Au contraire, le consul français est le maître absolu : le conseil municipal n'a que voix consultative ; ses décisions peuvent toujours être entravées par le veto du consul. C'est le régime de la tutelle, beaucoup moins favorable aux intérêts du commerce que le *self-government* établi dans la concession anglaise.

Le *Bund,* ou quai, est bordé par les habitations des plus riches commerçants, des princes du négoce et de la finance. Parmi ceux-ci, beaucoup de Chinois disputent les grandes affaires aux Européens les plus habiles. Beaucoup de maisons de Shangaï ont des succursales dans les principaux ports de la Chine : plusieurs ont leurs services particuliers de steamers ; cependant notre compagnie des Messageries maritimes et beaucoup d'autres services étrangers de paquebots postaux mettent en relation régulière Shangaï avec les plus grands ports de l'Asie, de l'Europe et de l'Amérique. Les Anglais font à eux seuls plus de la moitié du commerce total de Shangaï; les Allemands y font un chiffre d'affaires plus que double de celui des Français. Shangaï est, après Bombay, l'entrepôt le plus important de l'Asie et le sixième port du monde par le mouvement de sa marine.

Le Japon. Ancienne organisation politique. — Le Japon peut être envisagé comme faisant partie du monde chinois; il a reçu de la Chine sa langue, sa religion, sa civilisation. Mais il en diffère beaucoup aussi et il semble s'éloigner d'elle de plus en plus. Le Japon a été surnommé avec raison l'Angleterre de l'Asie : comme l'Angleterre, c'est une contrée exclusivement insulaire, avec un sol agricole très riche, un sous-sol abondant en minerais, un climat très tempéré, une population très condensée.

Le Japon compte environ 50 millions d'habitants, un peu plus de 120 habitants par kilomètre carré. Le Japonais présente beaucoup de ressemblance extérieure avec le Chinois; mais il est doux, poli, rieur et enfant, autant que le Chinois est sérieux, défiant et sournois. La vision du Japon, avec ses paysages variés, ses maisons aux cloisons intérieures en papier, sa population toujours en fête, qui s'amuse de tout et à tout âge, est une sorte de féerie et semble réaliser les contes des *Mille et une Nuits*.

Longtemps le Japon a été aussi mystérieux que la Chine. Les jésuites missionnaires n'y ont pas été mieux traités, et les Hollandais n'avaient pu s'établir en face de Nangasaki, dans la petite île de Detsima, qu'à la condition humiliante d'envoyer tous les quatre ans au souverain du Japon une ambassade d'obédience chargée de présents, dont les membres devaient simuler quelques scènes d'ivresse et autres bouffonneries grossières, afin de dérider le maître à leurs dépens. Le Japon était alors gouverné par deux chefs : le *mikado,* chef religieux résidant à Kioto, était réduit à l'état d'idole vénérée, mais invisible. Depuis de nombreux siècles, le pouvoir effectif était passé entre les mains du *taïcoun* ou *schogoun,* son lieutenant, résidant à Tokio, qui exerçait dans toute sa

11

plénitude l'autorité temporelle. Le pays était partagé en principautés féodales, qui étaient entre les mains de l'aristocratie seigneuriale des *daïmios*.

Révolution de 1868. Transformation du Japon. — Une première atteinte à cette organisation séculaire fut portée en 1854 par les Américains. Ils obtinrent par la menace que trois ports seraient ouverts au commerce étranger. En vain la caste guerrière des *samouraï,* ou soldats à deux glaives, s'arma contre les « barbares »; quelques-uns furent massacrés. Mais une escadre de navires français, anglais et hollandais vint croiser dans les eaux du Japon : 12 *samouraï* et 635 de leurs serviteurs furent condamnés à s'ouvrir le ventre en présence du consul britannique (1858).

Ce fut le prélude d'une des révolutions les plus étonnantes des temps modernes. A la suite d'une guerre civile assez longue, le mikado triompha du schogoun, abolit sa charge, abandonna le sanctuaire fermé de Kioto pour aller exercer tous les droits effectifs de la souveraineté dans la résidence vivante de Tokio. Les daïmios perdirent leur souveraineté territoriale héréditaire et furent réduits à la situation de fonctionnaires révocables, analogues à nos préfets (1868). Pour consolider le nouvel état de choses, le mikado fit largement appel au concours des étrangers. Les Français instruisirent la nouvelle armée et arrivèrent à accommoder les coutumes japonaises avec les principes de notre code civil. Les Anglais vendirent des navires et construisirent des arsenaux. Les Allemands percèrent des routes, établirent les chemins de fer et les télégraphes. Les Japonais viennent en Europe pour étudier les procédés de nos industries et travailler aux côtés de nos savants.

Le grand port de Yokohama, le Shangaï du Japon, est comme une succursale de l'Europe, où nos usages et même nos costumes se répandent de plus en plus. Tandis que le Chinois se borne à imiter avec la plus grande minutie et souvent avec une rare perfection nos produits manufacturés, le Japonais est doué du génie créateur. Les uns ne réussissent encore que dans le commerce et la banque; les autres sont en outre des industriels avisés, très capables de perfectionnements, très aptes aux rigoureux services de la guerre et de la marine. Ils ont l'esprit militaire que les Chinois ne possèdent à aucun degré.

II. Victoires du Japon. — Depuis 1894, de grandes secousses ont agité l'extrême Orient. Un déplacement de forces s'est produit. Le Japon a pris rang parmi les grandes puissances mondiales, au même titre que les États-Unis et les grands États européens. Deux sanglantes guerres, d'où il est sorti triomphant de la Chine et de la Russie, lui ont assuré la prépondérance parmi les États du Pacifique, tandis que les destinées de la Chine sont incertaines : c'est, comme la Turquie, une malade; si elle n'est pas capable de l'effort nécessaire pour se mettre à l'école de l'Europe, elle deviendra sa proie.

Depuis 1868, le Japon est soumis au régime de la nation armée et du service personnel obligatoire. Elevé à l'école de la bravoure et de l'honneur, avec le mépris de la mort, le soldat japonais, bien discipliné, bien entraîné, possède à la fois l'instruction technique et la force morale qui procurent le gain des batailles. La marine japonaise est la plus forte de l'extrême Orient. Les chefs, pour vaincre les Européens, leur ont emprunté leur science et leurs méthodes, et maintenant ils peuvent se passer de leurs maîtres et les vaincre par leurs propres armes. C'est contre la Chine que le Japon a fait l'essai de ses forces nouvelles : l'épreuve a tourné à son avantage.

Guerre sino-japonaise (1894-1895). — Depuis longtemps, le Japon cherchait à supplanter la Chine dans sa suzeraineté sur la Corée. Cette rivalité engendra la guerre (1894). Trois armées japonaises furent mobilisées : l'une, sous le maréchal Yamagata, s'empara de Séoul, battit les Chinois à Ping-Yang et s'avança en Mandchourie jusqu'à 15 lieues de Moukden, tandis que la flotte japonaise détruisait la flotte chinoise à l'embouchure du Yalou, qui sert de frontière entre la Mandchourie et la Corée ; la seconde, commandée par le maréchal Oyama, prit Tali-en-Wan et Port-Arthur dans la presqu'île de Liao-Toung. La troisième se porta au sud du Pé-tchi-li et s'empara de Weï-haï-Weï. Les débris de la flotte chinoise furent détruits ; l'amiral chinois Ting se tua pour ne pas être fait prisonnier ; enfin une autre flotte japonaise occupa les Pescadores et attaqua Formose. La Chine se résigna à signer la paix. Par le traité de Simonosaki (16 avril 1895), conclu par Li-Houng-Tchang, représentant la Chine, et le marquis Ito, représentant le Japon, le Japon obtint Formose, les îles Pescadores et la presqu'île de Liao-Toung avec Port-Arthur. La Corée était déclarée indépendante.

La Chine s'engageait à payer une indemnité de guerre de 200 millions de taëls : Weï-haï-Weï devait servir de gage aux Japonais pour le payement de cette indemnité. Cependant l'Allemagne, la Russie et la France, intervenant en faveur de la Chine, décidèrent le mikado à accepter des modifications au traité de Simonosaki : il renonça à Port-Arthur et à la presqu'île de Liao-Toung. L'Angleterre laissa faire et se prépara à profiter de la défaite des Chinois.

Premier démembrement de la Chine. — Ce fut le signal de l'effondrement de la vieille Chine. Ses sauveurs lui firent payer cher leur protection. Les Allemands, sous prétexte de venger le massacre d'une de leurs missions, occupèrent de force la baie de Kiao-Tchéou et la province de Chantoung et en obtinrent la cession à bail. La Russie se fit successivement accorder la prolongation du Transsibérien à travers la Mandchourie (1896), puis la cession à bail de Port-Arthur (1898). Enfin l'empereur de Chine pria le tsar de prendre la Mandchourie « sous sa protection spéciale » (1900). Les Russes espéraient la conserver à jamais. L'Angleterre s'établit dans les mêmes conditions à Weï-haï-Weï, pour surveiller de là Port-Arthur et l'entrée du Pé-tchi-li. La France, par compensation, obtint la cession à bail de Kouang-Tchéou, avec la promesse de la part de la Chine de ne céder à aucune puissance étrangère le Yunnan, le Kouang-toun et le Kouang-si, ainsi que l'île d'Haïnan sur les confins de notre Indo-Chine. Les Japonais surveillaient le littoral chinois en face de Formose; les Anglais, toute la région du Yang-tsé-Kiang; les Italiens eux-mêmes réclamaient des territoires.

Les réformes en Chine. — Etait-ce donc le commencement du partage de la Chine? La vieille Chine allait-elle être asservie aux mœurs et à la civilisation de l'Europe? Un vent de réformes soufflait à la cour de Pékin : l'enseignement moderne déclaré officiel, la modification des antiques épreuves de l'examen du mandarinat, l'ordre de traduire en chinois les livres de sciences des Occidentaux et d'envoyer des Chinois s'instruire en Europe, autant de brèches dans l'édifice fossile de la vieille Chine; et toutes les ordonnances relatives à ces changements furent rendues en l'espace de trois mois, *les cent jours des réformes* de l'année 1898 (juin-sept.). Mais les mandarins étaient irrités de voir les missionnaires étrangers entrer dans leur hiérarchie; ils allaient être lésés dans leurs intérêts par la suppression des douanes intérieures, gênés dans leurs concussions par l'établissement des télégraphes et des chemins de fer, qui permettraient au gouvernement central de les surveiller de près. Ils firent croire au peuple stupidement ignorant que les « diables d'Occident » se servaient de graisse humaine pour les roues de leurs locomotives et d'yeux humains pour la production de la lumière électrique. D'ailleurs les chemins de fer rencontraient des pagodes ou des tombeaux qu'il fallait déplacer : autant de sacrilèges; ou bien ils coupaient des canaux d'irrigation et diminuaient le trafic fluvial : autant d'intérêts atteints. Enfin la brutale agression des Allemands au Kiao-Tchéou, la diminution de prestige des Anglais vaincus par les Boërs, tout concourait à exciter la haine de l'étranger et à exalter l'orgueil national chinois.

Soulèvement national des Boxers (1900). — Ainsi s'expliquent les massacres organisés par les bandes des *Boxers*[1]. Les puissants gouverneurs des provinces du Sud réussirent à maintenir l'ordre. Mais toute la Chine septentrionale fut en proie aux Boxers, qu'encourageaient en secret les membres les plus influents de la cour. Des ingénieurs, des missionnaires, des marchands, furent massacrés; le représentant de l'Allemagne fut assassiné. Les consuls et ambassadeurs des puissances, assiégés, affamés, bombardés avec leurs familles dans leurs légations, ne furent délivrés qu'au bout de six mortelles semaines d'angoisses (juin-août 1900) par les marins des stationnaires. La prise de Pékin ne parut pas un châtiment suffisant : les Etats européens envoyèrent des contingents confédérés (auxquels se joignit celui du Japon) sous le haut commandement du feld-maréchal allemand de Waldersée. La Chine fut obligée de donner satisfaction : elle s'engagea à punir les meurtriers, à démolir les forts de Pékin jusqu'à la mer, à autoriser les légations à s'entourer d'une garde suffisante, à payer une indemnité de 450 millions de taëls (valeur 8 fr. 25). Une fois de plus, les Chinois ont été humiliés par l'Europe. Leur haine pour les diables étrangers, pour être sournoisement dissimulée, n'en est devenue que plus vive.

Les origines de la guerre russo-japonaise. — Le Japon, encore grandi par cette intervention de pair avec les Européens, ne pouvait voir sans défiance les progrès de la Russie en Mandchourie. Il venait de signer avec l'Angleterre un traité d'alliance (janv. 1902). La Russie avait dû prendre l'engagement d'évacuer la Mandchourie en trois étapes, de six mois en six mois, en gardant seu-

---

1. La société secrète I-Ho-Kouan (Union de la justice par le poing) était à la tête du mouvement contre les étrangers. De là est venu le nom de *Boxers* attribué à ces sectes de massacreurs.

lement Port-Arthur et Dalny avec la ligne du Transmandchourien et les postes nécessaires pour en garantir
la sécurité. La Mandchourie du Sud fut évacuée au mois
d'octobre 1902. Mais le tsar nomma l'amiral Alexeief
lieutenant général avec pleins pouvoirs administratifs,
militaires et diplomatiques sur toute la région comprise
entre le Baïkal et le Pacifique. Ce vice-empereur était
un mégalomane ardent; il fit réoccuper la portion aban-
donnée de la Mandchourie; il brusqua la pénétration
russe dans la Corée. Les Japonais avaient besoin de cette
terre si proche de leur archipel pour y déverser le trop-
plein de leur population. Au lieu de faire aux intérêts
japonais gravement menacés les concessions nécessaires,
l'amiral Alexeief fit décréter l'interdiction d'exporter des
blés au Japon par les ports mandchoux. C'était violer la
neutralité de la Mandchourie et affamer le Japon. Sans
déclaration préalable, les torpilleurs japonais se jetèrent
sur les cuirassés russes ancrés à Port-Arthur (8 février
1904).

La guerre en Corée et en Mandchourie (1904-1905).
— Dès lors, à la grande surprise des Européens, le colosse russe s'effondre un peu plus chaque jour sous les
coups des petits soldats japonais. En quelques semaines,
les plus beaux navires de la flotte russe sont détruits ou
mis hors de combat; Port-Arthur est « embouteillé »,
assiégé, bombardé par la flotte de l'amiral Togo. Les
Japonais, maîtres de la mer, débarquent à Tchemoulpo,
l'avant-port de Séoul, capitale de la Corée, battant l'armée russe sur les bords du Yalou, et envahissent la
Mandchourie; ils y jettent trois armées commandées par
les généraux Kuroki, Oku et Nodzu, sous les ordres su-
prêmes du maréchal Oyama; ils ont sous les armes plus
de 200,000 hommes et appellent leurs réserves; ils sont
largement ravitaillés par mer; rien ne les arrête pour
venger l'outrage de l'intervention russe après le traité de
Simonosaki; ils meurent, le sourire aux lèvres, pour leur
empereur et pour la patrie.

Les Russes ne sont pas moins braves ; mais ils n'ont rien prévu, rien préparé. Tout d'abord ils ne peuvent guère mettre en ligne plus de 100,000 hommes ; ils ne reçoivent de renforts et de munitions que par cet étroit ruban du Transsibérien *à une seule voie,* long de 9,650 kilomètres (de Saint-Pétersbourg à Port-Arthur). Déjà Stœssel est bloqué à Port-Arthur : Kouropatkine abandonne Niou-Tchouang, le grand port mandchourien, pour se concentrer à Liao-Yang, d'où il est délogé après six jours de furieux combat (25-31 août) : 50,000 morts et blessés jonchent les champs de bataille. Kouropatkine, enfin délivré d'Alexeïef et nommé généralissime, avec les généraux Grippenberg, Kaulbars et Liniewitch comme lieutenants, se retire sur Moukden, sans se laisser ni cerner ni même entamer : il compte sur les renforts d'hommes, qui arrivent bien lentement. Mais tout se tourne contre les Russes : Port-Arthur, après une résistance héroïque, capitule (2 janv. 1905). Kouropatkine est battu sur le Tcha-ho et à Moukden, après une lutte aussi acharnée et aussi sanglante que celle de Liao-Yang (11 mars 1905). Il est remplacé dans son haut commandement par Liniewitch, qui commence la retraite vers Kharbine. Le dernier espoir des Russes, la belle escadre de la Baltique sous les ordres de Rodjestwenski, est détruite par l'amiral Togo au large de l'île de Tchousima (juin 1905).

Traité de Portsmouth (5 sept. 1905). — Désormais une médiation est possible pour mettre fin à cette longue tuerie. Le président Roosevelt offre les bons offices des Etats-Unis. Par le traité de Portsmouth (New-Hampshire), signé entre le comte Witte et le baron Komura, la Corée est placée sous le protectorat du Japon, et la Mandchourie restituée à la Chine. La voie ferrée entre Kouang-tchang et Port-Arthur est cédée au Japon, ainsi que la partie sud de l'île de Sakhaline. Ainsi les Japonais restent les maîtres du Transmandchourien et de Port-Arthur. Aucune indemnité de guerre n'est exigée de la Russie. C'est pour elle le renoncement à toutes ses espérances de domination maritime en extrême Orient. Son ambition doit se restreindre désormais à l'exploitation seulement économique du Transsibérien avec son terminus de Wladiwostock, trop souvent bloqué par les glaces.

Ainsi la guerre russo-japonaise a renouvelé pour les Russes, nos alliés, la cruelle leçon que nous avaient infligée les Allemands en 1870. Dans cette guerre aussi, la valeur et le patriotisme furent égaux de part et d'autre. Mais la préparation des Russes était nulle, le commandement très inférieur à celui des Japonais. Les Russes devaient fatalement succomber.

Le péril jaune. — 1° **L'expansion japonaise.** — L'extrême Orient doit donc plus que jamais être l'objet des préoccupations de l'Europe. Un journaliste sceptique a pu dire que le péril jaune n'existe que « quand les jaunes déteignent et tirent sur le blanc. » Les Japonais ont tiré sur les blancs. Le Japon ne s'est mis à l'école des Européens que pour apprendre à les vaincre. L'hypertrophie de l'orgueil national japonais peut produire des crises nouvelles. Les Japonais ont désormais un juste sentiment de leur valeur; ils peuvent compter sur l'alliance et les capitaux de l'Angleterre. Leur industrie prospère, grâce surtout à l'extrême bon marché de la main-d'œuvre; leur commerce s'étend; leur population surabondante a besoin de champs d'expansion, comme les produits de leur travail. Ils vont surpeupler la Corée, la Mandchourie; ne chercheront-ils pas ensuite à se faire les guides et les maîtres des Chinois, qui sont leurs frères par la race et par la religion, pour les civiliser et pour les élever, sans l'aide des Européens et contre eux, au niveau de notre culture occidentale?

2° **L'émigration chinoise.** — La Chine aussi est en travail. Depuis un demi-siècle, les Chinois, trop nombreux pour trouver à vivre chez eux, ont dû essaimer au dehors. Ils sont infatigables et se résignent aux humbles métiers dont ne veulent pas les blancs. En Australie, ils ont réussi à exploiter avec profit des mines d'or où les Européens ne trouvaient plus leur bénéfice. En Californie, ils sont fleuristes, bonnes d'enfants et blanchisseuses. Partout où ils s'établissent en nombre, ils contribuent à faire baisser les salaires, à cause de la modicité de leurs prétentions, ce qui les fait détester des travailleurs blancs. Les ouvriers à cinq francs veulent à tout prix supprimer la concurrence des ouvriers à cinq sous. Les gouvernements ne les soutiennent pas plus que les particuliers, parce qu'ils ne viennent jamais dans un pays que pour y réunir les économies qui leur permettront de retourner vivre avec plus d'aisance en Chine. Ils drainent donc l'or partout où ils paraissent et appauvrissent le pays où ils vivent momentanément, au profit de la Chine qui s'enrichit toujours davantage. Aussi l'émigration jaune est-elle considérée dans plusieurs pays comme un fléau. Le congrès américain a pris des mesures pour l'arrêter. Et cependant les Anglais engagent en masse les Chinois pour le dur travail des mines du Transvaal, que les Cafres refusent et où il faudrait payer trop cher les ouvriers d'Europe.

Quelques penseurs timorés ont peur que l'émigration chinoise ne devienne à courte échéance une véritable invasion. Ils affirment, avec une assurance mêlée de terreur, que le monde doit un jour appartenir aux Chinois, comme aux plus prolifiques et aux plus travailleurs d'entre les hommes. Péril bien lointain, sinon tout à fait chimérique ! Peut-être le danger de leur concurrence industrielle est-il plus redoutable ; on peut craindre de voir le jour où la Chine et le Japon, non seulement se fermeraient aux marchandises européennes, mais arriveraient même à inonder nos marchés de la production de leurs manufactures. Tant que la Chine restera fidèle à son éducation vieillotte, à ses usages surannés, elle ne sera pas à craindre pour l'Europe. La facile victoire du Japon en est en ce moment une preuve éclatante. Le jour où les Chinois seraient sortis de leur immobilité séculaire, pour adopter nos usages et se lancer dans la voie du progrès, ils seraient sans doute beaucoup plus dangereux; mais alors ils ne seraient plus des barbares, et notre civilisation ne courrait plus risque de sombrer devant leur triomphe. Seulement la lutte pour la vie, déjà si âpre dans notre vieille Europe, deviendrait plus ardente et plus pénible que jamais. Le large débouché d'extrême Orient serait fermé aux Européens, qui à leur tour seraient menacés de la concurrence chinoise. Là est le vrai « péril jaune ». Il est surtout économique.

DIRECTIONS ET BIBLIOGRAPHIE

I. **La Chine et le Japon, hier et aujourd'hui.** — L. LANIER, *Lectures historiques, l'Asie,* livre V; *l'Empire chinois, le Japon.* — DE HUBNER, *Promenade autour du monde : le Japon,* t. I⁰ʳ, p. 327 et suiv., t. II, p. 3 et suiv. — *La Chine,* t. II, troisième partie. — G. WEULERSSE, *le Japon d'aujourd'hui, la Chine ancienne et nouvelle,* 2 volumes.

M. de Hubner, diplomate autrichien, a fait sa promenade autour du monde en 1871; M. Weulersse, agrégé d'histoire, en 1900. Il est curieux de comparer les deux ouvrages, écrits à trente ans d'intervalle, qui nous montrent le travail accompli dans les deux grands pays d'extrême Orient. — Au point de vue pittoresque, l'aspect n'a pas sensiblement changé : mais, au point de vue politique et social, les modifications sont profondes. En 1871, l'évolution ne fait que commencer au Japon : en 1900, elle est complète; le Japon est en pleine possession de la force nouvelle que lui a communiquée la culture européenne. (Lire en particulier dans Weulersse les chapitres intitulés : développement économique; concurrence japonaise; enseignement; la France au Japon). — En 1871, la Chine est toujours la Chine traditionnelle et xénophobe : en 1900, un commencement d'éveil se produit; le contact forcé des Européens donne naissance à un parti des réformes (lire dans Weulersse les chapitres : le péril économique chinois; l'éducation moderne en Chine, la France en Chine; le problème chinois). — M. Weulersse se demande, en présence du *péril chinois,* s'il vaut mieux pour l'Europe pratiquer à l'égard de la Chine une politique d'abstention en laissant la Chine aux Chinois, ou s'il est préférable de pousser le plus loin possible la colonisation européenne en Chine, peut-être même jusqu'au démembrement et au partage. Il semble incliner vers cette seconde solution.

II. **Les victoires du Japon.** — Sur *les Boxers,* lire WEULERSSE (dans *la Chine*) : les causes du soulèvement chinois. — FÉLIX HÉMON, *Sur le Yang-Tsé,* 4⁰ partie, chap. VI, *Récits de Pékin, le Siège des légations.* (L'auteur a subi le siège : son récit est celui d'un témoin oculaire.) — Pour la guerre russo-japonaise, lire dans la *Revue de Paris* les chroniques politiques de M. VICTOR BÉRARD, et dans la *Revue des Deux Mondes* celles de M. FRANCIS CHARMES (années 1904-1905). — RENÉ PINON, *Origines et Résultats de la guerre russo-japonaise.*

ÉTUDES ET LEÇONS

Ebauche d'un empire colonial allemand. — La population de l'Allemagne s'accroît rapidement. L'excédent que le pays ne peut nourrir doit émigrer. La plupart des Allemands s'embarquaient à Brême pour le Far West américain. Bismarck chercha à empêcher tous ces émigrants de se *dégermaniser*, en les fixant dans des terres allemandes.

1884. — Le docteur Nachtigal, chargé de planter le drapeau allemand dans toutes les terres encore vacantes. Occupation du Cameroun, au nord de notre Congo; du Togoland, à l'ouest de notre Dahomey; Franz Luderitz fonde la colonie de l'Afrique occidentale du Sud-Ouest (Damaraland et Namaqualand), et le docteur Peters celle de l'Est africain allemand (toute la côte en face de Zanzibar jusqu'aux grands lacs de l'intérieur). Ces colonies sont dès le principe ou deviennent très vite des colonies de la couronne.

1885. — Le congrès de Berlin confirme à l'Allemagne sa part du continent africain.

En Océanie, prise de possession de la partie N.-E. de la Nouvelle-Guinée (terre de l'Empereur-Guillaume), avec les archipels Bismarck et Salomon qui lui font suite, et les îles Mariannes, sauf Guam qui appartient aux Etats-Unis.

1898. — Occupation de la baie de Kiao-Tchéou et de la presqu'île de Chantoung, à l'entrée du Pé-tchi-li.

1899. — Achat aux Espagnols des îles Carolines et des îles Marshall.

Cet empire colonial couvre déjà une superficie de plus de 2 millions et demi de kilomètres carrés; il a une population de plus de 10 millions d'habitants.

Le kaiser Guillaume II ambitionne d'autres accroissements : sa sympathie active à l'égard du sultan pendant la guerre contre la Grèce (1897). — Son voyage en terre sainte. — Il recherche manifestement la conquête économique, sinon politique, de la Syrie et de la région de l'Euphrate et du Tigre.

Ainsi de nouveaux débouchés s'ouvrent à l'industrie si prospère de l'Allemagne : de nouvelles stations maritimes sont créées pour le ravitaillement de la flotte de guerre. — Lourds sacrifices exigés pour la marine par l'empereur Guillaume II. Il prétend que l'avenir de l'Allemagne est sur mer. — Activité croissante des grands services de navigation partant de Brême et de Hambourg.

Le nombre des émigrants allemands, qui a varié entre 100,000 et 200,000 par an de 1872 à 1892 (misère, rigueurs du service militaire, etc.), est tombé à une moyenne annuelle de 35,000 dans la dernière décade (1893-1902). Cependant les 90 pour 100 des émigrants se détournent encore des colonies allemandes vers les États-Unis, le Canada, la République Argentine et le Brésil. — Mais dans toutes les mers le commerce sous pavillon allemand se développe avec une rapidité prodigieuse. C'est une grosse cause d'inquiétude pour l'Angleterre. La France est tellement distancée qu'elle semble se détourner toujours davantage de cette lutte féconde sur les marchés étrangers.

(Voir HAUSER, *Colonies allemandes impériales et spontanées.* — DEMAY, *Histoire de la colonisation allemande.* — STOECKLIN, *les Colonies et l'émigration allemandes.*)

CHAPITRE XI

Développement des États-Unis.

Pendant tout le dix-neuvième siècle, les États-Unis n'ont pas cessé de grandir : l'annexion de la Louisiane (1803), de la Floride (1819) du Texas et de la Californie, après une longue guerre contre le Mexique (1844-1848), a étendu leur territoire jusqu'au littoral de l'océan Pacifique.

Mais les dissentiments étaient profonds entre les États de l'Union. Ceux du Nord, vivant surtout de la marine et du commerce, avaient besoin de la protection ; ceux du Sud, qui faisaient cultiver par leurs esclaves les plantations de coton et de canne, étaient libre-échangistes. La question de l'esclavage envenima le différend. Le parti démocrate était uni aux esclavagistes du Sud ; le parti républicain, adversaire de l'esclavage, dominait dans le Nord.

L'élection présidentielle d'Abraham Lincoln (1860) fut le triomphe des républicains. Les esclavagistes firent sécession et opposèrent à Lincoln Jefferson Davis. Il y eut dès lors des fédéraux qui voulaient abolir l'esclavage et maintenir l'Union, et des confédérés, partisans du maintien de l'esclavage et de la séparation.

La guerre civile de Sécession dura de 1861 à 1865. Les confédérés gardèrent longtemps l'avantage, à cause de l'habileté de leurs chefs ; mais les fédéraux avaient pour eux, outre le nombre et les ressources, le bon droit. A la suite d'un duel mémorable entre Grant et Lee, Grant l'emporta, et les fédéraux abolirent l'esclavage.

Depuis la guerre de Sécession, la puissance des Etats-Unis s'est développée avec une rapidié inouïe. Les émigrants affluent, surtout les Allemands, qui peuplent le Far-West. Les nègres, malgré le préjugé persistant de la couleur, ont obtenu l'égalité des droits politiques avec les blancs. Les Indiens disparaissent progressivement. Les Chinois et les Japonais s'infiltrent, malgré les lois d'exception portées contre eux. Les grandes villes se peuplent de plus en plus.

Les progrès de la richesse publique sont dus au travail intensif aidé par l'emploi généralisé des machines. La grande culture est seule pratiquée : elle produit en abondance les céréales, le coton, le bétail. La grande industrie n'est pas moins prospère, surtout celle des mines, des tissus, des machines, des conserves de viande. Les chemins de fer forment le réseau le plus étendu dans le monde; plusieurs lignes doublent le Transcontinental Pacific railway et unissent maintenant les deux Océans. Le commerce extérieur n'est dépassé que par celui de l'Angleterre.

Mais le développement intense de la vie économique commence à amener les mêmes malaises et les mêmes revendications de la population ouvrière qu'on signale partout en Europe. La civilisation américaine reste toute matérielle. Elle est encore trop peu sensible à la haute culture littéraire, aux recherches désintéressées de la science et de l'art.

I. — Histoire politique des États-Unis. — Extension du territoire de l'Union. — Depuis plus d'un siècle que la constitution américaine est entrée en vigueur, l'essor des Etats-Unis ne s'est pas un instant ralenti. Les immigrants sont venus s'établir en grand nombre sur un sol qui leur prodigue les richesses. L'extrême bon marché de la terre, le taux peu élevé des taxes, l'entière liberté, la paix profonde, étaient autant d'attraits pour des hommes jeunes, robustes, entreprenants, qui attendaient tout de leur travail. L'ancienne frontière des Alleghanies a été franchie au bout de peu de temps; la vallée de l'Ohio, puis bientôt celle du Mississipi, ont été couvertes de pionniers. Le nombre des Etats s'est rapidement accru, et le territoire de l'Union s'est agrandi par d'importantes acquisitions. La Louisiane a été achetée au premier consul au prix de quatre-vingts millions (1803)[1]. Les Etats-

____

1. La Louisiane, colonisée au temps de Colbert par le Français Cavelier

Unis ont soutenu avec l'Angleterre une guerre heureuse
pour protester contre sa tyrannie maritime à l'époque du
blocus continental (1811-1814). La Floride a été cédée
en 1819 par l'Espagne. L'annexion du Texas (1844) a
amené une guerre avec le Mexique, terminée par le traité
de Guadalupe (1848), qui donna aux Etats-Unis les solitu-
des sans bornes de la Californie et du Nouveau-Mexique.
Enfin le territoire d'Alaska a été acheté aux Russes en
1867. Ainsi s'est formée une fédération d'Etats dont le
territoire, étendu de l'un à l'autre Océan, est presque
aussi grand que celui de l'Europe et vaut 17 Frances jux-
taposées. La constitution américaine de 1789 a été assez
élastique pour se prêter sans modification sérieuse à cette
extension inespérée. En 1860, le nombre des Etats était
passé de 13 à 33, le chiffre de la population de 4 à 31 millions d'habitants. Les Etats-Unis exerçaient dès cette époque une prépondérance incontestée dans tout le Nouveau
Monde. Le rayonnement de leur prospérité matérielle
causait à l'Europe comme un éblouissement.

Difficultés intérieures. — Cependant des crises intérieures s'étaient déjà produites ; d'autres plus menaçantes
encore semblaient poindre à l'horizon. Les intérêts n'é-
taient pas les mêmes pour les différents Etats de l'Union.
Ceux du Nord, formés par l'expansion de la Nouvelle-
Angleterre, qu'habitaient les *Yankees,* avaient une marine
nombreuse, un commerce étendu, une industrie naissante
qu'il fallait protéger contre la concurrence des produits
manufacturés de l'Europe. Ils ne connaissaient que le
travail libre. Ceux du Sud, qui formaient le prolongement
de l'ancienne Virginie, enrichis par la culture de la canne
à sucre et surtout du coton, n'avaient ni marine, ni industrie, ni commerce, et prétendaient recevoir en toute franchise les produits européens en échange de leurs balles

de la Salle, fut cédée à l'Espagne par le traité de Paris (1763), pour la dédom-
mager de la perte de la Floride. Au traité de Versailles (1783), l'Espagne
recouvra la Floride et promit de restituer la Louisiane à la France. Cette
restitution ne fut opérée qu'en 1801.

de coton ; c'étaient des planteurs, qui faisaient travailler leurs terres par des esclaves noirs. Les uns réclamaient des tarifs protecteurs ; les autres étaient libre-échangistes. Les uns avaient mis en culture leurs terres à l'aide de travailleurs libres ; les autres prétendaient ne pouvoir se passer de l'esclavage.

En outre, les anciens partis s'étaient reconstitués, avec d'autres principes ou sous d'autres noms ; les *républicains* avaient repris la plupart des anciennes doctrines des fédéralistes et prétendaient sacrifier au besoin quelques-unes des libertés particulières des Etats à la nécessité suprême de maintenir et de resserrer l'Union. Les *démocrates,* s'appuyant au contraire sur la thèse chère aux anciens républicains, soutenaient que le gouvernement central devait toujours s'effacer devant les décisions légales des Etats particuliers. Les républicains étaient devenus des fédéralistes ardents ; les démocrates étaient des décentralisateurs convaincus.

La question de l'esclavage. — La question de l'esclavage était précisément une de celles qui depuis 1820 étaient réservées à la décision de chaque Etat particulier. Aucun parti ne prétendait la régler d'une façon uniforme dans les Etats déjà existants. Mais dans les Etats nouveaux qui se formaient, ou dans les territoires qui s'ajoutaient à l'Union, le Congrès n'avait-il pas le droit d'imposer comme loi fondamentale que l'esclavage ne pourrait être toléré ? Les républicains se prononçaient nettement en faveur de cette intervention du Congrès pour empêcher toute extension nouvelle de la plaie de l'esclavage. Les démocrates y étaient opposés. Leur alliance avec les esclavagistes du Sud assura pendant longtemps les progrès de l'esclavage. Sur dix-neuf présidents qui se succédèrent depuis la mise en vigueur de la Constitution, treize se montrèrent favorables à l'esclavage. Le *compromis de 1850* laissa aux premiers occupants, dans le Texas et le Nouveau-Mexique, le choix entre le régime de la liberté et celui de l'esclavage, et le *bill de Nebraska* permit aux propriétaires de rechercher leurs esclaves fugitifs même dans les Etats où l'esclavage avait été proscrit. Maintenir l'esclavage dans la libre Amérique semblait à la fois une anomalie et une monstruosité.

Cependant les démocrates perdaient du terrain dans les Etats du Nord : l'opinion publique protestait avec une énergie croissante contre toute extension nouvelle de l'esclavage. L'exécution de John Brown, du Kansas, pendu pour avoir appelé les esclaves à la liberté, et le touchant récit des misères de « l'oncle Tom[1] », qui fit couler tant de larmes, amenèrent un revirement. A l'élection de 1860, Abraham Lincoln fut nommé président. « La liberté, avait-il dit dans ses proclamations, est la condition naturelle de l'homme. Dès lors ni le Congrès, ni aucune législature locale, ni aucune personne n'a le droit d'établir l'esclavage dans aucun territoire de l'Union. » Cette élection fut le signal d'une épouvantable guerre civile.

La Sécession. Fédéraux et confédérés (1861). — Onze Etats à esclaves, tous situés au Sud, firent *sécession* et, sous le nom d'*Etats confédérés,* élevèrent à la présidence Jefferson Davis. Les *fédéraux* restèrent fidèles à l'Union et à Lincoln. Ceux-ci avaient l'avantage du nombre (22 Etats contre 11) et de la population (21 millions d'âmes contre 10 millions, sur lesquels environ quatre millions de nègres). Mais les hommes du Sud étaient personnellement supérieurs à ceux du Nord. Beaucoup de leurs officiers étaient sortis de l'école militaire de West-Point. Ils étaient de race aristocratique et avaient une réelle entente de l'art militaire : d'ailleurs ils conservèrent longtemps les secrètes sympathies d'un grand nombre de démocrates du Nord, qui, tout en condamnant l'esclavage, ne croyaient pas, à l'égard de cette question particulière, que le pouvoir central eût le droit d'empiéter sur l'autorité locale des Etats. On s'explique dès lors

---

1. *La Case de l'oncle Tom* est un récit de miss Beecher Stowe, qui décrit avec une simplicité touchante la misérable condition des esclaves et les mauvais traitements dont ils étaient victimes.

les succès prolongés des *confédérés,* malgré l'infériorité évidente de leurs ressources. Mais la foi aveugle de Lincoln, l'ardente passion des fédéraux, leurs héroïques sacrifices à une cause qu'ils croyaient avec raison humaine et juste, leur assurèrent en fin de compte un triomphe complet. La guerre fut faite d'abord en vue du maintien de l'Union. Elle aboutit fatalement à l'abolition de l'esclavage. Lincoln n'avait ni armée ni trésor; il fit appel aux volontaires; il mit en circulation du papier-monnaie; des avocats, des agriculteurs, des professeurs, furent improvisés généraux : il s'arrogea, en vue de hâter la victoire, une sorte de dictature militaire que nul de ses partisans ne lui contesta.

Lincoln et Jefferson Davis. Les plans militaires. — Le plan de Jefferson Davis et des généraux du Sud, Beauregard, Johnston et Jackson, surtout de Lee, grand homme de guerre, d'une inépuisable fécondité en ressources, était de bloquer Washington, capitale des fédéraux, et d'y faire prisonnier le Congrès. Lincoln imposa à ses lieutenants, Mac-Clellan, Meade, Grant, Butler, Sherman, Sheridan, et à l'amiral Ferragut, de bloquer les ports, afin d'enlever aux *confédérés* tous les secours de l'Europe; de s'emparer de la ligne du Mississipi, pour les priver des ressources des Etats de l'Ouest. Une fois réduits à leurs seules forces, les *confédérés* seraient poussés de toutes parts vers leur capitale Richmond, enfermés dans un cercle de fer et de feu et contraints à se rendre. Plan gigantesque, qui nécessitait des forces énormes, une énergie implacable, une persévérance exceptionnelle, mais qui devait fatalement réussir avec le temps. Il fallait lutter, disait Lincoln, « jusqu'à ce que chaque goutte de sang versée sous le fouet eût été payée par une autre versée par l'épée ».

Les deux premières années se passèrent en allées et venues des deux armées entre Washington et Richmond, dans les parages du James River, où Lee garda presque toujours l'avantage sur Mac-Clellan. Mais déjà la faible marine du Sud avait été détruite, et Cairo, la Nouvelle-Orléans, étaient aux mains des fédéraux. A partir du 1er janvier 1863, tous les esclaves des Etats en guerre avec l'Union furent déclarés libres : la mesure fut suspendue seulement pour les Etats mixtes qui, tout en gardant leurs esclaves, ne s'étaient pas séparés de l'Union. Dans ceux-ci, l'affranchissement devait avoir lieu plus tard, par des moyens amiables. Bientôt les deux derniers postes des confédérés sur le Mississipi, Wicksburg et Bâton-Rouge, tombèrent entre les mains du général Grant à la suite d'assauts horriblement meurtriers. Meade, par la sanglante bataille de Gettysburg, qui dura trois jours, rejeta Lee au delà du Potomac. La rébellion était circonscrite dans les Etats de la Géorgie, des deux Carolines et de la Virginie (1863).

L'année 1864 amena les succès décisifs. Grant, mis à la tête de l'armée du Potomac, livra à Lee, « avec une ténacité de bouledogue », des attaques multipliées. Il opéra sa jonction avec Butler, le chef de l'armée du James River. Ses lieutenants se rapprochaient. Sherman, un grand général d'inspiration, le Condé de cette guerre, refoula triomphalement les confédérés des bords du Mississipi à ceux de l'Atlantique, enlevant sur son passage Atlanta et Savannah, et ne laissant après lui que des ruines. Sheridan ferma à Lee tout espoir de s'échapper par le nord-ouest. Le cercle de fer et de feu se resserrait. La prise de Charleston par Sherman enleva aux *confédérés* leur dernière place maritime. Enfin le grand coup fut frappé dans la *campagne des 10 jours*. Grant, Butler, Sherman et Sheridan, ayant opéré leur jonction, s'emparèrent de Petersbourg, forcèrent Lee à évacuer Richmond, et enfin à se rendre à discrétion avec son lieutenant Johnston. Lee n'avait plus que 25,000 hommes. Grant en avait fait manœuvrer 367,000 !

Triomphe de l'abolition. — Ainsi se termina par l'écrasement complet des sécessionnistes cette guerre, où la fureur fut portée de part et d'autre aux dernières extrémités. Elle coûta aux États du Nord 15 milliards et 280,000 hommes, dont un tiers morts à l'ennemi : les pertes des sécessionnistes, quoique vaincus, furent certainement moindres, parce que leurs ressources étaient plus faibles. Le Nord a triomphé malgré d'épouvantables hécatombes humaines, parce qu'il représentait la grande cause de l'*Union,* c'est-à-dire la patrie américaine elle-même, et la cause de la liberté humaine. Le digne président Lincoln fut frappé à mort dans un théâtre par un misérable fanatique esclavagiste ; mais sa noble figure domine et purifie les champs de massacre de cette horrible tuerie fratricide.

II. — Puissance économique des États-Unis. — Résultats de la guerre de Sécession. — La tâche était lourde au lendemain de la guerre de Sécession. Il fallait nourrir les populations affamées du Sud, licencier l'armée, payer la dette, habituer les blancs à considérer les nègres comme des citoyens libres, sinon encore comme des égaux, surtout ramener la paix dans les âmes endurcies par une lutte si atroce, et reconstituer avec l'Union le culte de la patrie commune. L'armée avait donné un bel exemple de patriotisme et de devoir ; elle n'avait été composée que de volontaires engagés pour la durée de la guerre, moyennant une prime[1] qui alla toujours en s'élevant ; elle fut licenciée sans qu'aucun général vainqueur cherchât à s'assurer la dictature militaire. Grant, qui ne l'eût peut-être pas refusée, comme fit Washington, se contenta de rechercher la présidence après l'expiration légale des pouvoirs du vice-président Johnson, qui avait remplacé Lincoln assassiné. Sherman renvoya ses compagnons d'armes. Meade reprit sa chaire dans une université, Banks son cabinet d'avocat. Un million d'hommes déposèrent de même le fusil et l'épée. La vie civile recommença avec une intensité nouvelle.

Pour assurer leur victoire, les *fédéraux* mirent en vi-

---

1. La prime, qui avait été de 100 dollars, monta progressivement jusqu'à 350 dollars. Le dollar vaut 5 francs.

gueur le treizième amendement à la constitution, qui sanctionna l'abolition complète de l'esclavage. Du jour au lendemain, les noirs furent proclamés les égaux de leurs maîtres de la veille et investis, sans instruction, sans préparation préalable, de tous les droits politiques; ils furent portés sur les listes électorales. Les propriétaires qui avaient exercé des fonctions politiques ou judiciaires dans le gouvernement sécessionniste furent rigoureusement exclus. Mais, dans la libre Amérique, ce régime arbitraire ne pouvait être de longue durée. L'apaisement se fit rapidement. Au bout de deux ans, les sénateurs et représentants des anciens États sécessionnistes furent de nouveau admis au Congrès. L'ex-président séparatiste, Jefferson Davis, fut remis en liberté. Le héros de la guerre, Ulysse Grant, devint président de la République. Le triomphe de l'idée de l'union et de l'abolition de l'esclavage était assez complet pour que l'amnistie fût sans restriction.

L'immigration. — Les progrès des États-Unis, arrêtés par cette longue et sanguinaire mêlée, ont recommencé plus rapides depuis 1868. Le courant de l'immigration est devenu un véritable torrent.

Dans les années qui suivirent, il est venu en moyenne un demi-million d'immigrants par an. Ils recevaient par tête gratuitement, à leur arrivée, 64 hectares de terre, à condition de devenir citoyens américains, de cultiver le sol pendant cinq ans et de payer un droit de transmission de 10 dollars. Ils pouvaient choisir à leur gré leur concession dans les forêts ou dans les prairies, au nord ou au sud, sur les bords d'un fleuve ou dans le voisinage de la mer, suivant leurs aptitudes et leurs préférences[1]. Chaque immigrant pouvait donc devenir propriétaire sans bourse délier, avantage incomparable et qui a

---

1. Les Américains, depuis quelque temps, ont pris un certain nombre de mesures pour restreindre l'immigration. Ils cherchent surtout à arrêter l'afflux toujours croissant des Italiens, des Hongrois et des Polonais dénués de ressources.

constitué si vite la forte population des travailleurs américains.

Ces travailleurs viennent de tous les pays d'Europe et
se groupent en général par nation, à leur arrivée. Cela
explique les diversités qui tendent à s'accuser de plus
en plus entre les populations des différentes régions.
Les Anglais s'établissent entre les Alleghanies et la mer,
dans les Etats primitivement formés; les Irlandais affluent
au sud du Saint-Laurent et des grands lacs. La vallée de
l'Ohio et la Louisiane possèdent encore quelques groupes de colons français; Louisville, Paris, Vincennes,
Versailles, Saint-Louis et la Nouvelle-Orléans sont des
localités qui ont une bonne consonance française. Les
Canadiens Français forment un groupe assez important
dans les Etats du Nord-Est et ont réussi à envoyer plusieurs des leurs à la Chambre des représentants. Les
Allemands, qui sont très nombreux, partent en masse
compacte au delà du Mississipi dans les vastes prairies
du Far-West. Enfin on trouve environ dix millions de
nègres, surtout au sud-est, dans les anciens Etats à esclaves, quelques tribus d'Indiens dans les prairies du Far-
West, des Chinois et des Japonais dans la Californie.

Les noirs. — Les nègres sont devenus les égaux des
blancs au regard de la loi : ils ont les mêmes droits
civils et politiques. Mais le préjugé de la couleur subsiste
contre eux; ils ne peuvent prendre pension dans un grand
hôtel, ni s'asseoir qu'à certaines places dans un chemin
de fer ou un tramway; les unions entre nègres et blancs
sont peut-être plus rares qu'avant la guerre de Sécession. Ils s'adonnent dans les villes aux métiers de domestiques, de décrotteurs ou de commissionnaires. Ils restent une race de grands enfants, légers, mobiles, violents,
peu capables d'occupations qui demandent de l'énergie
et de la ténacité. Leur nombre s'accroît beaucoup plus
rapidement que celui des blancs.

Disparition progressive des Indiens. — Les *Indiens,*
qui ont toujours reculé devant l'invasion des immigrants,

sont dans une situation lamentable. Ils ne vivent guère que de la chasse du bison, et le bison disparaît en même temps que diminue l'immensité des prairies devant la culture. Le gouvernement s'est chargé officiellement de leur tutelle. Il a organisé pour eux des *réserves,* c'est-à-dire d'immenses territoires où la prairie est respectée, où ils peuvent par conséquent continuer leur vie de chasse. Des agents officiellement accrédités doivent leur distribuer, au nom du gouvernement, des vivres et des vêtements. Mais ces agents sont souvent des aventuriers qui volent odieusement les malheureux Peaux-Rouges ; ceux-ci se vengent en scalpant quelques crânes de blancs. L'opinion réclame alors la destruction des Indiens, et le gouvernement, pour donner une demi-satisfaction aux plus acharnés des réclamants, restreint les réserves et en distrait une partie qu'il donne aux premiers occupants. Ainsi fut ouvert à la culture des blancs, en 1889, le territoire de l'*Ocklahoma,* à la suite de scènes de sauvage conquête, dignes de l'âge de pierre.

Les Indiens sont donc condamnés à disparaître de plus en plus, s'ils n'arrivent à se mêler par le sang aux vainqueurs, à leur prendre leurs habitudes de travail pacifique et régulier. Quelques-uns se font cultivateurs et fermiers, renonçant à la vie nomade des aventuriers chasseurs de bisons. Mais ils n'arriveront même pas à perpétuer la race des Peaux-Rouges, parce qu'ils se fondront de plus en plus avec les blancs.

La question chinoise dans l'Ouest. — Les Chinois, au contraire, sont très appliqués, sobres, dociles et laborieux. Une poignée de riz pour la nourriture, une pincée de thé pour la boisson, une bouffée d'opium pour le plaisir : voilà un Chinois satisfait. Ils se chargent de tous les emplois de femmes ; mais ils peinent dur aussi aux métiers d'hommes. Ils ont fait les chemins de fer du Pacifique et de l'isthme de Panama, moissonnés par la fièvre dans ce dernier travail. On a pu dire que chaque traverse de bois de ce railway reposait sur le corps d'un

Chinois. Dans toute la Californie, ils lavent les sables aurifères avec une rare ténacité, même dans les placers abandonnés par les blancs comme improductifs. Leurs négociants sont sérieux et habiles en affaires. Voici qu'à leur tour les Japonais s'infiltrent en Amérique : aux 126,000 Chinois s'ajoutent 90,000 Japonais dans les Etats du Pacifique. C'est un commencement d'invasion des *jaunes,* qui pourrait devenir à la longue un danger public.

La raison de l'antipathie qu'ils excitent est tout économique. Les jaunes se chargent au rabais de tous les métiers. En contribuant ainsi à abaisser les salaires, ils ameutent contre eux tous les ouvriers d'origine européenne. Le gouvernement ne leur est guère plus favorable, parce que les jaunes ne quittent jamais leur pays sans esprit de retour. Après avoir amassé quelques économies et parfois de grosses fortunes, les Chinois reviennent en Chine et ils contribuent ainsi à appauvrir le pays où ils ont travaillé, au lieu de l'enrichir. En 1892, le *Chinese exclusion act,* adopté par le Congrès, a fermé le territoire des Etats-Unis à l'immigration chinoise. La législation de la Californie s'efforce d'interdire aux enfants des Japonais l'accès des écoles publiques[1].

Prospérité croissante. Les grandes villes. — C'est cependant l'immigration si abondante des étrangers aux Etats-Unis qui a été la principale cause de leur fortune. Depuis le commencement du XIXe siècle, les Etats-Unis ont reçu à peu près 25 millions d'immigrants. Chacun apportait en moyenne 500 francs, ce qui donne pour la somme de leurs apports 12 milliards et demi. Mais ils valaient eux-mêmes beaucoup plus. On payait un bon esclave nègre 5,000 francs avant l'émancipation : à ce compte, les 25 millions de travailleurs eussent été achetés 125 milliards. Et combien vaut plus un travailleur

---

1. D'après la statistique de 1900, on comptait aux Etats-Unis, sur une population totale d'environ 76,300,000 habitants : 67,000,000 blancs ; 8,800,000 nègres, 266,000 Peaux-Rouges, enfin 220,000 Chinois et Japonais.

libre qu'un esclave! Aujourd'hui la république des Etats-Unis rivalise avec la France, l'Angleterre et l'Allemagne pour la puissance matérielle. Les villes y sont sorties de terre et ont grandi comme des champignons : c'est New-York, la cité-empire, peuplée, avec ses banlieues, de près de quatre millions d'habitants, la métropole du commerce de l'Atlantique, le point de débarquement des innombrables immigrants, relié avec l'Europe par les lignes de paquebots les plus rapides.

C'est Chicago (1,800,000 hab.), la reine des lacs, première ville du monde pour le commerce des blés et pour l'industrie des conserves de viandes. Chicago comptait quelques baraques de bois en 1830; un incendie a détruit la moitié de la ville en 1871; aujourd'hui Chicago a près de deux millions d'habitants. Son exposition de 1893 a fait courir toute l'Europe. Les *elevators* de sa halle aux grains, les tueries de ses bœufs et de ses porcs sont des curiosités dont les habitants sont fiers.

C'est encore Philadelphie, la première métropole politique, où a été proclamée l'indépendance (1,400,000 hab.). C'est Boston (600,000 hab.), la ville de la grande pêche, la vieille cité puritaine, centre actif de l'industrie des machines et des tissus. C'est Saint-Louis (600,000 hab.), fondé en 1764 par des Français au point de rencontre des deux plus grandes routes des Etats-Unis, celle du Mississipi du nord au sud, et celles de l'Ohio et du Missouri de l'est à l'ouest. C'est San-Francisco (360,000 hab.), la reine de l'or et la métropole de la belle contrée du Pacifique. Trente autres villes, dans ce pays si jeune, ont déjà plus de 100,000 hab., c'est-à-dire sont peuplées comme Toulouse, Nantes et Rouen. Que sera devenu ce pays dans un siècle, si la population et les ressources continuent à se développer dans la même proportion?

La grande culture. — Souvenons-nous d'ailleurs que les Etats-Unis ne ressemblent pas pour l'étendue à la France ou à l'Allemagne, ou à tel Etat particulier, mais bien plutôt à l'Europe tout entière. Nul pays n'a un sol plus fertile, des richesses minières plus variées ou plus considérables, un climat plus favorable aux immigrants. Le cultivateur pratique la grande culture sur d'énormes étendues de terrain ; pour diminuer les frais de la main-d'œuvre, il excelle à employer les machines agricoles les plus perfectionnées. Les États-Unis peuvent exporter, année moyenne, 60 millions d'hectolitres de blé, la moitié de la production totale de la France, et dans des conditions telles de bon marché que, malgré les frais de transport et les droits de douane toujours plus élevés, leurs blés se vendent sur nos marchés à meilleur compte que nos blés français. Le maïs vient à profusion et sert à engraisser le bétail. La Virginie et le Maryland n'ont pas cessé de prospérer par la vente de leurs tabacs. Le sucre de canne ou d'érable se récolte dans la Louisiane ; le coton surtout, *le roi coton,* si fort éprouvé pendant la guerre de Sécession, reste le produit principal des États du Sud-Est. Les États-Unis en récoltent autant que tous les autres pays producteurs réunis.

Le bétail prospère surtout dans les belles prairies de l'Ouest, où les immigrants allemands se transportent de préférence. Là, les rois du bétail ont leurs *ranches* ou fermes modèles, éparses dans la prairie illimitée ; ils constituent une classe de riches éleveurs, intelligents, entreprenants. Ils aiment le confortable et la vie intellectuelle et ils reçoivent journaux et *magazines ;* ils ont une bibliothèque choisie ; leurs femmes et leurs filles sont instruites et ont le goût artistique ; ils sont très peu semblables, en somme, à nos fermiers français. Ainsi c'est l'agriculture qui donne en Amérique les plus riches produits. Le mot de Sully est toujours vrai : « Labourage et pâturage sont les deux mamelles d'un pays, plus riches que toutes les mines du Pérou. »

La grande industrie. — A la grande culture s'ajoute désormais la grande industrie. Pendant longtemps la seule industrie pratiquée était celle de l'extraction des minerais dans la région des Alleghanies et des grands lacs.

La découverte des mines d'or de la Californie provoqua en 1848 un afflux considérable d'aventuriers de tous les pays. En quelques mois, 100,000 hommes accoururent dans ces déserts pour tamiser le sable des *placers* et y chercher les précieuses *pépites*. Les premiers venus s'exposèrent à mourir de faim, entourés de sacs d'or. Les moins heureux volaient les autres. D'horribles désordres se produisirent. Des fortunes furent faites, défaites, refaites et parfois reperdues en l'espace de quelques mois. On vit bientôt que les risques de cette vie aventureuse n'en valaient pas les profits. La fièvre de l'or tomba; on se mit à défricher la terre, qui est excellente et dont le produit est moins trompeur. Mais en même temps de grandes compagnies se formèrent et remplacèrent partout les laveurs de sables isolés ou les petites associations de mineurs. Grâce à ces grandes compagnies, ou à de richissimes financiers qui disposent à eux seuls d'autant de capitaux que de puissantes sociétés, les richesses minières des États-Unis sont soumises à une exploitation intensive, mais régulière. Ils produisent 140 millions de tonnes de houille, dix fois autant que la France (Pennsylvanie, Ohio, Illinois); 20 millions de tonnes de fer (région des Alleghanies); les deux cinquièmes de la production du cuivre dans le monde entier (Michigan, Montana, Arizona); le cinquième de l'or et du mercure (Californie, Nouveau-Mexique, Arizona, Colorado); les deux cinquièmes de l'argent (Nevada, Californie, Arizona).

Le « roi pétrole », qui n'est guère recherché que depuis un quart de siècle, a donné lieu à des entreprises et à des spéculations aussi désordonnées que l'or dans la Californie. On en extrait 2 millions de litres par jour des puits de la Pennsylvanie, de la Virginie occidentale et de la Californie. Favorisées par un outillage excellent et surtout par l'esprit d'initiative hardie des Yankees, les autres industries se sont développées très rapidement; les tissus, les machines, la cordonnerie, la bière, les conserves de viande, sont fabriqués dans des milliers d'usines, dont quelques-unes sont connues du monde entier.

Les chemins de fer. Puissance du Capital. — Les chemins de fer sont dus à l'initiative privée, et la concurrence a suscité d'innombrables compagnies qui se sont fait la guerre à coups d'abaissement de tarifs, au grand avantage du public et au grand détriment des actionnaires. Actuellement 360,000 kilomètres de voies ferrées forment aux Etats-Unis le réseau le plus étendu du monde entier. Le plus long et le plus connu de ces railways est le *Transcontinental Pacific,* qui unit New-York à San-Francisco, de l'un à l'autre Océan, sur un parcours de 5,600 kilomètres, plus de six fois la distance de Paris à Marseille. 2,600 kilomètres étaient déjà achevés en 1866, de New-York à Omaha-City. Le reste, c'est-à-dire plus de la moitié, mais la moitié la plus difficile, puisqu'il fallait franchir les hautes chaînes des Montagnes Rocheuses et de la Sierra Nevada, fut achevé en trois ans. Vingt à vingt-cinq mille Chinois y furent employés.

Ce chemin de fer traversait une contrée presque inhabitée, mais une gare était placée à chaque endroit favorable. Autour de la gare se groupent immédiatement un hôtel, une banque, une imprimerie, un journal, une épicerie où l'on vend tabac, sucre et café, bottes, chemises de flanelle, selles de cheval, pioches et haches ; une scierie mécanique débite des maisons transportables, de deux ou trois types et grandeurs différents ; et voici une ville qui se forme autour de la gare, comme pendant le moyen âge autour d'un monastère ; voici les spéculations qui commencent sur les terrains, les coupes de bois dans les forêts, les sondages à la recherche des mines.

Les constructeurs de chemins de fer et les spéculateurs de terrains, comme les Vanderbilt et les Gould, les propriétaires de mines comme les Mackay, les banquiers comme les Astor, les fondateurs des plus puissants organes de publicité comme le *New York Herald* de sir Gordon Bennett, les propriétaires d'hôtels *Mammouths,* où un ascenseur peut monter sans fatigue le voyageur à un seizième étage et à une chambre portant le n° 1500, les meneurs des *trusts* les plus puissants, Rockefeller pour le pétrole, Carneggie pour l'acier, Pierpont Morgan pour les transports océaniques, voilà les rois actuels de la richesse. Nulle part la puissance du gros capital n'est mieux établie ; nulle part le *dieu dollar* n'est l'objet d'un culte plus fervent. Souvenons-nous cependant que beaucoup de ces milliardaires rachètent l'excès de leur richesse en dotant largement les hôpitaux et les universités.

Les ouvriers. Les grèves. — Dans cette poursuite fiévreuse de la fortune, dans ce déplacement progressif de la population qui abandonne les campagnes pour les villes, qui renonce aux profits trop lents de l'agriculture pour les gains plus hasardeux de la grande industrie et des spéculations commerciales, le type primitif du Yankee s'est profondément modifié. Les États-Unis sont comme un colossal creuset d'hommes, où viennent se fondre les transfuges de vingt civilisations différentes : parmi les nouveaux arrivants, prédominent les Irlandais et surtout les Allemands.

L'Irlandais est peu laborieux, imprévoyant et tapageur ; l'Allemand, infatigable au travail, est sale, ivrogne et brutal. Jadis le Yankee était surtout agriculteur et propriétaire rural ; actuellement la prédominance est passée des campagnes aux villes, de l'agriculture à l'industrie et au commerce. Les collectivistes et les anarchistes commencent à protester contre la grande industrie, les colossales exploitations et les fortunes excessives. Les rigueurs du bill Mac Kinley, destiné à arrêter les produits européens par des droits de douane très élevés, n'ont pas facilité la vie de l'ouvrier américain. Il faudrait, pour lui venir en aide, arrêter de même les immigrants européens, Irlandais, Italiens, Polonais, qui, pour vivre, acceptent du travail au rabais.

De ce malaise croissant est sortie l'organisation de syndicats ouvriers puissants, comme les *Chevaliers du travail,* qui ont groupé plus d'un million d'adhérents et ont provoqué des grèves formidables parmi les ouvriers des chemins de fer ou des grandes industries de New-York et de Chicago. Ces conflits industriels prouvent que, malgré l'abondance des richesses, la vie devient moins facile aux Etats-Unis. Les crises de la question sociale n'y sont pas inconnues. L'Américain avec sa rudesse, son féroce égoïsme, sa jactance, son ambition d'éclipser tous ses rivaux et de briller à tout prix, ne sait pas assez se faire pardonner son luxe de parvenu.

Conclusion. — Les Américains nous donnent l'exemple de l'endurance et de l'énergie; ils ont le sentiment de la vraie égalité, le respect du travail, même le plus humble. Cependant leur civilisation ne peut se comparer à celle de notre vieille Europe. En Amérique, toutes les forces humaines, mille fois centuplées par les machines et par la science, sont appliquées au développement du bien-être et du confort; mais la haute culture littéraire et artistique, les recherches désintéressées de la science, sont encore trop peu goûtées et par une trop petite élite. L'enseignement, qui est très répandu et très bien renté, n'a encore pour but que la recherche de l'utile. Les romans descriptifs de Fenimore Cooper, les contes fantastiques d'Edgar Poë, les poésies de Longfellow, les histoires de Washington Irving, de William Prescott et de G. Bancroft sont des œuvres originales et parfois puissantes, mais non des œuvres de génie. Les plus illustres savants de l'Amérique, sauf Edison, ne sont que des vulgarisateurs heureux. L'Amérique tend à devenir le pôle matériel du monde; mais il semble que l'Europe doive en rester longtemps encore le pôle intellectuel et moral.

DIRECTIONS ET BIBLIOGRAPHIE

I. **Annexions et guerre de Sécession.** — Consulter : Aug. Moireau, *les Etats-Unis de 1817 à 1848 et de 1848 à 1870.* — Comte de Paris, *la Guerre civile en Amérique.* — Les biographies d'Abraham Lincoln; puiser dans sa vie de salutaires leçons d'énergie et de patriotisme.

II. **La puissance économique des Etats-Unis.** — Comparer, comme pour le monde de l'extrème Orient, hier et aujourd'hui.

Hier. — A. DE TOCQUEVILLE, *la Démocratie en Amérique.* — BARON DE HUBNER, *Voyage autour du monde.* — L. LANIER, *Lectures géographiques, l'Amérique.*

Aujourd'hui. — ANDRÉ CHEVILLON, *Etudes anglaises.* — MAX LECLERC, *Choses d'Amérique.* — PAUL BOURGET, *Outre-Mer.* — JULES HURET, *En Amérique.*

ÉTUDES ET LEÇONS

Quelques colossales industries américaines.

L'énergie inlassable, l'audace heureuse des patrons; l'emploi des machines pour tous les genres de production, et de machines spéciales pour chaque pièce distincte; la fabrication en grand : voilà les facteurs principaux du merveilleux développement industriel. C'est le bien. — La spéculation effrénée, les *trusts*, c'est-à-dire les syndicats de gros industriels d'une même profession pour régler la production, pour maintenir l'élévation des prix et décourager toute concurrence, ont édifié ces fortunes inouïes d'archimillionnaires et de milliardaires, qui font tant de tapage de l'autre côté de l'Océan. — C'est le mal.

Les abattoirs de Chicago. — Etablissements Swift. — Etablissements Armour. Une véritable curiosité de l'Amérique et du monde; on y voit les bœufs poussés à grands coups de fouet dans un couloir étroit où les attend un tueur dont l'unique occupation est de les abattre d'un seul coup de massue, puis plongés dans des piscines bouillantes, brossés, écorchés, dépecés, débités, cuits, fumés et mis en boîtes au moyen de machines d'une correction absolue. Un seul de ces établissements livre à la consommation plus de 10,000 bœufs par mois. On y suit la grotesque et lamentable procession des porcs, qui glissent accrochés par la patte à une poulie, égorgés au passage, puis tranchés d'un seul coup de fendoir de la tête jusqu'à la queue par des Hercules, à raison d'un millier par heure. « Il n'y a que les cris des porcs qui soient perdus. » (J. HURET.) Toutes les parties de l'animal sont découpées ou agglomérées par d'ingénieuses machines, les réduisant en jambons, en saucisses, en blocs de saindoux, avec la même régularité que des tablettes de chocolat. « La principale fonction de Chicago est de changer de la viande vivante en viande de boucherie, qu'on envoie partout sous forme de conserves. » (A. CHEVILLON.)

A Saint-Louis, une cordonnerie mécanique fabrique sept mille paires de chaussures par jour. Toutes les pièces distinctes sont découpées séparément par une machine spéciale : il suffit d'assembler ces pièces. — Une brasserie gigantesque produit par jour huit cent mille bouteilles de bière de bonne qualité.

La ville de Pittsbourg, l'ancien fort Duquesne du temps des Français, est devenue la reine de l'acier, grâce au trust fondé par Carneggie. — Les usines ont des halls, grands comme notre galerie des Machines. On y pratique une cuisine de volcans avec des soupières remplies de 250,000 kilos de fonte en fusion : des trains composés d'une douzaine de tasses contenant chacune 20,000 kilos de liqueur de fonte incandescente, se déversent dans des moules enduits de paraffine, où se solidifie la masse suivant des formes voulues. — Gigantesques laminoirs pour étirer ; pinces énormes à découper, machines à limer, tarauder, ajuster, qui semblent intelligentes. — 7,200 ouvriers dans les seules usines Homestead ; la plupart manœuvres slaves, gagnant un dollar par jour, salaire de misère à cause de la cherté de la vie américaine. Mais les ouvriers employés au travail des machines gagnent de 5 à 8 dollars, vivent en gentlemen une fois sortis de l'atelier. Celui qui, sur son clavier, dirige toutes les opérations de la coulée reçoit 16 dollars, 80 fr. par jour.

Les usines *Baldwin* de Philadelphie fabriquent 2,000 locomotives par an. Les ateliers *Pulmann* de Chicago peuvent livrer un wagon de marchandises tous les quarts d'heure. — L'établissement *Deering et Mac Cormick* de Chicago envoie ses machines agricoles dans le monde entier. Colossal bazar *Marshall Field* de Chicago (à la fois notre Bon Marché et notre Potin) : outre tout ce qui concerne l'alimentation, le vêtement et le mobilier, on y trouve des tableaux, des cercueils, des soutanes, des machines agricoles, 2 banques, une caisse d'épargne, un restaurant où l'on peut servir à la fois 400 repas ; 8,000 employés font marcher cette maison géante. — La maison *Ansonia*, le plus grand des immeubles de New York, bâtie par un Français, est haute de 17 étages ; l'eau distillée, chaude ou froide, et l'électricité y sont distribuées à discrétion. Un café, un banquier, un pharmacien, un médecin, un dentiste, sont attachés à la maison. On y trouve des appartements dont le prix varie de 700 à 5,000 dollars. La construction a coûté 25 millions et rapporte 10 p. 100.

Grâce à la perfection du machinisme et à la production en grand, l'industrie américaine livre ses produits à des prix qui défient toute concurrence :

« L'Amérique va produire des locomotives et des wagons pour elle et pour l'univers : d'Egypte en Birmanie, de Tunis au Chili, les rails et les traverses américaines vont couvrir des milliers de kilomètres ; c'est de fils de fer américains que s'encloront les pâturages australiens ; en l'année 1901, un seul navire a apporté à Sydney 24 locomotives pour le compte du gouvernement de la Nouvelle-Galles ; le fer américain construit le pont de Rotterdam ;

les moissonneuses et les bicyclettes américaines envahissent Odessa ; l'acier américain fait concurrence à l'acier anglais dans les ports mêmes du Royaume Uni. » (VICTOR BÉRARD.)

Consulter : JULES HURET, *En Amérique*. — PAUL ADAM, *Lettres d'Amérique*. — VICTOR BÉRARD, *Questions extérieures*.

CHAPITRE XII

La politique extérieure des États-Unis. L'Amérique latine.

La politique impérialiste des Etats-Unis a des origines récentes. Déjà Monroë avait proclamé en 1823 la doctrine célèbre : l'Amérique aux Américains ; mais l'esprit de conquête ne s'est développé que depuis la guerre heureuse entreprise contre l'Espagne. Devenus maîtres de Cuba, de Porto-Rico et des Philippines (1898), les Etats-Unis ont occupé les points stratégiques les mieux situés du Pacifique (1898-1901).

L'expansion de leur industrie les met aux prises avec les Japonais. Les Américains veulent maintenir la porte ouverte en Chine, pour y importer leurs produits ; ils veulent la fermer aux Chinois et aux Japonais dans tous leurs ports du Pacifique, afin de se préserver contre le péril jaune. L'ouverture prochaine du canal de Panama, dont ils ont racheté la concession à la compagnie française (1903) et dont ils se sont assuré la surveillance politique exclusive, consolidera l'hégémonie américaine dans les eaux du Pacifique.

L'Amérique latine comprend toute l'Amérique centrale et l'Amérique du Sud. Elle a été colonisée par les Espagnols et les Portugais. Ils y ont fondé de grands empires. Mais ils étaient trop peu nombreux pour la peupler. Ils ont eu le tort de maltraiter les Indiens et d'y favoriser la traite des nègres. Ils rendirent odieuse leur domination en la fondant sur la rivalité des classes et sur les monopoles commerciaux.

L'insurrection éclata dans toutes les colonies espagnoles, lors du renversement des Bourbons par Napoléon Ier. Mais Ferdinand VII rétabli ne put soumettre ses sujets révoltés. Iturbide au Mexique, Bolivar dans la Colombie, Saint-Martin dans la région de la Plata, furent les principaux libérateurs. Le Brésil devint depuis 1822 un empire gouverné par les Bragance.

Au congrès de Panama (1826), Bolivar cherche à organiser une puissante fédération de toute l'Amérique latine. Mais, à la suite de longues querelles pour l'organisation des Etats nouveaux, le morcellement a triomphé. Les Républiques latines se sont constituées à l'image des Etats-Unis. Dans les unes, les conservateurs, centralistes ou unitaires, ont fait prévaloir un pouvoir central fortement organisé. Dans les autres, les libéraux, radicaux ou fédéraux, ont établi une fédération de provinces conservant une large part d'autonomie.

Le progrès de ces Républiques a été longtemps retardé par les révolutions intérieures et par les guerres entre les Etats. Les petites Républiques de l'Uruguay, du Paraguay, ont longuement lutté pour l'indépendance contre la coalition de leurs puissants voisins. Mais toutes les interventions européennes en Amérique ont échoué, aussi bien celle de Napoléon III au Mexique (1861-1867), que celle de l'Espagne entre le Pérou et le Chili (1864-1871).

Actuellement les États de l'Amérique latine forment, d'après leur situation géographique et leur climat, des groupes assez différents. Le Mexique et l'Amérique centrale se développent grâce aux capitaux des Etats-Unis ; la Colombie et le Pérou restent dans une immobilité relative, soit à cause du climat malsain, soit à cause de l'éloignement des ports du Pacifique. Le Chili, la République Argentine et le Brésil ont plus d'avenir. Un climat plus sain, une émigration européenne plus abondante, favorisent le développement de ces Républiques. Le Brésil s'est érigé en république en 1889.

L'Amérique latine a sa civilisation propre : elle se garde jalousement contre toutes les tentatives des Etats-Unis pour l'absorber dans l'élément anglo-saxon.

I. — **L'impérialisme aux Etats-Unis.** — Pendant tout le XIXe siècle, les Etats-Unis ont grandi par la paix. Maintenant que les grands conflits entre les peuples ont surtout un caractère économique, ils semblent appelés à grandir par la conquête et par la guerre. En 1897, le secrétaire d'Etat Sherman déclarait à un diplomate français que l'*Union* ne faisait pas un sou de commerce avec la Chine et n'y enverrait pas un soldat. Au mois de mai 1903, dans son discours de Watsonville, le président Roosevelt affirmait au contraire, aux applaudissements des hommes de l'Ouest, que la domination du Grand Océan était réservée aux Etats-Unis. Que de chemin parcouru depuis 1897 !

L'*Union* s'est emparée des Sandwich, de Guam, d'une partie des Samoa, des Philippines, de Cuba et de Porto-Rico. Elle se prépare à mener activement les travaux de percement de l'isthme de Panama. D'autre part, les Japonais, vainqueurs successivement des Chinois et des Russes, s'efforcent de « japoniser » la Chine et d'établir leur hégémonie sur le Pacifique. Comment donc s'est développé l'*impérialisme* aux Etats-Unis? Quelle doit être la répercussion des derniers événements mondiaux sur leur politique étrangère?

La doctrine de Monroë (1823). — Dès 1822, les puissances de la Sainte-Alliance s'apprêtaient à secourir les Espagnols pour les aider à soumettre leurs colons américains révoltés. Dans son message au Congrès de 1823, le président Monroë déclara que l'Union ne soutiendrait aucune révolte dans les colonies encore existantes en Amérique, mais qu'elle considérerait comme une atteinte personnelle toute tentative des Européens pour replacer sous le joug étranger les républiques affranchies. On a coutume de résumer cette doctrine sous cette forme plus expressive : « L'Amérique aux Américains[1]. »

Guerre des Etats-Unis contre l'Espagne (1898). — Pendant longtemps cette doctrine de Monroë somnola, à

---

1. La doctrine dite de Monroë a été formulée comme il suit dans un message adressé par le président Monroë au Congrès le 2 décembre 1823 : « Mon administration dans les négociations avec la Russie a établi comme un principe, où sont impliqués les droits et les intérêts des Etats-Unis, que les continents américains, par la position libre et indépendante qu'ils ont assumée et maintenue, ne doivent plus être désormais considérés comme un domaine propre à la colonisation par aucune puissance européenne... Nous devons à la bonne foi et aux relations amicales existant entre les Etats-Unis et ces puissances de déclarer que nous considérerons à l'avenir toute tentative de leur part, pour étendre leur système politique à quelque portion de cet hémisphère, comme dangereuse pour notre paix et notre sécurité. En ce qui concerne les colonies ou dépendances actuelles d'une puissance européenne quelconque, nous ne sommes pas intervenus et nous n'interviendrons pas. Mais, quant aux gouvernements qui ont déclaré et maintenu leur indépendance, nous ne pourrions regarder toute intervention d'une puissance européenne, ayant pour objet soit d'obtenir leur soumission, soit d'exercer une action sur leur destinée, autrement que comme la manifestation d'une disposition hostile à l'égard des Etats-Unis. »

l'état purement théorique. Les Américains se contentaient d'encourager en secret les soulèvements périodiques des Cubains contre les Espagnols. En 1878, à la suite d'une insurrection qui ensanglanta la grande île pendant dix ans, ils proposèrent sans succès à l'Espagne le rachat de Cuba. La révolte qui éclata de nouveau en 1894 fut soutenue plus ouvertement par les volontaires et par l'argent des Etats-Unis. En vain l'autonomie de Cuba fut proclamée sous le protectorat de l'Espagne : cette satisfaction ne suffit pas au gouvernement américain. A la suite de l'explosion accidentelle du stationnaire *le Maine* dans le port de la Havane, la guerre fut déclarée à l'Espagne. La flotte espagnole ne valait que par le nombre de ses unités ; elle n'était ni bien équipée ni bien commandée. L'escadre de l'amiral Montojo fut détruite par l'amiral Dewey dans l'arsenal de Cavite, près de Manille (1er mai 1898). L'amiral Topete de Cervera se laissa « embouteiller » dans le goulet de Santiago de Cuba par l'amiral Sampson : cette seconde escadre fut détruite comme la première (juillet 1898). Les volontaires de la flotte, parmi lesquels se trouvait le futur président Roosevelt, eurent une grande part à ce succès, dont le retentissement fut immense. La paix négociée à Washington par notre ambassadeur M. Jules Cambon et signée à Paris, le 12 août 1898, consacra le triomphe des Américains. L'Espagne abandonna aux Etats-Unis Cuba et Porto-Rico, ses dernières possessions d'Amérique, avec tout l'archipel des Philippines.

Cuba et les Philippines. — Les Américains, après avoir occupé militairement Cuba, l'ont érigée en une république autonome, mais en se réservant le droit d'intervention dans les affaires de la République en cas de troubles intérieurs. C'est une sorte de protectorat déguisé[1]. Aux Philippines, les Américains eurent à lutter

1. Dans son message au Congrès du 4 décembre 1906, le président Roosevelt s'exprime à l'égard de Cuba de la manière suivante : « Si les élections sont une farce et que les dispositions insurrectionnelles se maintiennent dans l'île, il sera absolument inadmissible que Cuba demeure indépendant ; et

contre leur ancien allié Aguinaldo, qui arbora contre eux le drapeau de l'indépendance, comme auparavant contre les Espagnols. A la suite de la capture d'Aguinaldo fait prisonnier par trahison, l'archipel des Philippines fut placé sous l'autorité d'un gouverneur civil américain (1901). Désormais la lutte dégénéra en brigandage. Les nationalistes philippins, vrais ou faux, furent traités comme des brigands, déportés, emprisonnés, jetés aux bagnes. En dernier lieu, la résistance s'est cantonnée sur le terrain religieux. L'ancien aumônier d'Aguinaldo, Aglipay, a encouragé l'opposition du clergé philippin contre la propagande baptiste et méthodiste des missionnaires américains. Cependant la politique ferme, habile et essentiellement pratique du commissaire civil Taft a rétabli l'ordre. L'administration et les tribunaux réorganisés ont été partagés entre les plus intelligents des Tagals formant l'aristocratie indigène, et des fonctionnaires catholiques venus d'Amérique. Des négociations habilement menées avec le pape Léon XIII ont permis aux Américains de racheter les biens des ordres monastiques (Augustins, Dominicains, Récollets) et de prendre leur place. Bien que l'âme populaire des Philippins reste telle que l'ont façonnée les rudes mains des Espagnols, la domination de l'Union est fortement établie dans tout l'archipel.

Occupation des points stratégiques du Pacifique. — Cuba, Porto-Rico, les Philippines, ce sont des territoires étendus, appelés peut-être dans l'avenir à prendre leur place comme Etats nouveaux dans la grande République américaine. Mais les hommes d'Etat de l'Union visent à exercer l'hégénomie dans tout le Pacifique. Ils y ont occupé des positions stratégiques qui jalonnent la

les Etats-Unis, qui sont responsables vis-à-vis du monde civilisé en ce qui concerne la nation cubaine, seront de nouveau obligés d'intervenir et de veiller à ce que l'île soit gouvernée de manière à procurer la sécurité des personnes et des biens des habitants. » Une première intervention des Américains pour mettre fin à la guerre civile a eu lieu en 1906.

route d'Amérique en Asie et en Australie. Le 6 juillet 1898, les Etats-Unis prirent officiellement possession des îles Hawaï ou Sandwich : 40,000 Japonais y étaient installés. Il fallait empêcher ce groupe d'îles de passer entre les mains du Japon. En 1899, un traité intervint pour partager entre l'Angleterre, l'Allemagne et les Etats-Unis l'archipel des Samoa, jusque-là indivis : l'Union se fit attribuer les îles de Pango-Pango et de Tutuila. Déjà l'île de Guam, dans le groupe des îles Mariannes, avait été achetée à l'Espagne. Honolulu des Sandwich, Pango-Pango des Samoa, Guam et Manille, sont des mouillages excellents, des points d'appui de premier ordre pour la flotte américaine sur tout le parcours du Pacifique, de San Francisco en Chine.

Intérêts des Etats-Unis en Chine. — Dans le monde chinois, les Etats-Unis cherchent à faire figure aux côtés des Etats européens. Lors de l'expédition internationale de 1900 contre les Boxers, l'Union américaine a envoyé son contingent.

L'industrie américaine, qui prend de si grands développements, a besoin de conserver la porte ouverte en Chine : déjà elle y exporte les cotonnades grossières fabriquées dans le Massachusets, les bois des Montagnes Rocheuses, les pétroles de la Pennsylvanie. San Francisco ne suffit plus seul à ces exportations. Un port nouveau, Seattle, s'ouvre dans le Puget Sound, à peu de distance de Vancouver, pour prendre sa part de ce commerce lucratif; il est relié par une voie ferrée spéciale avec tous les ports de l'Est et par ses services de paquebots avec la Chine et le Japon. Seattle, dès aujourd'hui, se pose en rival de San Francisco. Les Etats-Unis ne toléreront aucune entrave à leur commerce avec le monde jaune. Au début de la guerre russo-japonaise, l'opinion américaine, inquiète des développements de la puissance russe sur le Pacifique, craignant de voir fermer la porte de la Mandchourie et de la Corée, souhaitait le succès du Japon. Mais le « cher petit Japon » a été trop vainqueur.

Il a délogé les Russes; il s'efforce de *japoniser* la Chine; sa flotte, maîtresse de Formose, guette peut-être les Philippines, en attendant d'autres proies ardemment convoitées dans toute l'étendue de l'océan Pacifique, où se répandent les Japonais. Pour l'Américain de l'Ouest, qui, selon le mot du président Roosevelt, « incarne tout ce qu'il y a de plus américain dans le caractère américain », le Japonais, c'est désormais l'ennemi. De là les mesures d'exception contre l'introduction de la main-d'œuvre japonaise prises en Californie, véritablement symptomatiques de l'esprit nouveau de préservation contre le *péril jaune*. Ces mesures, désapprouvées officiellement par le président Roosevelt, sont populaires aux Etats-Unis.

Ouverture du canal de Panama. — Bientôt l'ouverture du canal de Panama va doubler les forces navales des Etats-Unis, en leur permettant de se concentrer rapidement dans l'un ou dans l'autre Océan. Le percement de cette voie nouvelle n'amènera pas une révolution dans les grandes routes internationales du commerce. La distance des ports d'Europe à Sydney, à Shanghaï et même à Yokohama sera plus courte par le canal de Suez que par celui de Panama. Mais le commerce sera facilité singulièrement d'Amérique en Amérique entre les ports respectifs des deux Océans : ceux du Pacifique y auront les plus gros profits, non seulement ceux du Chili, du Pérou et du Mexique, mais surtout San Francisco et Seattle.

On sait comment l'illustre Ferdinand de Lesseps avait cherché à réserver pour la France la gloire et le profit de cette colossale entreprise. 1,345 millions y ont été engloutis; 600 millions de travaux y avaient été exécutés. Après de laborieuses négociations, le gouvernement américain a racheté pour 200 millions à la Compagnie française la concession du canal. L'affaire est bonne, et les Yankees sauront en tirer tous les profits que nos hommes d'Etat et nos financiers n'ont pas pu réserver à la France (1903).

La République de Colombie, à qui appartenait le territoire de l'isthme de Panama, faisait des difficultés pour reconnaître aux Etats-Unis la cession du privilège de la Compagnie française. Une insurrection fomentée à point, avec l'appui à peine dissimulé des Etats-Unis, a détaché en 1903 de la Colombie la petite République de Panama. Désormais les Yankees sont les maîtres de l'affaire. Ils ont profité des difficultés où se débattait l'Angleterre dans sa lutte acharnée contre les Boërs pour s'assurer, par le traité Hay-Pauncefote (nov. 1901), leur droit exclusif à exercer la surveillance sur le canal. La France et l'Angleterre avaient jusque-là fait reconnaître le caractère international du futur canal. La France a vendu son droit ; l'Angleterre y a renoncé. Les Américains se sont assuré le privilège exclusif « d'assurer le maintien de l'ordre aux deux extrémités du canal ». (ROOSEVELT.)

La doctrine Drago. — Ainsi se développe logiquement la doctrine de Monroë : plus que jamais les Européens sont exclus de toute intervention dans les choses d'Amérique. Les Etats américains n'ont pas cessé de contracter en Europe de gros emprunts : parfois, comme il est arrivé récemment au Vénézuela, ils cherchent à se soustraire à leurs engagements et refusent de payer les intérêts de leur dette. La *doctrine Drago*[1], complément et exagération de la doctrine de Monroë, dénie aux Etats européens lésés le droit de recouvrer par la force leurs créances. La conférence panaméricaine de Rio de Janeiro (juillet 1906) a marqué un nouvel effort des Etats-Unis pour étendre leur tutelle sur toute l'Amérique latine et pour y faire échec à l'influence politique et au commerce des Européens. Seront-ils amenés dans l'avenir à prendre les mêmes mesures de défense contre le *péril jaune* et contre le *péril européen?*

---

1. Le docteur Drago a été ministre des affaires étrangères de la République Argentine : dans la conférence panaméricaine de Rio, il a proposé de soumettre à la deuxieme conférence de la Haye la question du recouvrement des dettes publiques par la force et les moyens propres à diminuer entre les nations les conflits ayant une cause purement pécuniaire (1906).

II. L'Amérique latine.

— L'Amérique du Centre et du Sud a gardé l'empreinte dont l'ont si fortement marquée, pendant trois siècles de rude domination, les Espagnols et les Portugais. On y parle le castillan ; on y pratique le catholicisme ; c'est toujours l'Amérique latine. Sans doute les constitutions de toutes les républiques latines ressemblent à celles des Etats-Unis : un président investi du pouvoir exécutif, un Sénat et une Chambre des représentants qui exercent le pouvoir législatif; tel est le modèle uniforme. Il y a toutefois cette différence que, dans les constitutions unitaires, les Etats sont qualifiés du nom de provinces ou de départements; de plus, le Sénat et la Chambre des représentants sont nommés, en général, par un mode différent de suffrage, mais toujours d'après le chiffre de la population. Au contraire, dans les constitutions fédératives, chaque Etat nomme un nombre identique de sénateurs, quelle que soit sa population [1].

Cependant c'est toujours de l'Europe, et surtout de l'Europe latine, qu'elles reçoivent les colons qui mettent en valeur toutes leurs richesses agricoles, et les capitaux nécessaires à tous les grands travaux d'exploitation. On peut même dire que leur fortune actuelle et leur avenir sont liés d'une façon étroite à l'importance de cette immigration européenne des colons et des capitaux. C'est au sud des tropiques, où le climat leur est le plus favorable, que les Européens se portent en plus grand nombre. Aussi les républiques de la zone torride semblent-elles condamnées à une longue immobilité.

Le Mexique et l'Amérique centrale.

— Le Mexique, peuplé de près de 15 millions d'habitants, est, avec le Brésil, le plus puissant des Etats de l'Amérique latine. Si

1. Actuellement, dans l'Amérique du Sud, la Colombie, l'Uruguay, le Paraguay, le Chili, la Bolivie et le Pérou ont des constitutions unitaires : le Vénézuela, le Brésil, la République Argentine et l'Equateur, des constitutions fédératives. Mais il y a eu beaucoup de changements, et il peut s'en produire encore.

les côtes, basses et malsaines, sont en proie à l'horrible
fléau de la fièvre jaune, les hauts plateaux, qui constituent
le vrai Mexique, jouissent au contraire d'un climat très
salubre. Le pays renferme en abondance d'incomparables
richesses minières et de grandes ressources agricoles.
Depuis 1876, l'administration d'un président habile, Por-
firio Diaz, a fait tomber les barrières élevées contre l'intrusion des étrangers. Les capitalistes des Etats-Unis y
ont construit 10,000 kilomètres de chemins de fer, bâti
des écoles, amélioré les ports, créé des industries métal-
lurgiques et des filatures.

Les petites républiques de l'Amérique centrale, Guaté-
mala, Honduras, San Salvador, Nicaragua et Costa Rica,
auxquelles il faut ajouter, depuis 1903, celle de Panama,
ont compris qu'elles n'avaient pas la force de vivre isolées. Elles cherchent à se rapprocher. L'établissement
de nouveaux chemins fer qui uniront ces petits Etats, le
percement de l'isthme de Panama, aideront à cette solution. Déjà, en 1889, elles ont conclu, sous le nom de
Centro-America, un traité d'alliance qui les unit pour dix
ans en une fédération. Il est possible que dans l'avenir
cette union devienne encore plus étroite, au grand profit
des Etats confédérés. Les grandes entreprises sont dues
aux capitalistes yankees. Ce sont eux qui ont acheté à la
compagnie française de Panama sa concession avec tous
les travaux effectués, les machines, les outils. Ils ont contribué, comme on l'a vu, à créer aux dépens de la Colombie la petite République de Panama, pour se réserver
l'autorité politique sur le canal (1903).

Le Yankee joue dans l'Amérique centrale le même rôle
que l'Européen dans l'Amérique du Sud. Par son initiative et ses capitaux, il met en valeur les richesses naturelles du pays. Cependant ni le Mexique ni l'Amérique
centrale ne voudraient se fondre dans l'unité anglo-
saxonne : les Latins y sont bien acclimatés. L'Anglo-
Saxon ne fait pas souche dans la zone torride.

La Colombie et le Pérou. — Cette région étant peu

propre à l'acclimatation des Européens, l'immigration y est presque nulle. Aussi le Vénézuela malgré ses richesses agricoles, la Colombie malgré ses ressources minières, la République de l'Equateur à cause des agitations politiques, sont-ils des Etats encore très arriérés. Il en est de même du Pérou et de la Bolivie, où l'instabilité gouvernementale n'a pas été moins grande, et du Paraguay, qui a subi de 1813 à 1870 les trois dictatures du docteur Francia et des deux Lopez, son neveu et son petit-neveu. Ils ont gouverné le Paraguay comme auparavant les jésuites, en proscrivant avec la dernière rigueur tout contact, tout commerce avec les étrangers, et en laissant croupir leurs concitoyens dans la plus honteuse ignorance.

Le Chili. — Dans le sud de l'Amérique méridionale, le climat est plus salubre et l'afflux des Européens plus considérable. Là sont les trois Républiques les plus riches, le Chili, la République Argentine et le Brésil.

Le Chili a soutenu avec succès, de concert avec le Pérou, une guerre contre l'Espagne (1864-1871). Il a été de même victorieux du Pérou et de la Bolivie coalisés, grâce à la bonne organisation de sa flotte et de son armée. L'enjeu de la guerre lui est resté : ce sont les riches mines d'argent et de cuivre de l'Atacama et les inépuisables gisements de salpêtre du Tamarurgal (1879-1883). Plus au sud, les palmiers, les vignes, les céréales, les pâturages, donnent, suivant l'altitude, d'excellents produits ; enfin, dans les admirables fjords voisins du détroit de Magellan, la pêche fournit d'abondantes ressources. Cependant les trois millions de Chiliens n'augmentent que par l'excédent des naissances ; bien peu d'Européens viennent chercher fortune dans un pays si reculé, où les communications intérieures sont encore si rares et si difficiles. On constate même depuis quelques années un certain essaimage des Chiliens vers la Plata et vers le Pérou. Mais le percement de l'isthme de Panama donnera une activité nouvelle à l'industrie et au commerce de ce pays. D'ail-

leurs le Chilien a dans les veines plus de sang européen que le Bolivien ou le Péruvien. Il a plus d'aptitude
à se laisser gouverner. Nulle part les révolutions n'ont
été moins fréquentes; nulle part l'instruction n'est plus
développée. Le Chili a sa carte d'état-major soigneusement dressée, sa marine de guerre puissamment armée,
ses ingénieurs et ses savants. Le budget est en équilibre,
et le peuple très travailleur. Quand la Cordillère aura
été percée, quand le chemin de fer *transandin* reliera
Valparaiso à Buenos-Ayres, les riches produits du Chili
trouveront, pour s'exporter en Europe, de plus grandes
facilités. La prospérité de la courageuse république en
sera doublée.

La République Argentine. — La République Argentine et l'Uruguay sont en voie d'accroissement, mais seulement depuis que les longs désordres intérieurs ont pris
fin. Le congrès de Tucuman (1816) avait proclamé l'indépendance des Provinces-Unies de la Plata. D'intermina-
bles querelles éclatèrent entre les *unitaires,* qui voulaient
soumettre étroitement toutes les provinces à la préémi-
nence de Buenos-Aires, et les fédéralistes, appuyés sur
les farouches *gauchos,* qui réclamaient l'autonomie pro-
vinciale. Les unitaires triomphèrent d'abord, grâce aux
efforts de Rivadavia (1820-1827). Mais un revirement se
produisit bientôt (1830) : Rosas, à la tête des fédéraux et
des gauchos, s'arrogea une dictature sanglante, qui ne
cessa que lors de la révolution de 1851. Les Etats-Unis
du Rio de la Plata formèrent alors, sous le nom de République Argentine, une confédération de 14 provinces
investies de droits égaux (1853). Urquiza, nommé président, garda le pouvoir jusqu'à sa mort (1854-1870). Rosas
avait réussi à se réfugier à Londres. Urquiza fut assassiné dans son merveilleux château de San José.

L'immigration. — La République Argentine a vu sa
population doubler en moins de vingt ans. De toute l'A-
mérique du Sud, c'est elle qui reçoit la plus forte proportion d'immigrants. Les Italiens y sont les plus nombreux :

ils cultivent la terre avec beaucoup d'énergie, mais vivent sans aucun souci du bien-être dans le *rancho*[1] primitif de l'indigène. Les céréales, la vigne, le manioc, la canne à sucre, prospèrent surtout dans la région centrale. Nos Basques viennent aussi en grand nombre, attirés par des parents déjà établis; ils se portent surtout dans les *pampas* du Sud, c'est-à-dire dans les grandes plaines herbeuses qui sont le paradis du bétail. Ils vivent de préférence dans les *estancias,* grandes fermes isolées, fortifiées comme un château fort, munies comme un magasin de tout ce qui est indispensable à la vie primitive du pasteur, adjointes à de grands bâtiments d'exploitation pour la préparation de la viande, des graisses et des cuirs. Là le Basque dispute au *gaucho,* métis presque sauvage, fier comme l'Espagnol, fourbe et rusé comme l'Indien, tous les métiers que comporte l'élevage en grand du bétail.

Les Français viennent aussi en nombre appréciable; ils recherchent les situations plus élevées dans les exploitations minières de la région andine, ou dans les maisons de commerce et de banque des grandes villes. Les Allemands et les Suisses semblent se détourner de ces pays. Ils apprennent difficilement l'espagnol; mais, une fois acclimatés, ils sont de solides et courageux travailleurs. La région du Nord, connue sous le nom de *Grand-Chaco,* est la moins propice aux Européens; c'est un pays de grandes savanes herbeuses, de fourrés et de forêts; on y fait de belles chasses; mais l'Européen s'y anémie vite.

Grand avenir. — La République Argentine a beaucoup gagné depuis vingt ans; sans doute elle fait de grands sacrifices pour attirer l'étranger : transport gratuit, fourniture d'une année de vivres, du bétail, des semences, des meubles et des outils indispensables à l'installation, cela jusqu'à concurrence d'une somme de 5,000 fr. remboursable en trois ans; voilà de grands avantages, bien faits

---

1. Le *rancho* est une masure recouverte de chaume, avec des murs en pisé recrépis de bouse de vache, et le sol un pour plancher; on n'y trouve que des meubles et des ustensiles rudimentaires.

pour séduire le travailleur pauvre qui a tant de difficultés à gagner en Europe une vie misérable. Aussi l'Europe envoie-t-elle chaque année à la République Argentine près de cent mille de ses enfants. Les capitaux européens ont servi à la construction d'un réseau assez avancé de chemins de fer, à l'aide duquel tout le pays peut être mis en valeur. L'avenir de cette grande république est illimité, si elle évite avec un soin jaloux les révolutions politiques et les crises financières.

L'Uruguay. — L'Uruguay, ou *banda orientale,* fut disputé entre le Brésil et la République Argentine. Les Brésiliens occupèrent son territoire pendant cinq ans (1816-1821) avec la complicité des Espagnols, qui, ne pouvant réduire leurs sujets révoltés, abandonnaient aux Portugais le soin de les conquérir. En 1828 seulement, l'Uruguay réussit à faire reconnaître son indépendance par le Brésil. Mais, à peine affranchie, la petite république faillit être inféodée à la République Argentine. Le farouche Rosas, pour soutenir un candidat à la présidence de l'Uruguay, mit pendant huit ans le siège devant Montevideo (1843-1851). La « nouvelle Troie » fut secourue par une escadre française (1843), et la victoire d'Obligado sur l'escadre de Rosas assura le libre accès du Rio de la Plata aux navires étrangers. Les courageux efforts de Garibaldi contribuèrent à sauvegarder l'indépendance de l'Uruguay. L'Uruguay a les mêmes productions et le même avenir que la République Argentine.

Le Brésil. Les régions naturelles. — Le Brésil, bien que colonisé par les Portugais, a eu une histoire peu différente des républiques purement espagnoles. Il vaut seize fois la France et n'a guère plus de 16 millions d'habitants. Toutes les parties de son immense territoire ne sont pas également propres à les recevoir. Le colossal bassin de l'Amazone, le plus chaud et le plus arrosé du monde entier, alimente les intenses poussées végétatives de la forêt vierge; mais l'homme y est comme écrasé par la colossale nature; quelques nègres insouciants, des

Indiens apathiques ou des demi-blancs anémiés, y vivent sans énergie ; l'Européen languit vite dans la forêt amazonienne. Tout autre est l'aspect du plateau triangulaire de l'Est et de la côte au sud du cap Saint-Roch. La houille, le fer, se trouvent en abondance dans les provinces de Minas Geraes et de Matto Grosso. On y lave même et l'on y concasse avec succès le *cascalho,* quartz mêlé d'argile, pour y trouver le précieux diamant. Mais plus riches que toutes les mines sont les cultures agricoles de cette région : le coton, qui pendant la guerre de Sécession des Etats-Unis a alimenté presque seul les marchés européens, mais dont la culture est en décadence ; la canne à sucre, qui a donné lieu aussi à quelques mécomptes, à cause de la concurrence européenne de la betterave. La *ciposeda,* ou liane-soie, d'une blancheur remarquable et d'une grande résistance, peut remplacer les cotons des plus belles qualités. Mais la plus riche des productions, celle qui sans cesse prend des développements nouveaux, c'est le café. Dans les riches *fazendas,* qui sont les *estancias* du Brésil, et où l'on prépare le précieux grain, les frais de production ne dépassent pas le cinquième des recettes. On plante le café au Brésil comme la vigne en Algérie.

La révolution de 1889 au Brésil. — Le Brésil a été jusqu'à ces dernières années un empire isolé au milieu des républiques hispano-latines. On sait comment la dynastie de Bragance, chassée du Portugal par Napoléon (1808), est venue s'établir au Brésil. Dom Pedro II gouverna avec intelligence, assura à ses sujets une longue paix et fut le promoteur de plusieurs mesures libérales, dont la plus connue est l'abolition de l'esclavage (1871-1888). En même temps des chemins de fer furent tracés ; un service régulier de paquebots fut établi sur l'Amazone ; de grandes écoles furent créées. La langue française y était très en faveur. On l'apprenait dans les écoles primaires conjointement avec le portugais. Une révolution imprévue renversa dom Pedro du trône (nov. 1889). Les libéraux redoutaient l'avènement de la princesse Isabelle, fille de dom Pedro, mariée au comte d'Eu, fils du duc de Nemours, inféodés tous deux au parti clérical. Ils proclamèrent la République.

Cette République n'a pas cessé de s'affermir. Les immigrants européens se portent plus que jamais au Brésil. On en compte annuellement près de 100,000, latins pour la plupart, Italiens, Portugais, Espagnols et Français. Les Allemands forment cependant deux groupes compacts dans les provinces d'Espirito Santo et de Rio Grande do Sul; cette dernière a plusieurs fois tenté de s'unir à l'Uruguay, dont elle est limitrophe et avec lequel elle a d'étroites affinités.

Avenir de l'Amérique latine. — En somme, l'Amérique latine s'assagit. Depuis trente ans les révolutions et les pronunciamientos militaires y sont devenus plus rares : il y a moins de présidents assassinés. L'influence politique du clergé décroît; l'anarchie militaire s'efface devant le gouvernement civil. Les colons européens continuent à faire prédominer la sagesse et la modération dans la direction des affaires publiques. C'est un service de plus qu'ils rendent, en retour de la très large hospitalité qu'ils reçoivent. Quelle que soit leur origine, l'assimilation de ces immigrants est rapide et complète. Ils se fondent dès la seconde génération dans cette fière race hispano-américaine, qui a gardé si profonde l'empreinte de la mère patrie. En vain les Etats-Unis semblent préparer la mainmise sur l'Amérique espagnole. Ils auraient voulu y faire prévaloir tout au moins leur bill Mac Kinley, qui frappe de droits si élevés les marchandises de provenance européenne, afin d'y vendre au plus haut prix les produits de leur industrie, sans avoir à redouter la concurrence. Toutes les conférences panaméricaines réunies à cet effet ont échoué. Celle du mois de juillet 1906, suivie de la tournée triomphale du ministre des Etats-Unis M. Elihut Root parmi les Républiques sud-américaines, a pu faire acclamer de nouveau la doctrine de Monroë et même la doctrine de Drago. Les Américains du Sud acceptent bien d'avoir les Etats-Unis pour guides ; pour maîtres, jamais. Ils veulent garder l'Amérique aux Américains ; mais ils veulent encore plus garder l'Amérique latine à elle-même ; et déjà les Latins de la Sud-Amérique sont trop nombreux pour être absorbés dans l'élément anglo-saxon de l'Amérique du Nord.

DIRECTIONS ET BIBLIOGRAPHIE

I. L'impérialisme des Etats-Unis. — René Pinon, *les Origines et les Résultats de la guerre russo-japonaise* : lire toute l'introduction, *la Lutte pour le Pacifique*, et le chap. VII, *les Américains aux Philippines*. — Toutes les questions relatives à la politique impérialiste des Etats-Unis, aux nécessités d'expansion de leur commerce en Chine, à leurs mesures de préservation contre le péril jaune et au conflit probable entre les Etats-Unis et les Japonais y sont étudiées en détail.

I. Les Républiques de l'Amérique du Sud. — Deberle et M'chaud, *Histoire de l'Amérique du Sud*. Toute l'histoire de l'affranchissement des colonies espagnoles, de l'organisation laborieuse des Républiques, leur situation actuelle et leur avenir, voilà les principales divisions de l'ouvrage, qui résume bien toute la question. — Hermile Reynald, *Histoire contemporaine de l'Espagne*. — V. aussi Lanier, *Lectures géographiques : l'Amérique*.

ÉTUDES ET LEÇONS

I. L'esclavage en Amérique. — 1° *Origines*. — La race indigène des Peaux-Rouges est trop faible pour le travail des mines. Réclamation de l'évêque Las Casas en leur faveur. — Dès la fin du XVIe siècle, des convois de nègres sont envoyés d'Afrique en Amérique pour le travail des plantations et l'exploitation des métaux précieux. — C'est le point de départ de la *traite*.

2° *La traite*. — Faveur de la traite en Europe à cause des grands profits qu'elle rapporte. Compagnies formées dans tous les pays. Les plus grands personnages s'y intéressent : Jacques II, roi d'Angleterre ; Voltaire (« J'ai fait une bonne affaire et une bonne action, » dit-il à ce propos). Colbert cherche seulement à adoucir le sort des esclaves, grâce aux prescriptions du *Code noir* (1685). — Excès de la traite au XVIIIe siècle. — Les guerres en Guinée et au Soudan, pour faire des prisonniers qui seront vendus comme esclaves. « A chaque plantation d'Amérique correspond un cabanon de Guinée. » Cinq nègres tués pour obtenir trois prisonniers vivants ; 25 p. 100 des survivants meurent dans la traversée (on les embarque à sept pour un espace de trois tonneaux de capacité, alors que la législation britannique exigeait au moins deux tonneaux pour trois soldats ou marins). Epouvantable cruauté des maîtres.

3° *L'affranchissement.* — 1793. La Convention abolit l'esclavage et proclame l'égalité des noirs et des blancs dans les colonies françaises. — Mais Bonaparte le rétablit aux Antilles françaises et à la Réunion. — Le congrès de 1815 le laisse subsister. — En Angleterre, *Wilberforce*, dès 1787, réclame l'abolition de l'esclavage, et lord Melbourne fait voter cette mesure en 1834. — *Victor Schœlcher*, en 1848, fait prononcer l'affranchissement immédiat des noirs dans les colonies françaises. La guerre de Sécession a pour résultat l'abolition de l'esclavage aux Etats-Unis (1865). — Au Brésil, les noirs sont affranchis en vertu de plusieurs lois votées par les Chambres, de 1870 à 1885, sur l'initiative de l'empereur dom Pedro. — A Cuba, l'abolition de l'esclavage, promise par le maréchal Martinez Campos, à la suite de la répression d'une insurrection qui dura dix ans (1868-1878), a été consommée en 1886.

La plaie odieuse de l'esclavage n'existe plus aujourd'hui que dans les Etats musulmans.

Ouvrages à consulter. — RAMBAUD, *Histoire de la civilisation française*, t. II, p. 256, et t. III, p. 575. — MISS BEECHER STOWE, *la Case de l'oncle Tom.*

Sur les Etats-Unis : A. MOIREAU, *Histoire des Etats-Unis d'Amérique.*

II. Le percement des isthmes américains. — Grande utilité pratique à joindre les deux Océans. — Le percement proposé au roi d'Espagne Philippe II, qui refuse, par la raison que « Dieu aurait créé un détroit à la place d'un isthme, s'il avait voulu cette jonction ».

1° *Chemins de fer.* — On a établi des chemins de fer à l'isthme de Tehuantépec ; — à l'isthme de Honduras ; — à l'isthme de Costa-Rica ; — à l'isthme de Panama. — Ce dernier est en exploitation depuis 1855. Il relie *Aspinwal* sur l'Atlantique avec *Panama.*

2° *Canaux.* — Trois projets ont été préconisés : par l'isthme de Nicaragua, par l'isthme de Panama, par l'isthme de Darien. — Le canal par le Darien n'a jamais reçu de commencement d'exécution (projet Armand Reclus et Napoléon Wyse).

Projet américain par l'isthme de Nicaragua. — Largeur de 500 kilomètres diminuée par le cours du rio San-Juan, mais qu'il faut creuser notablement et régulariser. — Puissantes écluses pour s'élever jusqu'aux lacs de Nicaragua et de Managua. Point culminant à 34 mètres. Nouvelles écluses pour redescendre vers le Pacifique. — Les deux ports rejoints seraient Greytown (Atlantique) et Corintho (Pacifique). Les travaux ont commencé en 1889, aussitôt après l'échec de M. de Lesseps. Ils n'ont jamais été poussés très sérieusement.

Projet de Lesseps. — Le percement par l'isthme de Panama a été entrepris par M. de Lesseps. La largeur est de 73 kilomètres seulement; mais la masse granitique de la *Culebra* se dresse à une hauteur de 102 mètres. Les travaux ont été commencés des deux côtés (du côté de l'Atlantique, régularisation du rio Chagres et formidable barrage destiné à emmagasiner ses eaux). On a songé d'abord à percer un *canal à niveau,* c'est-à-dire une tranchée à travers les terres qui séparent les deux Océans: puis, à partir de 1888, on a substitué au premier projet celui d'un *canal à écluses.*

Faillite de la première compagnie française (1.345 millions dépensés). Une autre racheta à bas prix, poursuivit les études et, en 1898, présenta un exposé complet et détaillé de la solution la plus logique, en estimant la durée des travaux nouveaux à dix ans et la somme à dépenser à 500 millions. Les capitaux français se refusèrent à de nouveaux engagements.

Vente de la concession française aux Etats-Unis (1903) pour une somme de 200 millions. — Voyage du président Roosevelt à Panama pour hâter les travaux (1906). Importance du traité Hay-Pauncefote, qui assure aux Etats-Unis la surveillance politique du futur canal.

Les difficultés sont énormes : 1° à cause de l'insalubrité extrême du climat; 2° à cause de l'étonnante fécondité de la forêt vierge : les sentiers non pratiqués pendant quelque temps se changent en forêts; les arbres se pressent l'un contre l'autre comme une muraille continue, qu'il faut saper. Il n'est pas douteux cependant qu'on n'arrive à percer l'isthme de Panama.

Ouvrage à consulter : Elisée Reclus, *Géographie générale,* t. XVII, chap. iv et v.

CHAPITRE XIII

Les institutions politiques.

La Déclaration des droits de l'homme a posé le principe que toute souveraineté réside essentiellement dans la nation. Cependant le gouvernement absolu existe encore dans les Etats musulmans et dans les Etats d'extrême Orient, même dans ceux, comme la Perse et le Japon, où s'est introduite la fiction du régime parlementaire. Le gouvernement personnel prédomine en Russie malgré la Douma, et en Allemagne malgré le Reichstag.

Le gouvernement parlementaire peut exister sous la double forme monarchique et républicaine et dans les Etats fédératifs comme dans les Etats centralisés. Son essence propre consiste dans la subordination du pouvoir exécutif au Parlement. L'Angleterre offre le type de la monarchie parlementaire et fédérale; la France, le type de la république parlementaire et centralisée. Les lois constitutionnelles de 1875 ont organisé la République, en prenant de sages précautions contre les coups d'Etat et les révolutions.

L'Europe, sauf la France et la Suisse, est restée monarchique; l'Amérique a adopté la forme républicaine. La Constitution des Etats-Unis a servi de modèle à toutes les Républiques de l'Amérique latine.

Le mode de suffrage varie autant que les Constitutions. En France, le suffrage censitaire et à deux degrés a prévalu au temps de la Révolution; puis le suffrage censitaire direct, sous la monarchie parlementaire. Enfin, le suffrage universel et direct, institué par la République de 1848, tend à s'établir dans toute l'Europe pour l'élection de la chambre basse.

La liberté de la presse, inscrite dans la Déclaration des droits, a été souvent étouffée par la censure ou par des lois qui n'en laissaient subsister que le nom. La liberté d'association donne lieu aux réglementations les plus diverses. En France, ces deux libertés jouissent de la plus large extension depuis les lois de 1881 et de 1905. Mais la loi de 1905 impose aux congrégations un régime particulier qui sauvegarde les droits de l'Etat.

Après les luttes religieuses de l'époque révolutionnaire, le régime du Concordat et des articles organiques a établi en France la liberté des cultes sous la tutelle de l'Etat.

Le clergé catholique, jadis gallican, est devenu ultramontain et s'est mis à la tête de toutes les réactions contre les principes de la société moderne. Pie IX les a condamnés solennellement dans le Syllabus (1864) et au concile du Vatican (1870). L'intransigeance de Pie X a amené la rupture du Concordat. La loi du 11 décembre 1905 sépare les Eglises de l'Etat en laissant pleine liberté à l'exercice des différents cultes.

I. Les institutions politiques. — Classification des formes de gouvernements. — « On peut imaginer bien des constitutions, a dit Challemel-Lacour, en varier à l'infini les formes et les détails. Mais, quelque ingénieuses que soient ces conceptions, il faut bien reconnaître que, dans l'état actuel du monde, il n'y a que deux gouvernements possibles : le gouvernement personnel et le gouvernement parlementaire. » Il y a cependant presque autant de gouvernements que d'Etats différents. C'est que les coutumes ou les constitutions règlent, suivant les modes les plus divers, le dosage de l'autorité et de la liberté dans chaque pays. L'autorité, ce sont les droits du souverain : la liberté, ce sont ceux de la nation. Ces droits se limitent mutuellement avec des sacrifices plus ou moins étendus de chacune des parties en présence. Il est intéressant de montrer l'échelle graduée des principaux gouvernements suivant la prédominance plus ou moins accusée des droits du souverain ou des droits de la nation, depuis le despotisme le plus absolu jusqu'à la liberté la plus complète.

L'absolutisme et le pouvoir personnel. — Le pouvoir personnel s'exerce dans toute sa plénitude dans les Etats musulmans et les pays d'extrême Orient. En Turquie, le sultan est le maître de ses sujets : il exerce le pouvoir civil et le pouvoir religieux. En 1876, le parti de la jeune Turquie avait fait instituer à Constantinople le régime parlementaire; mais l'application n'eut pas lieu. Il s'agissait seulement de tromper l'Europe et d'empêcher son intervention pour l'exécution des réformes promises. Le shah de Perse est aussi un despote : il a cependant créé un Parlement administratif et législatif, composé de mullahs et de propriétaires 1906 ; mais cette assemblée, purement consultative, ne peut entraver la volonté souveraine du maître. Le Japon s'est donné la parure d'un Parlement, et la Chine a montré quelque velléité de se moderniser, en adoptant quelques simulacres d'institutions représentatives. Mais l'empereur du Soleil-Levant (Japon) et le Fils du Ciel Chine demeurent toujours pour leurs sujets les incarnations visibles de la Divinité. Le tsar a toujours été et reste encore un autocrate. Le Sénat et le Conseil d'empire, créés l'un par Pierre le Grand, l'autre par Alexandre Ier, sont nommés par lui et n'ont de pouvoir judiciaire et législatif que celui qu'il leur laisse. Les membres de ces deux Assemblées sont de simples donneurs d'avis. Sans doute le manifeste du 20 juillet 1905 a institué une *Douma* élective. Cette Douma doit partager avec le Conseil de l'empire la fonction de voter les lois et le budget. Mais, comme au temps des états généraux en France, les mesures votées par la Douma ne deviennent des lois que si le tsar veut bien les agréer. Il a gardé officiellement la plénitude du pouvoir autocratique. L'empereur d'Allemagne ne peut se parer du titre d'autocrate : cependant il exerce le pouvoir personnel. Théoriquement, ses pouvoirs sont limités par une constitution et par un Parlement. Mais il peut indéfiniment proroger ce Parlement et continuer à lever les impôts une fois votés, à la seule condition de ne pas les augmenter; la prérogative de l'empereur domine donc réellement la souveraineté nationale.

Le gouvernement parlementaire. — Pour que le gouvernement parlementaire existe vraiment, il ne suffit pas que le Parlement élu par le suffrage populaire soit investi du droit de faire la loi et de voter l'impôt et qu'il soit renouvelé à des intervalles déterminés; il faut, avant tout, que le pouvoir exécutif soit subordonné au Parlement. Cette subordination peut exister aussi bien sous le régime monarchique que sous le régime républicain. La monarchie implique l'hérédité avec ses garanties de durée, mais aussi avec les mauvaises chances inséparables de la fragilité humaine. Un roi peut être un mineur, un imbécile, un fou. Il peut surtout, s'il a quelque valeur, être tenté de faire prévaloir ses inspirations politiques sur la volonté du Parlement. Tout sera sauvé si le régime est strictement parlementaire, c'est-à-dire si le monarque est obligé de changer ses ministres quand leur politique a été condamnée par le Parlement. Tout est compromis, au contraire, si le chef de l'Etat peut garder son cabinet malgré un vote hostile des Chambres, comme le voulait Louis XVIII lors de la rédaction de la Charte, sous prétexte que « le droit du roi est préexistant à la souveraineté populaire »; ou encore si, par la corruption électorale, le souverain fausse l'expression de la volonté nationale, comme il arriva dans les dernières années du règne de Louis-Philippe et sous Napoléon III. Alors, malgré la lettre de la Constitution, le pouvoir personnel prédomine, avec tous ses dangereux caprices.

Monarchie parlementaire. L'Angleterre. — La monarchie parlementaire est le gouvernement de la plupart des Etats européens. Elle a ses origines et son type le plus parfait en Angleterre. Ebauché en 1688, perfectionné pendant tout le XVIIIe siècle, ce régime est arrivé au XIXe siècle à son plein épanouissement. Là le roi règne et ne gouverne pas. Il nomme les lords qui constituent la Chambre haute : mais cette Chambre n'a d'autre pouvoir que de ratifier les lois. La Chambre des communes, seule élue, a le vote des lois et du budget et exerce le contrôle sur le ministère. Celui-ci est toujours choisi dans la majorité, et il a pour président le chef du parti. Les ministres sont responsables devant la Chambre et forment un cabinet solidaire. Mis en minorité par un vote sur une question de confiance, les ministres donnent leur démission, à moins qu'ils n'obtiennent du roi la dissolution de la Chambre. Mais ils ne conservent définitivement leur portefeuille que si la nouvelle Chambre les accueille par un vote favorable. Les projets votés par les Communes ne deviennent des lois qu'après avoir été approuvés par les lords et promulgués par le roi. Le roi ne refuse jamais sa signature.

Les monarchies européennes. — Seule jusqu'à la Révolution française, l'Angleterre était dotée d'une constitution. En 1789, la Déclaration des droits de l'homme proclama que toute souveraineté réside essentiellement dans la nation. La France, bien que retombée sous le despotisme militaire de Napoléon, garda l'étiquette d'un gouvernement démocratique et constitutionnel. Elle implanta ses institutions dans tous les pays conquis, Espagne, Italie, Allemagne et petits Etats intermédiaires. Si la réaction de 1815 a détruit son œuvre libérale, elle n'a pu étouffer les aspirations des peuples. Le rayonnement des deux Révolutions françaises de 1830 et de 1848 les a de nouveau illuminés. De 1830 à 1866, tous les Etats monarchiques de l'Europe, sauf la Russie et la Turquie, ont obtenu des constitutions qui octroient aux différents peuples, suivant un dosage très différent, les libertés parlementaires. Dans tous ces Etats, une double tendance se produit depuis 1830 : la prérogative royale s'affaiblit, en même temps que le droit de suffrage s'étend. Partout on peut constater une marche continue et sûre vers la démocratie et la République; Chateaubriand prophétisait déjà cette évolution au lendemain de la chute de Charles X : « La monarchie européenne, disait-il, aurait pu continuer sa vie, si l'on eût conservé en France la monarchie d'un saint ou établi celle d'un grand homme; mais on en a dispersé les semences; rien n'en renaîtra plus. »

La République parlementaire. La France. — . La République n'existe que dans deux Etats européens, la France et la Suisse ; mais c'est le gouvernement de tous les Etats indépendants de l'Amérique. La République a été proclamée trois fois en France : le 22 septembre 1792, le 24 février 1848, le 4 septembre 1870. Deux fois, elle a succombé sous les coups d'Etat militaires du 18 brumaire an VIII et du 2 décembre 1851. Notre République actuelle, née des désastres de l'Empire, a connu les douleurs d'un long enfantement. Elle eut d'abord pour charte le pacte de Bordeaux (17 février 1871), en vertu duquel Thiers était nommé chef du pouvoir exécutif de la République française; puis la constitution Rivet (31 août 1871), qui lui donnait le titre de président de la République, mais en le déclarant responsable devant l'Assemblée. Thiers fut renversé le 24 mai 1873 et remplacé par le maréchal de Mac-Mahon, qui reçut le 24 novembre suivant le titre de président de la République pour sept ans. C'était le septennat. Sous ce régime d'attente, malgré la mauvaise volonté des partis monarchiques, la République se constitua définitivement. C'était le gouvernement qui divisait le moins, le seul qui pût assurer l'ordre public et relever la France. Les lois constitutionnelles du 24 février 1875 sur l'organisation du Sénat, du 25 février 1875 sur l'organisation des pouvoirs publics, et du 16 juillet 1875 sur les rapports des pouvoirs publics, sont l'équivalent d'une constitution sans en avoir le titre[1]. Jamais le gouvernement de la France n'a été plus stable. Pendant soixante-dix ans de monarchie (1800-1870), le pouvoir ne s'est transmis qu'une seule fois sans révolution : de Louis XVIII à Charles X. Au contraire, depuis trente-sept ans (1870-1907) de République, le pouvoir a été exercé par huit présidents ; la transmission s'est toujours effectuée légalement et sans troubles. La République offre donc des garanties de stabilité très supérieures à celles de la monarchie ; l'expérience prouve toutefois que le président ne peut être nommé sans danger par le suffrage universel direct. En ce cas, le président devient, comme en 1848, l'égal du Parlement, dont il peut facilement confisquer l'autorité au moindre conflit : c'est la prime accordée d'avance au coup d'État.

Fédéralisme et centralisation. Le referendum. — La France est une République unitaire. On pourrait souhaiter que le département et la commune fussent moins étroitement placés sous la tutelle de l'État, sans toutefois que cette œuvre de décentralisation fût de nature à porter atteinte à l'unité nationale. L'État doit laisser aux groupements plus petits le maximum possible d'autonomie, comme aux individus le maximum possible de liberté. Ce ne serait cependant pas un progrès que de chercher à substituer à notre France unitaire une fédération de communes, selon le vœu chimérique de la Commune parisienne de 1871 ; pas plus que de soumettre toutes les lois à l'approbation directe de tous les Français par la voie du *referendum*. Le referendum peut s'appliquer dans un

---

1. Voir au dernier chapitre du cours de seconde année toute l'histoire de l'élaboration des lois constitutionnelles de 1875.

petit État comme la Suisse. Encore n'est-ce qu'un recours exceptionnel pour les mesures législatives d'une grande importance et est-il entouré de toutes sortes de sages restrictions. Dans un grand pays comme la France, le referendum n'est jamais apparu que sous la forme de plébiscite : il a servi à ratifier tous les coups d'État; il laisse donc de mauvais souvenirs.

La République fédérale. — La Suisse, les États-Unis et les autres États américains sont des Républiques fédérales. Dans ce mode de gouvernement, le Parlement est encore composé de deux Chambres. La Chambre haute représente toujours l'unité territoriale (canton, État ou province, ordinairement à raison de deux membres par chaque unité; la Chambre basse est nommée, au contraire, d'après le chiffre de la population. Le mode d'élection et de renouvellement des Chambres présente des différences notables. Il semble que le système fédéral offre moins de prise aux coups d'État que le système unitaire. Mais le système fédératif ne peut s'improviser là où il est contraire aux traditions nationales.

Les systèmes électoraux. — Les modes d'élection des divers Parlements diffèrent presque autant que leurs prérogatives. Le suffrage peut être direct ou indirect, c'est-à-dire à plusieurs degrés; censitaire ou universel. La Constituante avait institué le suffrage censitaire à deux degrés : il fallait, pour être électeur du premier degré, payer un cens égal à trois journées de travail; pour être électeur du deuxième degré, un cens égal à 10 journées de travail; pour être éligible, un cens de 150 à 200 journées de travail. Ce système, aboli en 1792, lors de l'élection des membres de la Convention nationale, qui furent nommés à deux degrés, mais sans condition de cens, fut rétabli presque intégralement par la constitution de l'an III. Celle de l'an VIII confisque le droit électoral, en transférant au premier Consul le droit de choisir sur les diverses listes électorales les membres des diverses assemblées ou conseils délibérants. Après la chute de l'Empire, le suffrage direct et censitaire prévalut de 1814 à 1848, en vertu du principe énoncé par Benjamin Constant que la propriété seule rend les hommes capables de « l'exercice des droits politiques ». Mais le cens électoral fut abaissé de 300 à 200 francs en 1830, et Louis-Philippe fut renversé pour n'avoir pas voulu l'abaisser à 100 francs.

A la théorie de Benjamin Constant s'oppose celle de Rousseau et de Mably : ils considèrent le droit électoral comme un droit naturel absolu, que l'homme apporte avec lui en entrant dans la société. En vertu de ce principe, Ledru-Rollin avait préconisé, dès 1841, l'établissement du suffrage universel. Malgré les assurances doctrinaires de Guizot, qui déclarait qu'il n'y aurait pas d'heure pour « cette conception absurde », le gouvernement provisoire l'adopta. La République de 1848 l'inscrivit dans la Constitution, comme dérivant seul de l'égalité des citoyens devant la loi.

Le suffrage universel. — On reproche à ce mode de suffrage d'attribuer la même valeur à tous les votes, malgré l'inégalité des intelligences. Mais quel est le *capacimètre* permettant de juger les intelligences? Le bon sens et le savoir sont-ils toujours le privilège de la richesse? Dans un régime démocratique, tous les citoyens doivent payer les contributions et acquitter l'impôt du sang. Comment exclure des droits politiques la classe la plus nombreuse de citoyens? Comment les empêcher de défendre par leur vote leur liberté et leur part de propriété? Là où le suffrage universel est en vigueur, le bulletin de vote se substitue au fusil. Toute émeute, toute révolution, devient un attentat odieux de la minorité contre la majorité. La République de 1848, appuyée sur le suffrage universel, a pu, au grand étonnement de Louis-Philippe exilé, triompher de la terrible insurrection de juin. En France, depuis la Commune, suite fatale de nos désastres, aucune guerre civile n'a désolé notre pays. Le suffrage universel est la seule base solide d'un gouvernement démocratique et républicain.

Extension du suffrage universel. — Tous les États civilisés, marchant vers la démocratie, viennent progressivement au suffrage universel. En général, ce système électoral n'est pas en usage pour l'élection de la Chambre haute. Ordinairement le monarque en choisit les membres arbitrairement, ou dans certaines catégories de notables et de censitaires; ou bien il partage le choix des pairs ou sénateurs avec un corps électoral, choisi parmi les plus forts censitaires ou les membres de certains grands corps de l'État. Au contraire, pour l'élection de la Chambre basse, le suffrage universel se généralise de plus en plus. Il a été adopté en Allemagne dès 1866 pour l'élection du Reichstag. En Angleterre, les réformes électorales de 1832, de 1867 et de 1885 ont porté le nombre des électeurs de quelques milliers à plus de quatre millions. Il existe en Espagne, en Suisse, en Belgique, mais dans ce dernier pays avec la complication du vote plural accordé aux pères de famille, aux riches et aux possesseurs de certains diplômes. En Autriche, le *Reichsrath* de mai 1907 a été pour la première fois élu au suffrage universel. En Italie, la loi de 1882 a abaissé l'âge de l'électorat de vingt-cinq à vingt et un ans, et le cens de 40 fr. à 19 fr. 80, avec le droit de vote sans aucune condition de cens pour ceux qui justifient d'une instruction primaire supérieure. Le suffrage universel soit direct, soit à deux degrés, est établi dans la plupart des Républiques américaines.

Le droit des femmes. — Mais le suffrage universel mérite-t-il bien son nom? Plus de la moitié du genre humain en est exclue : les enfants, les femmes. On pourrait admettre que le père représentât l'enfant au scrutin électoral, comme il représente son enfant devenu propriétaire. La Belgique est entrée dans cet ordre d'idées, en accordant une voix de plus au père de famille par la loi du vote plural. Quant aux femmes, on ne voit pas trop pourquoi elles sont privées du droit de voter. Ce sont des personnes libres; elles peuvent être propriétaires; elles ont des droits; toutes celles qui ne sont pas mariées n'ont personne pour les représenter; elles sont aussi capables que les hommes de s'occuper d'affaires. Ne voit-on pas prospérer des fermes, des entreprises commerciales ou industrielles, menées uniquement par des femmes? N'a-t-on pas vu des femmes régner avec gloire en Espagne, en Angleterre, en Russie? L'illustre Condorcet n'hésitait pas à réclamer pour les femmes l'égalité politique. Stuart Mill, le premier des philosophes anglais qui ait défendu la cause du suffrage universel, s'est prononcé en faveur du droit électoral des femmes. Dans certains Etats de l'Union américaine, dans l'Australie du Sud et dans la Nouvelle-Zélande, en Europe même, dans la Finlande, les femmes ont le droit de suffrage. Les *suffragettes* le réclament en Angleterre, les féministes en France. Le mouvement a commencé : il ne s'arrêtera pas.

Les variations de la législation de la presse. — Parmi les *libertés nécessaires,* la liberté de la presse tient le premier rang. La Déclaration des droits de l'homme l'a définie : « La libre communication des pensées et des opinions. Tout citoyen peut donc parler, écrire, imprimer librement, sauf à répondre de l'abus de cette liberté dans les cas déterminés par la loi. » Il y a donc des lois destinées à régler l'usage de cette liberté, et souvent ces lois l'ont étouffée sous prétexte de la réglementer. En France, l'histoire des variations de la législation de la presse est l'histoire même des variations de nos gouvernements autoritaires ou libéraux. Complètement supprimée sous le Consulat et l'Empire, la presse redevient libre en 1819, grâce à la loi de Serre; son principe est qu'il n'y a pas de crimes ni de délits de presse, mais seulement des crimes et des délits de droit commun commis par la voie de la presse, et qui doivent être réprimés d'après le droit commun. C'est pour avoir voulu rétablir *par une ordonnance* la censure supprimée *par une loi,* que Charles X fut renversé. La révolution de 1830 a eu pour principaux meneurs des journalistes; elle a été faite au nom de la liberté de la presse.

Napoléon III redoutait autant que son oncle la liberté de la presse. Le décret du 17 février 1852 soumit les journaux à l'obligation d'une autorisation préalable, fixa le tarif des cautionnements qu'ils devaient fournir, les rendit justiciables des tribunaux de police correctionnelle, permit de les suspendre après deux avertissements motivés et de les supprimer après deux condamnations judiciaires. C'était une ingénieuse combinaison du système préventif et du système répressif, qui aboutissait à l'étranglement des journaux d'opposition. Après bien d'autres variations, la loi Goblet, du 29 juillet 1881, a fait table rase de toute la législation antérieure et établi un « code de la presse » simple et complet. La seule formalité imposée désormais pour la publication d'un journal est la déclaration faite au parquet du tribunal du ressort. Les délits commis par la voie de la presse (et ce ne sont plus que des délits de droit commun) sont déférés au jury. L'imprimerie et la librairie sont libres, sous la réserve du dépôt légal[1]. Dans les pays où existe encore le pouvoir absolu ou personnel, la presse est soumise à une censure sévère ; les journaux et les livres étrangers peuvent être arrêtés à la frontière ou « passés au caviar[2] ». Les censeurs ne se contentent pas, comme la congrégation pontificale de l'Index, de condamner les écrits et les livres jugés dangereux. Ils les saisissent, les détruisent et en font punir les auteurs, s'ils ne sont pas des étrangers. Ainsi l'esprit d'un gouvernement se juge à sa législation de la presse.

Associations et congrégations. Loi de 1901. — La liberté d'association n'est pas inscrite dans la Déclaration des droits ; ce n'est pas une liberté primordiale. La loi du 1er juillet 1901, ou loi Waldeck-Rousseau, définit

---

1. Tout imprimé doit être, au moment de son apparition, déposé en double exemplaire à la préfecture, à la sous-préfecture ou à la mairie de la ville.

2. C'est l'opération qui consiste, en Russie, à couvrir d'une couche épaisse d'encre non transparente les passages d'un journal ou d'une revue mis à l'index par la censure.

l'association : « La convention par laquelle deux ou plusieurs personnes mettent en commun d'une façon permanente leurs connaissances ou leur activité, dans un but autre que de partager des bénéfices. » L'objet de l'association doit être licite, conforme aux lois générales du pays, aux bonnes mœurs, ne pas menacer l'intégrité du territoire ni la forme du gouvernement. L'association peut se former librement, mais elle n'a de capacité juridique que sous certaines conditions ou si elle est reconnue d'utilité publique. La dissolution des associations est volontaire, statutaire ou judiciaire; elle ne peut être administrative. Les sociétés civiles et commerciales et les syndicats professionnels sont soumis à des lois spéciales.

Quant aux congrégations religieuses, la loi Waldeck-Rousseau leur impose un régime particulier : aucune congrégation religieuse ne peut se former sans une autorisation donnée par une loi spéciale. Les congrégations existantes, non antérieurement autorisées ou reconnues, devront solliciter dans un délai de trois mois la loi destinée à les autoriser. Celles qui dans les trois mois n'auraient pas fait les démarches nécessaires pour régulariser leur situation seraient considérées comme dissoutes, et il serait procédé à la liquidation de leurs biens. C'est en vertu de cette loi que le ministère Combes, succédant à celui de Waldeck-Rousseau, a procédé à la dissolution des congrégations qui n'avaient pas voulu se mettre en règle avec la loi. Seules les congrégations hospitalières ont été tolérées.

II. Relations de l'Eglise et de l'Etat. — 1° Sous l'ancien régime. — Une autre loi, grosse de conséquences qu'on ne peut encore prévoir, a été promulguée le 11 décembre 1905 : c'est la loi qui a supprimé le Concordat et opéré la séparation des Eglises et de l'Etat. Sous l'ancienne monarchie, l'Eglise catholique formait une société parfaite qui avait son chef, ses lois, ses tribunaux, ses impôts spéciaux. Mais le roi nommait les dignitaires ecclésiastiques et disposait des richesses accumulées par l'Eglise ; les personnes et les biens de l'Eglise étaient dans la main du roi : ainsi les deux pouvoirs se prêtaient un mutuel concours, et, si des conflits éclataient, le roi avait la main rude : l'Eglise pliait docilement.

2° **Sous la Révolution.** — La Révolution sépara l'Eglise de l'Etat : elle reconnut l'indépendance de la conscience et l'égalité de tous les cultes ; elle supprima le crime d'hérésie, enleva au clergé l'état civil et établit l'inexistence des vœux perpétuels au point de vue légal. Désormais l'Etat, devenu laïque, borne sa mission à la police extérieure des cultes, indifférent à tout dogme, mais résolu à empêcher tout empiétement de la religion dans le domaine de la société civile. La Révolution, en mettant les biens d'Eglise à la disposition de la nation, à titre de biens nationaux, s'était attiré l'hostilité du clergé (2 novembre 1789). La Constituante crut pouvoir, comme jadis le roi, régler la situation nouvelle de l'Eglise dans l'Etat. Par la Constitution civile du clergé (**12 juillet 1790**), elle fit concorder les diocèses avec les départements, décréta la nomination des évêques et des curés par les mêmes électeurs que ceux des magistrats et exigea des élus le serment d'être fidèles à la nation, à la loi, au roi, et de maintenir la Constitution civile du clergé. Les élus devaient recevoir de l'Etat un traitement convenable. Il leur était interdit de solliciter aucune confirmation pontificale.

Cette organisation toute gallicane de l'Eglise provoqua la guerre religieuse. Les évêques et les curés qui, sur l'ordre du pape, refusaient le serment, furent frappés de peines de plus en plus sévères : la privation du traitement, la déportation, l'emprisonnement, la mort même. Sous la Convention, des efforts énergiques furent tentés pour déchristianiser la France. C'est l'époque où fleurirent et dépérirent en même temps le culte de la Raison, celui de l'Etre suprême, la Théophilanthropie. Cependant, après la tourmente de la Terreur, la loi du 3 ventôse an III (21 février 1795) décréta que la République ignorait tous les cultes, mais empêcherait qu'aucun fût troublé dans son exercice privé. Les églises se rouvrirent : un clergé dévoué à la République, alimenté par les seules ressources des fidèles, assurait l'exercice du culte. Au concile de Paris, tenu en 1800, à la veille du Concordat, l'évêque constitutionnel Lecoz constatait que 40,000 paroisses étaient pourvues de prêtres. Cette organisation nouvelle n'avait besoin que de la bienveillance de l'Etat pour se développer et pour vivre.

Le régime du Concordat (1801). — Bonaparte la détruisit. Obtenir l'appui des catholiques en se donnant le mérite d'avoir restauré les autels, et surtout faire du clergé nouveau un instrument de règne, telle fut la politique qui inspira le Concordat[1]. Les évêques, nommés par le chef de l'Etat, devinrent des fonctionnaires salariés. Les articles organiques, au moyen desquels il asservit à l'action directe de sa police tout le clergé français, achevèrent de lui soumettre l'Eglise. Le pape se résigna à subir les conditions du premier consul pour reconquérir la direction spirituelle du clergé de France et lui conserver l'importante dotation qui fut le prix du marché. Toutefois, comme l'observe M. Debidour, « Bonaparte s'était joué à plus fin que lui ; l'ancien régime avait fait le clergé de France gallican ; Napoléon le fit ultramontain. » La querelle entre les deux pouvoirs éclata du vivant même de Napoléon. En vain l'empereur fit amener Pie VII captif de Rome à Savone, puis à Fontainebleau ; il dut, à la veille de la campagne de France, remettre le pape en liberté ; et l'opposition grandissante des catholiques n'a pas peu contribué au retour des Bourbons.

La réaction catholique. — La restauration catholique suivit de près la restauration de la monarchie légitime. Napoléon avait mis le trône sur l'autel. Les Bourbons

1. Voir, dans le cours de seconde année, l'histoire du Concordat et des articles organiques.

semblèrent se prêter de bonne grâce à laisser mettre l'autel sur le trône. La *Congrégation*[1] travailla de concert avec les émigrés au retour de l'ancien régime. Les Jésuites reparurent sous le nom de Pères de la Foi; les missions se multiplièrent avec plantations de croix et processions, comme si le peuple français dût être arraché à un nouveau paganisme. Les libéraux, les savants, furent frappés comme académiciens, comme professeurs; l'Université fut livrée au clergé. Les théoriciens du parti, Joseph de Maistre, de Bonald, Lamennais, prêchaient le salut du monde par la théocratie, c'est-à-dire par la soumission du pouvoir civil au pouvoir pontifical. Cependant les Bourbons eux-mêmes durent se défendre contre l'asservissement projeté de l'Etat à l'Eglise. Sous Charles X, l'évêque de Beauvais, Feutrier, devenu ministre des affaires ecclésiastiques, fit signer au roi deux ordonnances pour soumettre les petits séminaires au régime de l'Université et pour exiger des membres du corps enseignant l'affirmation qu'ils n'appartenaient à aucune congrégation non autorisée.

La loi Falloux (15 mars 1850). — Sous Louis-Philippe, le clergé batailla pour obtenir la liberté d'enseignement : la liberté n'était qu'une enseigne et un prétexte : « Nous vous la demandons, disait un jour Veuillot aux républicains, au nom de vos principes, quand vous êtes au pouvoir. Quand nous y sommes, nous vous la refusons au nom des nôtres. » Un nouveau parti la réclamait à grands cris : c'étaient les catholiques libéraux, qui comptaient dans leurs rangs des prêtres comme le P. Lacordaire, des laïques comme les comtes de Monta-

---

1. On appela ainsi une ligue catholique dirigée par un comité de hauts personnages laïques et ecclésiastiques. Elle avait pour agents-dévoués les jésuites, fort épris de la monarchie absolue, à condition de la gouverner. De la rue du Bac, son siège central, la Congrégation envoyait ses missionnaires dans toute la France. « Je hais comme vous, écrivait Chateaubriand à Montlosier, la Congrégation et ses associations d'hypocrites qui transforment mes domestiques en espions et qui ne cherchent à l'autel que le pouvoir. » (*Mém. d'outre-tombe*, édit. Biré, t. IV, p. 334.)

lembert et de Falloux. Ils l'obtinrent par la célèbre loi Falloux (15 mars 1850), prélude du coup d'Etat qui détruisit la seconde République.

Elle était principalement dure aux instituteurs publics, qui étaient placés sous la surveillance du clergé et pouvaient être, sans recours, révoqués par le recteur; elle était favorable aux instituteurs et aux institutrices congréganistes. Ces dernières, pour enseigner, n'avaient même besoin que de la *lettre d'obédience* délivrée par l'évêque, qui remplaçait pour elles le brevet de capacité exigé des laïques.

Pour l'enseignement secondaire, le monopole universitaire était supprimé, ainsi que le certificat d'études. Tout Français pouvait ouvrir un établissement d'enseignement, sous certaines conditions de moralité et de capacité. On ne fit pas d'exception pour les membres des congrégations non reconnues, et sur ce point s'engagea une des plus ardentes batailles. L'Université conservait la collation des grades et le droit d'inspection, mais celui-ci d'une façon très restreinte.

Enfin le régime même de l'Université fut modifié en ce qui concernait les Conseils chargés de sa direction et gardiens de ses droits. Le Conseil supérieur de l'instruction publique et les Conseils académiques comprirent désormais, à côté des universitaires, des membres du clergé, de la magistrature et de l'enseignement libre.

En somme, le clergé et les congrégations bénéficiaient doublement de la loi : par le droit de créer des établissements à peu près soustraits au contrôle de l'Etat et par la surveillance que l'Etat leur accordait sur ses propres écoles.

Le Syllabus (1864). — Ce triomphe ne satisfaisait pas l'ambition du parti catholique : « L'Eglise, dit Montalembert, doit être reine, ou elle n'est pas. » Le pape Pie IX, dépouillé d'une partie de ses Etats par Victor-Emmanuel, menacé dans la possession de Rome, voulut élever une protestation énergique, au nom de l'Eglise catholique, et rappeler dans une solennelle déclaration ce qu'il croyait être ses droits imprescriptibles. Ainsi s'explique la genèse du *Syllabus*, c'est-à-dire du *catalogue* des erreurs capitales qui engendrent toutes les autres et dont il dresse la liste en 80 propositions. Il lance l'anathème contre quiconque croit ou soutient que « l'Eglise n'est pas une vraie et parfaite société pleinement libre, qu'elle ne jouit pas de ces droits propres et constants que lui a conférés son divin fondateur, mais qu'il appartient au pouvoir civil de définir quels sont les droits de l'Eglise et les limites dans lesquelles elle peut les exercer » art. 19 ; que « la puissance ecclésiastique ne doit pas exercer son autorité sans la permission et l'assentiment du gouvernement civil » (art. 20); que « l'autorité séculière a par elle-même le droit de présenter les évêques et d'exiger d'eux qu'ils prennent en main l'administration de leurs diocèses, avant qu'ils aient reçu du Saint-Siège l'institution canonique et les lettres apostoliques » (art. 50); que « le gouvernement civil peut donner son appui à tous ceux qui voudraient quitter l'état religieux qu'ils avaient embrassé et enfreindre leurs vœux solennels » (art. 53); que « l'Eglise doit être séparée de l'Etat et l'Etat séparé de l'Eglise » (art. 55); que « la bonne constitution de la société civile demande que les écoles populaires, ouvertes à tous les enfants, et en général les institutions publiques... d'instruction supérieure... soient affranchies de toute autorité de l'Eglise et soumises à la volonté de l'autorité civile et politique » (art. 47); que « le sacrement de mariage n'est qu'un accessoire du contrat et peut en être séparé » (art. 66); qu' « à notre époque, il n'est plus utile que la religion catholique soit tenue pour l'unique religion de l'Etat, à l'exclusion de tous les autres cultes » (art. 77); enfin que « le pontife romain peut et doit se réconcilier et transiger avec le progrès, le libéralisme et la civilisation moderne » (art. 80 et dernier.

Ainsi la subordination du pouvoir temporel au pouvoir

spirituel, la protestation contre le Concordat en tant qu'il accorde au chef de l'Etat la nomination des évêques et contre la loi civile qui ne reconnaît pas les vœux des congréganistes, la réclamation du contrôle absolu de l'enseignement public, la négation de la validité de l'acte civil légalisant le mariage, la revendication du catholicisme comme religion de l'Etat; la condamnation du suffrage universel, de la liberté de conscience et de la liberté de la presse (prononcée dans d'autres articles), telle est la doctrine imposée par le pape. C'est la doctrine du concile de Trente et des grands papes du moyen âge, la doctrine de la pure théocratie, définie avec précision en vue de ne laisser sans réprobation aucune des nouveautés politiques et sociales apportées par la Révolution. Le *Syllabus* de 1864 est la contre-partie et la condamnation de la Déclaration des droits de l'homme et du citoyen de 1789.

Concile du Vatican (1869-1870). — Pour couronner l'édifice catholique, Pie IX convoqua le concile œcuménique du Vatican. En dépit de toutes les règles adoptées pour la réunion des conciles, Pie IX négligea d'inviter les puissances catholiques à s'y faire représenter; au lieu de laisser au concile le soin de rédiger son règlement, le pape l'édicta lui-même; aucune proposition ne put être examinée par le concile sans l'approbation pontificale. On soumit au vote des Pères assemblés des propositions préparées par les Congrégations sous l'œil vigilant du pontife et qu'il s'agissait d'approuver sans discussion.

. Le concile se réunit dans l'immense vaisseau de Saint-Pierre, le 8 décembre 1869, anniversaire de la proclamation du dogme de l'Immaculée Conception. 780 pères y étaient réunis, comprenant en très grande majorité des prélats italiens et des vicaires apostoliques orientaux, placés dans la dépendance immédiate du pape. Les condamnations de l'Eglise furent renouvelées contre « les opinions de la science déclarées par l'Eglise contraires à la doctrine de la foi; ce ne sont que des erreurs, qui se couvrent de l'apparence trompeuse de la vérité ». L'autorité du Saint-Siège fut proclamée immédiate et absolue sur tous les diocèses, ce qui place l'Eglise catholique sous la dictature perpétuelle du pape. Enfin l'infaillibilité pontificale fut définie en ces termes : « Avec l'approbation du sacré concile, nous enseignons et nous déclarons dogme de foi que le pontife romain,... en vertu de l'assistance divine qui lui a été promise, ne peut se tromper, *lorsque, exerçant sa mission de docteur suprême de tous les chrétiens,* il définit par son autorité apostolique ce qui doit être tenu pour article de foi par l'Eglise universelle dans les choses de foi ou de mœurs, ou ce qui doit être rejeté comme contraire à la foi, et que ces jugements, irréformables en eux-mêmes, doivent être reçus et tenus avec la pleine obéissance de la foi par tout chrétien, aussitôt qu'il les aura connus. » Le vote de ces propositions fut presque unanime ; et, malgré leur opposition antérieure à la proclamation du vote de l'infaillibilité, les plus illustres des catholiques libéraux, comme les évêques Darboy, Dupanloup, Maret, le P. Gratry de l'Oratoire, se soumirent. L'opposition des non-consentants, qui prirent le nom de *vieux catholiques,* sous prétexte qu'ils prétendaient restaurer dans sa pureté le catholicisme, sombra dans l'indifférence générale.

Mesures défensives des gouvernements. — La réponse des gouvernements, menacés par cette bravade pontificale contre toute la société moderne, ce fut la prise de Rome par les Italiens (20 sept. 1870) ; ce fut le *Kulturkampf* (guerre pour la civilisation laïque) organisé en Allemagne par Bismarck contre les empiétements de l'Eglise catholique ; ce fut, en France, l'expulsion par décret des ordres religieux non autorisés (1880) et les lois scolaires de Jules Ferry (1881-1882). Partout, en Autriche, en Italie, même dans la catholique Espagne, les gouvernements se défendirent contre les prétentions moyenâgeuses du Saint-Siège.

L'antagonisme est plus profond que jamais entre les

prétentions des deux sociétés rivales. Assoupie sous la main discrète du pape Léon XIII, qui, sans rien abandonner des doctrines de ses prédécesseurs, connaissait l'art des sages tempéraments et des compromis salutaires, la lutte renaît plus ardente sous le pontificat de Pie X (1903). La France et l'Espagne sont menacées, par l'intransigeance du Saint-Siège, d'une nouvelle guerre religieuse. La France, par la loi du 11 décembre 1905, a dû supprimer le Concordat et opérer la séparation des Églises et de l'État.

DIRECTIONS ET BIBLIOGRAPHIE

I. **Formes de gouvernements et systèmes électoraux.** — Pour la France : RAMBAUD, *Histoire de la civilisation française*, t. III. — Pour les institutions politiques des différents États : SEIGNOBOS, *Histoire politique de l'Europe contemporaine*.

II. **Relations des Églises et de l'État.** — Le livre de A. DEBIDOUR, *l'Église et l'État en France*, est une étude très claire et très complète, mais seulement de 1789 à 1870. — Voir encore dans SEIGNOBOS, *Histoire contemporaine*, *l'Église et les Partis catholiques*, p. 650 et suiv. — EMILE OLLIVIER, *l'Église et l'État au concile du Vatican*.

ÉTUDES ET LEÇONS

La rupture du Concordat. — La loi de séparation des Églises et de l'État.

Le régime du Concordat. — *Avantages pour l'État :* c'est le chef de l'État français qui nomme les évêques et, par l'intermédiaire du ministre, les curés. — Les membres du clergé, assimilés à des fonctionnaires de l'État, reçoivent un *traitement convenable*, qui constitue la meilleure partie du budget des cultes, et partagent avec les laïques des conseils de fabrique l'administration des biens d'église. — *Avantages pour le pape :* le pape donne aux évêques l'institution canonique. Il est le chef du clergé, le maître du dogme, le pasteur suprême de toute la chrétienté catholique.

Les articles organiques. — Ils ont été votés avec le Concordat par les Chambres et font corps avec lui ; mais le pape ne les a pas acceptés et ne pouvait les accepter, puisqu'ils règlent l'exercice public et libre des cultes protestant et israélite, en même temps que du culte catholique. Les pasteurs et rabbins forment une hiérarchie identique à celle du clergé catholique et reçoivent les mêmes traitements, suivant leur rang. Le mariage civil doit précéder le mariage religieux ; les vœux perpétuels ne sont plus reconnus par la loi. L'enseignement des séminaires est placé sous la surveillance de l'Etat et doit être conforme à ses lois. Enfin les évêques peuvent être déférés au Conseil d'Etat comme coupables d'*abus*. Le Concordat a duré plus de cent ans (1801-1904). Appliqué avec une bonne volonté réciproque, il pouvait régler sans trop de heurts les relations de l'Eglise et de l'Etat.

L'Eglise française, *gallicane* sous l'ancien régime, est devenue *ultramontaine* depuis le Concordat.

L'Eglise à la tête de toutes les réactions contre l'œuvre de 1789. — Depuis 1870, ses alliances avec les partis monarchiques pour renverser la République en France. La protestation de Pie X contre la visite du président Loubet au roi d'Italie à Rome (1904) a pour contre-partie la suppression de l'ambassade française auprès du Vatican et la rupture du Concordat.

Loi du 11 déc. 1905 qui sépare les Eglises et l'Etat. — Désormais l'Etat n'intervient plus dans la nomination des évêques et curés, des pasteurs, des rabbins. Le budget des cultes est supprimé (sauf les pensions payées aux ecclésiastiques ayant droit à la retraite, et, pour les autres, des allocations qui iront en diminuant et seront amorties en quatre années).

Les édifices du culte, presbytères, séminaires, etc., qui depuis la Révolution sont la propriété des communes, des départements et de l'Etat, seront remis aux *associations cultuelles* établies suivant les règles canoniques de chaque Eglise pour assurer en toute liberté la célébration de chaque culte.

Ainsi c'est l'Eglise libre dans l'Etat libre. Les associations cultuelles établies par la loi française sont bien plus affranchies de la tutelle de l'Etat que celles qui fonctionnent en Allemagne. L'Eglise catholique obtient en France la pleine liberté comme en Belgique, comme aux Etats-Unis, à condition de se conformer aux lois du pays. — Les protestants et les israélites ont formé leurs associations cultuelles : ils appliquent la loi.

Le pape a accepté de la loi tous les avantages qu'elle lui reconnaît, comme la nomination des évêques ; mais il la condamne en tant qu'elle proclame l'indépendance de l'Etat à l'égard de l'Eglise. L'assemblée des évêques réunie à Paris le 31 mai 1906, tout en protestant contre la loi, avait proposé, à une forte majorité (46 voix contre 24), de former des associations *canoniques* analogues aux associations cultuelles ; le nom seul différait. Pie X, par l'encyclique du 10 août 1906, a interdit la formation d'associations quelconques.

Une loi nouvelle (2 janvier 1907) a laissé la libre disposition des églises au clergé, en assimilant les assemblées des fidèles à des réunions publiques. La formalité de la déclaration pour chaque réunion, exigée par la loi de 1881, a été supprimée par la loi du 28 mars 1907.

Le gouvernement français offre la paix avec la liberté. Le pape veut la guerre. Un souverain étranger a-t-il le droit de commander à des Français la violation d'une loi française[1]?

CHAPITRE XIV

Le mouvement social.

Les réformes politiques nées de la Révolution française ont abouti à l'établissement d'un gouvernement démocratique et républicain ; mais les réformes sociales sont encore incomplètes. Le mal social existe toujours : les écoles socialistes ont cherché à le supprimer. Babeuf, Saint-Simon, Fourier, Louis Blanc, ont proposé des systèmes incomplets. De nos jours, les socialistes entrés dans les Parlements s'efforcent de transformer par des lois la société existante.

L'instruction primaire, grâce aux lois de Jules Ferry (1881-1882), est devenue gratuite et obligatoire. A l'ancienne armée de carrière, où les soldats en petit nombre étaient astreints au service à long terme, les lois de 1872, de 1889 et de 1905 ont substitué l'armée nationale avec le service à court terme, obligatoire et personnel, et avec suppression graduelle de toutes les dispenses. L'impôt proportionnel, qui reste la base de la plupart des taxes, se transforme pour les successions en impôt nettement progressif. Les progrès de l'hygiène favorisent la santé publique et profitent surtout aux plus pauvres.

Les transformations de l'industrie, dues à l'introduction des machines et à l'agglomération de nombreux ouvriers dans les mines et dans les usines, ont conduit à la recherche d'une organisation nouvelle du travail, qui ferait disparaître l'antagonisme du capital et du travail. Les socialistes allemands Lassalle, Karl Marx, pour abolir le salariat, ont formulé la doctrine collectiviste. L'Etat, mis en possession de tous les moyens de production, attribuerait à chaque travailleur le produit inté-

---

1. Le ministre des cultes Briand a soutenu cette loi au Sénat dans un discours mémorable. Parlant du libéralisme de la loi nouvelle : « Nous voulons mettre l'Eglise dans l'impossibilité de sortir de la légalité. Ce qu'elle demande et ce que nous sommes déterminés à lui refuser, c'est la persécution. Nous lutterons contre elle à coups de liberté. » Et ailleurs : « J'ai mis dans la loi tout ce que pouvait demander Rome qui n'était pas incompatible avec la liberté du pays. » (28 déc. 1906.)

gral de son travail. L'héritage serait aboli, et la propriété individuelle réduite aux choses d'usage.

Les socialistes français se rallient en majorité, malgré d'assez graves dissentiments, à la doctrine collectiviste : au contraire, les socialistes anglo-saxons se rattachent à la doctrine libérale défendue avec succès par les Trade-Unions d'Angleterre.

Depuis l'établissement de la République (1870), la législation a profondément transformé la société française. Les lois sur les coalitions ouvrières et les syndicats (1864 et 1884) ; les lois de protection ouvrière, sur le travail des enfants et des femmes, sur le maximum des heures de travail, sur les accidents du travail (1898), sur le repos hebdomadaire (1906) ; les lois d'assistance médicale (1893), d'assistance aux vieillards (1905) et, dans un avenir prochain, la loi des retraites ouvrières, sont autant de progrès décisifs qui rehaussent la condition matérielle et la dignité du travailleur.

Trois solutions sont proposées pour la réforme sociale : la solution collectiviste par la toute-puissance de l'Etat ; la solution économiste par la liberté individuelle ; la solution mutualiste par l'association et la solidarité. Les réformes déjà accomplies en France par la législation ouvrière sont le gage des améliorations qu'apportera l'avenir.

I. **Le progrès social.** — Des trois termes de la célèbre devise de la Révolution, la France n'a encore appliqué à ses institutions que les deux premiers. A la suite de bien des tourmentes, elle s'est donné un gouvernement républicain et démocratique, fondé sur le suffrage universel, où la liberté est complète, où l'égalité civile et politique est garantie par la loi. Cette œuvre grandiose a rempli tout le XIXᵉ siècle. Ainsi, dans le domaine politique, l'évolution née du grand mouvement de 1789 est aujourd'hui pleinement accomplie.

En est-il de même dans le domaine social? Celles des inégalités sociales que peut atteindre la loi ont-elles disparu complètement? La misère, la souffrance imméritée, sont encore trop fréquentes. Est-il juste qu'un orphelin pauvre soit abandonné à la charité privée; qu'un travailleur qui ne vit que de son travail manque de soins, s'il devient malade, ou soit réduit à la famine par suite d'un chômage; qu'un vieillard, qui a péniblement nourri sa famille durant ses années de vigueur, arrive à l'âge où les forces défaillent sans que le pain de ses vieux jours lui soit assuré par une retraite suffisante? L'enfant a-t-il demandé à naître? Le malade est-il responsable de sa défaillance momentanée, ou le vieillard de sa défaillance définitive? La société n'a-t-elle pas des devoirs étroits d'assistance à remplir à l'égard de ces victimes du mal social? Ainsi la vraie fraternité n'existe pas encore dans notre France : l'évolution sociale n'est que commencée; et ce sera l'œuvre méritoire du xxᵉ siècle de faire passer dans nos institutions un peu plus de raison, de justice et d'humanité : c'est le but que se proposent les socialistes.

Les anciennes écoles socialistes. — Comme les économistes au xviiiᵉ siècle, les socialistes du xixᵉ ont cherché à édifier une société nouvelle, d'où la misère et les injustices sociales seraient bannies. Les premières écoles socialistes mirent en vogue quelques vérités, noyées dans un flot de fumeuses rêveries. Saint-Simon avait le tort de trop compter sur le despotisme gouvernemental pour la rénovation de la société, mais il prophétisa avec raison les merveilles de la grande industrie. Ses disciples présidèrent à la transformation des grandes villes, à l'établissement des chemins de fer, au percement des isthmes. Fourier avait trop de confiance dans le travail attrayant; mais il a démontré les bienfaits de l'association, qui substitue l'économie de la *gestion combinée* au gaspillage de la gestion isolée : l'idée des coopératives est en germe dans son système, et elle a fait son chemin. Louis Blanc a proclamé le droit au travail et a obtenu un semblant de satisfaction par la création des ateliers nationaux. Mais l'opinion n'était pas encore mûre pour les réformes sociales. Les chimères caressées par les chefs d'école, le langage violent de leurs disciples, effrayaient l'opinion. Les coups de force tentés lors des journées de juin 1848 et de la Commune de Paris en 1871, pour réaliser du jour au lendemain un idéal socialiste encore mal défini, ont été noyés dans le sang. La révolution engendre toujours la réaction : l'évolution seule est durable.

Le socialisme parlementaire. — Aujourd'hui le socialisme s'est assagi : la maîtrise de soi est une force. L'opinion s'éclaire; les réformes sociales sont étudiées avec plus de soin, préparées scientifiquement et discutées dans les formes légales. Grâce au suffrage universel ou quasi universel, les Parlements des diverses nations comptent des minorités de députés socialistes, qui s'accroissent à chaque renouvellement. En 1907, 54 députés socialistes siègent à la Chambre des Communes en Angleterre, 75 dans notre Chambre des députés, et une quarantaine au Reichstag allemand. Peu à peu les parlementaires socialistes feront passer dans les lois, sous la pression grandissante de l'opinion, les mesures d'apaisement et de progrès social acceptées par la conscience publique. Dans notre France, de grands progrès ont été déjà accomplis. Il importe de les faire connaître et de montrer ensuite quelles solutions d'ensemble sont préconisées pour la réorganisation de la société future.

L'instruction gratuite et obligatoire. — Platon disait que le mal vient de l'ignorance, et Danton affirmait « qu'après le pain, l'éducation est le premier besoin du peuple ». La Constituante et la Convention posèrent en principe que l'État a le devoir de fournir l'instruction à tous les enfants, mais elles n'eurent pas le temps d'appliquer ce principe. Napoléon, qui se défiait de l'instruction, ne s'est occupé que de l'enseignement secondaire. Il a créé les lycées, qui devaient être la pépinière de ses officiers et de ses fonctionnaires. L'enquête ordonnée par Guizot après la Révolution de 1830 a révélé l'état misérable où croupissait l'instruction primaire. La loi Guizot de 1833 a marqué un grand progrès : elle a créé les écoles primaires et les écoles normales. La loi Falloux de 1850 les a livrées à la domination du clergé. Mais, sous l'Empire même, a commencé l'affranchissement, grâce aux mesures libérales du ministre Duruy.

A la troisième République était réservé l'honneur d'établir la vraie charte de l'instruction primaire. Jules Ferry a fait voter la loi du 16 juin 1881 qui rend l'instruction primaire gratuite, et la loi du 28 mars 1882 qui la rend obligatoire. Désormais l'enseignement primaire est obligatoire pour les enfants de six à treize ans. Il est donné gratuitement dans les écoles publiques : cet enseignement est laïque, ce qui ne veut pas dire qu'il soit impie, mais seulement que l'instruction religieuse doit être donnée en dehors de l'école. C'est la sauvegarde nécessaire de la liberté de conscience. La gratuité n'a pas été étendue à l'enseignement secondaire ni à l'enseignement supérieur; mais les bourses, distribuées au concours et dont le nombre va croissant, permettent aux enfants les mieux doués de nos écoles primaires d'aborder les plus hautes études et de disputer aux jeunes gens mieux favorisés de la fortune les premières places dans nos grandes écoles.

Le nombre des illettrés diminue rapidement. Dans une démocratie, il est bon, il est sain que chaque électeur puisse s'éclairer sur les affaires du pays et dispose avec connaissance et réflexion de son bulletin de vote. Il est à souhaiter que les loisirs que laissera de plus en plus aux travailleurs la diminution des heures du labeur quotidien soient employés par eux à développer un peu leur culture. C'est ce que fait l'ouvrier des États-Unis, qui au sortir de l'usine vit en véritable gentleman. Les pays protestants nous avaient devancés; tout croyant devait pouvoir lire la Bible. Nous les avons rattrapés.

Le service militaire obligatoire et personnel. — Au système de l'enrôlement volontaire appliqué sous l'ancienne monarchie pour le recrutement de l'armée, la Révolution a substitué le système de la réquisition dès 1793, puis, à partir de 1798, le système de la conscription par classe. Napoléon a laissé subsister le principe de la conscription : tous les jeunes gens devaient le service militaire; mais l'État n'en prenait qu'une partie, désignée par le tirage au sort. Il fut même permis à ceux que dési-

gnait le sort pour l'armée de se procurer à prix d'argent
un remplaçant. Ce système fut respecté par la loi Gou-
vion Saint-Cyr (1818) et par la loi Soult (1832). Cette
dernière loi, qui a été en vigueur jusqu'à la veille de la
guerre de 1870, exigeait sept ans de service actif de ceux
qui tiraient « les mauvais numéros ». Les familles riches
achetaient un remplaçant à leurs enfants ; les fils de la
bourgeoisie ne servaient plus que comme officiers, lorsqu'ils faisaient volontairement de l'armée leur carrière.
Les pauvres seuls acquittaient la lourde charge de l'impôt
du sang.

Ce système, très peu modifié par la loi Niel (1868), a
été abandonné en 1872. La Prusse, au lendemain de la
débâcle d'Iéna, avait adopté l'organisation de la nation
armée. Nos désastres de 1870 nous imposaient l'obligation de renoncer aux *armées de carrière,* peu nombreuses
et lentement exercées, pour y substituer les *armées nationales,* composées de tout le contingent disponible rapidement instruit. D'autre part, dans une démocratie, il est
inadmissible que le privilège de la fortune exempte du
service militaire et qu'un mercenaire acheté remplisse le
devoir qui incombe à tout jeune Français. La loi de 1872
déclare que tout Français doit le service militaire *personnel.* « Il faut, disait le rapporteur de cette loi, que chacun sache dès son enfance qu'il se doit à la défense de son
pays ; il faut qu'il s'y prépare et qu'il n'imagine pas pouvoir se soustraire à la part du fardeau qui lui revient. » En
temps de guerre, tous les Français de vingt à quarante ans
devaient être enrôlés. Mais, en temps de paix, le contingent
était partagé, en vertu du tirage au sort, en deux portions
dont l'une était appelée pendant cinq ans et l'autre pendant six mois seulement sous les drapeaux. Moyennant le
payement de 1,500 fr. et le passage d'un examen spécial,
les jeunes gens riches pouvaient contracter un engagement conditionnel d'un an. C'était encore un privilège
pour la fortune. La loi de 1889 a supprimé les engagements conditionnels et fixé le service actif à trois ans pour

tous, mais en maintenant un assez grand nombre de dispenses pour les soutiens de famille et les jeunes gens pourvus de certains diplômes. La loi du 21 mars 1905 a réduit à deux ans la durée du service dans l'armée active. « Le service armé est égal pour tous. Hors le cas d'incapacité physique, il ne comporte aucune dispense[1]. » Tel est le principe nouveau qui établit l'égalité rigoureuse. En temps de paix, l'armée est une école où, en dehors de l'entraînement à la guerre, toutes les classes se connaissent et se fondent, une école d'égalité et de fraternité démocratiques. Le service militaire obligatoire est le complément naturel de l'instruction obligatoire et du suffrage universel. Il a été virilement accepté en France comme une des formes du devoir social. L'instruction gratuite et obligatoire pour tous, le service personnel obligatoire imposé à tous, voilà les deux bases désormais intangibles de notre société, démocratique et vraiment égalitaire.

L'impôt proportionnel et l'impôt progressif. — L'article 13 de la Déclaration des droits de 1789 porte que « pour l'entretien de la force publique et pour les dépenses d'administration, une contribution commune est indispensable. Elle doit être également répartie entre tous les citoyens *en raison de leurs facultés.* » L'égalité devant l'impôt a donc pour corollaire la proportionnalité de l'impôt. Mais la Déclaration de 1793 a décrété l'obligation des secours à tous ceux qui sont hors d'état de travailler. Ainsi à la nécessité de concourir aux dépenses de l'armée et de l'administration s'ajoutent les dépenses des œuvres d'assistance sociale. Pour ces dernières, on a proposé d'établir l'impôt progressif sur la fortune acquise, capital ou revenus. Le système progressif est déjà appliqué aux droits de succession : peut-être sera-t-il étendu à tous les revenus. L'impôt sur le revenu existe en Suisse,

1. Il a une durée de vingt-cinq années : deux ans dans l'armée active, onze ans dans la réserve, six ans dans l'armée territoriale, six ans dans la réserve de l'armée territoriale.

en Angleterre, en Allemagne et dans divers autres pays. On peut sans injustice, à cause des nouvelles nécessités qu'impose l'assistance sociale, ajouter aux taxes qui frappent tous les revenus un impôt progressif nouveau sur le revenu, mais à condition qu'il soit établi avec prudence et modération. Sans cela, les revenus qu'il s'agit d'atteindre disparaîtraient comme par enchantement : les capitaux français fuiraient au dehors. La ruine de notre crédit et de nos affaires serait la conséquence immédiate de notre aberration. Souvenons-nous toujours que la France n'est pas un organisme isolé, mais qu'elle est seulement un membre important de la grande famille mondiale économique.

Progrès de l'hygiène. — Autant que la réforme de l'impôt, les progrès de l'hygiène publique intéressent les classes pauvres. Les vieilles villes aux rues étroites et tortueuses se sont rajeunies : l'air et la lumière, c'est-à-dire la santé, circulent dans les quartiers nouveaux. L'adduction des eaux potables et des eaux de lavage a été un bienfait pour la santé publique. Partout les comités d'hygiène veillent à l'assainissement des immeubles insalubres, à la désinfection des appartements contaminés, qui suit la déclaration, devenue obligatoire, des maladies contagieuses; des ligues antialcooliques et antituberculeuses se forment pour combattre les deux agents les plus actifs de la dépopulation. Les sociétés d'alimentation naturelle, pouponnières, gouttes de lait, etc., précèdent l'œuvre des crèches pour sauver le plus possible de ces nouveau-nés qu'il est urgent d'arracher de plus en plus à la mort. Les hospices s'agrandissent pour recevoir plus de vieillards et d'impotents. Les hôpitaux s'assainissent pour offrir aux malades un asile plus salubre ; les sanatoria se multiplient. Les lois sur la surveillance médicale des nourrissons, sur la protection des enfants en bas âge, sur la déchéance de la puissance paternelle des parents indignes, apportent quelque soulagement à des misères physiques et morales que naguère encore la société ignorait volontairement. Une loi du 30 novembre 1894 a favorisé la construction des habitations ouvrières à bon marché. Des sociétés s'occupent de créer en France des jardins du peuple. Une hygiène bien entendue n'a pas seulement pour résultat de diminuer la mortalité, mais aussi d'élever le niveau moral d'une race. Les services de l'assistance publique se développent rapidement : un ministère du travail et de l'hygiène vient d'être créé (1906).

II. Le socialisme contemporain. -- La transformation de l'industrie. — Ces réformes pratiques, auxquelles sont dus déjà tant de progrès, ne suffisent pas aux théoriciens du socialisme. Ils souhaitent une transformation complète de la société, qu'ils considèrent comme l'aboutissement nécessaire de la transformation économique accomplie au XIXe siècle dans la vie industrielle. Jadis l'homme travaillait seul, ou avec l'aide d'un petit nombre de compagnons ou d'apprentis, parqué dès sa naissance dans la corporation paternelle et astreint à en suivre les règlements méticuleux. Il travaillait au métier, dans sa boutique, sous les yeux du client, préparant et assemblant lui-même toutes les pièces d'un même ouvrage, ne l'exécutant ordinairement que sur commande et assuré à l'avance de le vendre. Les échanges avaient lieu sur place ; les produits étrangers étaient prohibés ou frappés de droits très élevés. Précautions presque inutiles, d'ailleurs ; car, sauf pour quelques objets de grand luxe, le prix du transport était tel que nul ne songeait à faire venir d'un pays lointain ce qu'il pouvait se procurer à meilleur compte dans la ville prochaine. Les matières exotiques employées dans l'industrie étaient peu nombreuses et arrivaient lentement, avec des frais énormes. On vivait dans un cercle restreint, sans voyager bien loin, tant les déplacements étaient coûteux. C'était l'ère de la petite industrie routinière, du commerce de détail, des communications rares et difficiles. C'était l'ancien régime économique.

Les machines et la surproduction. — Aujourd'hui,

la machine s'est susbtituée au métier, l'usine à la boutique, le travail concentré dans les grandes agglomérations urbaines au labeur dispersé de jadis. L'introduction des machines, commencée dès l'époque du blocus continental, favorisée par Villèle et par Louis-Philippe, avait déjà pris, en 1870, une extension considérable; notre outillage industriel s'est singulièrement complété et perfectionné depuis trente ans dans nos grands établissements, comme celui du Creusot; la consommation de la houille a plus que doublé (19 millions de tonnes en 1869, 40 millions en 1900); le nombre des machines a triplé : il a passé de 25,000 à 75,000. Elles développent une force d'un million et demi de chevaux-vapeur, équivalant au travail de 30 millions d'hommes qui peineraient dix heures par jour et trois cents jours par an. Le nombre des travailleurs n'a pas diminué pour cela. Les statistiques mentionnent, en France, pour l'année 1900, 250,000 mineurs, 550,000 métallurgistes et 850,000 ouvriers des industries textiles, sans compter tous ceux de la céramique, de la verrerie, de la teinturerie, des raffineries, de la préparation des conserves, des industries chimiques et des industries de luxe. Qu'une de ces industries périclite, que la matière première manque, comme le coton pendant la guerre de Sécession des Etats-Unis, ou qu'une machine nouvelle soit inventée, comme le métier Jacquart au début du siècle dernier, voilà des milliers de bras inoccupés. C'est le chômage avec tout son cortège de misères.

Le capital et le travail. — L'organisation actuelle de l'industrie met face à face le patron et les ouvriers, le capital et le travail : ce sont les facteurs essentiels de toute production. Leur situation n'est pas égale : Lassalle a formulé la *loi d'airain du travail,* en vertu de laquelle le capital croît sans cesse et entasse en quelques mains des fortunes colossales, tandis que les ouvriers, pressés par la nécessité de gagner leur pain, se font concurrence les uns aux autres; comme il y a toujours plus de bras que de travail, les salaires diminuent ou restent stationnaires, enfermés dans une loi d'airain qui les étouffe. Cette formule est évidemment contraire à la réalité, puisque, en fait, pendant tout le XIXe siècle, les salaires ont constamment augmenté en même temps que les heures de travail diminuaient. Les relevés de l'Office du travail prouvent que la hausse des salaires a été de 30 p. 100 de 1860 à 1870, et de 40 p. 100 de 1870 à 1900 Le coût de la vie (sauf la viande, la laiterie et le logement dans les villes) a peu augmenté. C'est donc un bénéfice réel pour les classes ouvrières. Cependant les besoins ont grandi : l'idéal de la vie s'est élevé, et les souffrances n'ont pas diminué en raison de la hausse incontestable des salaires. Dès lors, les socialistes réclament impérieusement une organisation nouvelle du travail destinée à réduire au minimum les inégalités sociales, puisqu'ils savent qu'elles ne pourront jamais disparaître complètement.

Karl Marx. — Un émule de Lassalle, Allemand et juif comme lui, Karl Marx, a prétendu jeter les bases de l'organisation nouvelle. Son *Manifeste* de 1848 n'était encore qu'un programme, qu'il a développé dans son grand ouvrage *le Capital* (1867). D'après Marx, le capital est inerte par lui-même; le travail seul en extrait la valeur. Mais, dans la société actuelle, le capital, comme un vampire, suce la substance même du travail en accumulant des gains toujours croissants, tandis que les salaires sont maintenus à un taux dérisoire. Dans l'organisation de l'avenir, tous les moyens de production seraient socialisés; la collectivité serait seule propriétaire de la terre, des mines, des usines, des chemins de fer, etc. Le patronat serait supprimé, et le travailleur toucherait l'intégralité du fruit de son travail. Tous les instruments de production étant mis à la disposition des travailleurs, tous les produits seraient mis en commun et partagés en raison du travail de chacun. Des bons de consommation remplaceraient la monnaie et permettraient à chacun de se procurer une part de produits ou de jouissances représentant exactement la valeur de son travail. Pour réaliser cet idéal, il faut entamer la lutte des classes, travailleurs contre capitalistes. « Prolétaires de tous les pays, unissez-vous. » Tel est le cri de guerre de Karl Marx. Sa doctrine est le collectivisme international.

Le collectivisme. — Les collectivistes réclament donc le rachat par l'État des chemins de fer, des concessions minières, des monopoles des grandes compagnies, etc., l'établissement d'un impôt progressif unique sur le revenu et sur le capital, pour empêcher l'effroyable concentration de la richesse entre les mains des milliardaires contemporains, enfin des règlements législatifs pour fixer un maximum d'heures de travail, un minimum de salaire, des assurances contre les accidents, des caisses de retraites et de secours, des prêts aux associations ouvrières, etc. Dans la société future, la *propriété d'exploitation* devant être collective, la *propriété d'usage* seule serait individuelle. Le système collectiviste réduit donc la propriété aux biens meubles, à la maison patrimoniale, aux objets d'art qui peuvent être légués à titre de reliques familiales, et encore à condition qu'on ne puisse les aliéner. Ainsi abolition à peu près complète de la propriété individuelle et de l'héritage; omnipotence de l'État, qui règle le travail de chacun et en répartit les fruits.

Socialisme libéral. Les Trade-Unions. — Les socialistes français se sont ralliés, pour la plupart, à la doctrine *étatiste* des collectivistes allemands. Au contraire, dans les pays anglo-saxons, la doctrine libérale est plus en honneur. Les socialistes anglais, habitués au *self-government,* comptent peu sur l'intervention de l'État. On sait le développement des *Trade-Unions,* ces puissants syndicats ouvriers qui s'administrent eux-mêmes, dont les membres défendent leurs intérêts en hommes rompus aux affaires. Beaucoup de théoriciens anglais, Carlyle, John Ruskin, Stuart Mill, ont soutenu certains articles du programme socialiste. Comme Lassalle, Stuart

Mill déclare que « la fortune est en raison inverse du travail accompli : la meilleure part en revient à ceux qui n'ont jamais travaillé, puis à ceux dont le travail est purement nominal, et ainsi de suite d'après une échelle descendante ». Ses disciples, Sydney, Webb, Bernard Shaw, ont fondé l'association des *Fabiens* pour limiter la propriété, protéger efficacement les travailleurs et obtenir l'établissement de l'impôt progressif. Aux Etats-Unis, de puissants groupements ouvriers existent; et nous avons vu qu'en Australie et principalement dans la Nouvelle-Zélande de nombreuses applications des doctrines socialistes ont été tentées. Toutefois les théories marxistes ont eu peu de succès dans les libres pays anglo-saxons, où les Trade-Unions ou des syndicats analogues continuent à être les principaux organes régulateurs du travail.

Les écoles socialistes contemporaines. — Ainsi la question sociale est posée dans le monde entier : elle comporte dans les pays neufs, comme l'Amérique et l'Australie, des solutions plus variées et plus souples que dans nos vieux pays d'Europe, où le sol est depuis longtemps approprié et où l'entassement des travailleurs et la concurrence rendent la lutte pour la vie toujours plus difficile.

Il semble que deux écoles différentes et deux méthodes prédominent dans le socialisme contemporain :

1° L'*école révolutionnaire*, dont le prophète a été Karl Marx. Intransigeante et pessimiste, elle ne compte que sur la haine pour provoquer le bouleversement social d'où sortirait l'humanité régénérée;

2° L'*école évolutionniste*, qui professe la nécessité de l'action parlementaire, pour obtenir légalement, progressivement et sans secousses l'application du programme socialiste constitué, depuis vingt-cinq ans, en un corps complet de doctrine.

III. La législation ouvrière. — **Le programme de 1848.** — La nature, a dit Bacon, n'opère jamais par bonds : la guerre n'entasse que des ruines, l'évolution lente est seule créatrice. Cette évolution a commencé partout. C'est dans notre France qu'elle est à la fois le plus rapide et le plus profonde. Elle a pour point de départ l'article 13 de la constitution de 1848. Cet article comporte un programme complet de réformes sociales : « La société, y est-il dit, favorise et encourage le développement du travail par l'enseignement primaire gratuit, l'éducation professionnelle, l'égalité des rapports entre patrons et ouvriers, les institutions de prévoyance et de crédit, les institutions agricoles, les associations volontaires, l'établissement par l'Etat, les départements et les communes des travaux publics propres à employer les bras inoccupés, en fournissant l'assistance aux enfants abandonnés, aux infirmes et aux vieillards sans ressources et que leurs familles ne peuvent secourir. »

Œuvre sociale de la troisième République. — La seconde République, terrassée par la réaction avant d'être étranglée au coup d'Etat du 2 décembre, n'eut pas le temps d'exécuter ce généreux programme. La troisième République, sans le formuler à nouveau, l'a adopté et s'efforce de le réaliser dans toutes ses parties. Déjà la loi du 29 mai 1864 (loi Emile Ollivier) accorde aux ouvriers le même droit qu'avaient les patrons de se coaliser pour arrêter le travail. La grève n'est donc plus un délit, à moins qu'elle ne soit accompagnée de violences, voies de fait ou manœuvres frauduleuses. L'Etat doit être neutre entre ouvriers et patrons; mais il a le devoir strict de garantir rigoureusement la liberté des ouvriers qui sont déterminés à continuer le travail malgré la grève. « Il y a oppression contre le corps social, dit la constitution de 1793 (art. 34), lorsqu'un seul de ses membres est opprimé. » Vingt ans après, la loi du 21 mars 1884 (loi Waldeck-Rousseau) a autorisé les syndicats professionnels, agricoles et industriels. Les ouvriers peuvent dès lors, aussi bien que les patrons, former des chambres syndicales, à la fois cercles d'études et sociétés d'assurances mutuelles. Les socialistes réclament aujourd'hui pour les syndicats le droit de s'associer par région ou par métier, et ensuite de fédérer entre elles toutes les associations, de façon à former une sorte de parlement suprême des délégués du travail : « La chambre syndicale est l'école primaire du socialisme; l'association en est l'école secondaire; la fédération en est l'école supérieure. » Les syndicats, qui ressemblent aux Trade-Unions des Anglais, peuvent beaucoup, en effet, pour l'éducation sociale des ouvriers et pour la défense de leurs intérêts, mais à la condition de ne pas être à la discrétion de meneurs politiques étrangers au véritable monde du travail et qui ne recherchent dans l'agitation syndicale qu'un moyen de satisfaire leurs ambitions personnelles[1]. L'œuvre des syndicats opposés de patrons et d'ouvriers doit être une œuvre de conciliation. Nos syndicats sont jeunes; leur éducation est encore à faire.

Lois de protection. — De nombreuses lois ont assuré la protection des enfants en bas âge (1874) et des enfants moralement abandonnés (1889) (lois Théophile Roussel), celle des enfants et des femmes qui travaillent dans les mines et dans les usines (nov. 1892); limité le maximum du nombre d'heures de travail à dix heures pour la plupart des industries, et à neuf heures dans les mines (mars 1900). Les orateurs socialistes réclament la journée de huit heures, et formulent la revendication des *trois huit:* huit heures de travail, huit heures de loisir, huit heures de sommeil; on y viendra peu à peu. C'est déjà le régime adopté dans la plupart des grandes industries aux Etats-Unis, où le travail de courte durée est très intense, mais payé d'un salaire très élevé. La loi du 13 juillet 1906 a imposé dans toutes les professions le repos hebdomadaire, soit par chômage complet un jour

---

1. Une loi de 1892 sur la conciliation et l'arbitrage a indiqué pour les parties en cause une procédure d'arbitrage en cas de grève, mais sans l'imposer. Toutes les statistiques relatives au travail sont centralisées depuis 1891 à l'Office du travail, qui a été rattaché depuis 1906 au ministère du travail nouvellement créé.

par semaine, soit par roulement pour les métiers et professions dans lesquels le travail ne peut être, sans inconvénients graves, complètement arrêté (transports, alimentation, hôtels, etc.). Surtout l'importante loi du 9 avril 1898 sur les accidents du travail a rendu les chefs d'industrie responsables de plein droit des accidents dont sont victimes leurs ouvriers. Il n'y a pas à considérer si le propriétaire est en faute, si l'ouvrier a été imprudent, si l'accident résulte d'un cas fortuit ou de la force majeure ; le *risque professionnel* qu'encourt le travailleur à l'occasion de l'exercice de sa profession lui donne droit, en cas d'accident, à une indemnité fixée à forfait par la loi selon l'importance du salaire. Cette indemnité est à la charge de l'employeur ; mais l'Etat en garantit le recouvrement. Ainsi les lois barbares des Germains taxaient jadis la vie humaine ou les différents membres du corps humain en cas de violences exercées par la brutalité des personnes. La taxation de nos jours est dirigée contre la brutalité des machines, et c'est justice.

Lois d'assistance. — La loi du 15 juillet 1893 a organisé dans tous les départements et dans toutes les communes un service d'assistance médicale gratuite en faveur des nécessiteux. La loi du 14 juillet 1905 a mis à la charge des communes l'assistance aux vieillards. Une pension minime leur est assurée. Le Parlement se préoccupe depuis plusieurs années des moyens d'assurer une retraite aux travailleurs, en combinant une retenue sur le salaire avec deux autres sommes versées l'une par le patron, l'autre par l'Etat. Il faudra, pour cette réforme, qui ne peut manquer d'aboutir, demander à l'impôt des sommes énormes. Ce sera le vrai couronnement de l'édifice de la solidarité. Ainsi nos institutions se conformeront à la prescription déjà énoncée dans la Déclaration des droits de 1793 sur le devoir social de secours à tous ceux qui sont hors d'état de travailler (art. 21).

Mouvement social hors de France. — On s'imagine volontiers en France que ces questions ne sont soulevées et que ces réformes sociales ne sont accomplies parmi nous qu'en raison de la forme démocratique et républicaine de notre gouvernement. Dans l'Angleterre aristocratique et libérale, la taxe des pauvres a été instituée dès 1834 pour permettre à chaque paroisse d'entretenir à ses frais ses indigents, vieillards, invalides, même ceux dont le salaire est insuffisant. Là aussi la réglementation de la journée de travail a été réclamée, il y a soixante-dix ans, par Owen, et les bills relatifs aux grèves et aux syndicats ont passé en 1871 et en 1874, précisément dans l'intervalle qui s'est écoulé entre le vote de nos deux lois françaises sur les mêmes matières. En Prusse et dans le grand-duché de Bade, l'impôt progressif sur le revenu est établi depuis longtemps. En Allemagne, Bismarck, suivant les inspirations de Lassalle, a emprunté aux socialistes une partie de leur programme en affirmant le droit au travail (1884), et surtout en instituant pour l'ouvrier l'assurance obligatoire et des caisses de secours contre la maladie, des pensions de retraites pour la vieillesse avec le concours de l'État (1883-1889). Des mesures analogues ont été prises ou sont à l'étude dans les divers États. Ainsi partout les mêmes souffrances sociales entraînent les mêmes réclamations et les mêmes solutions.

Conclusion. — On le voit, l'idée socialiste est en marche : elle ne cessera de s'avancer. Non pas qu'il faille croire au rêve d'un âge d'or obtenu par une transformation radicale de la société actuelle. La propriété individuelle a remplacé chez tous les peuples civilisés la propriété collective : elle n'est pas près de disparaître. Mais il est naturel et équitable de prélever sur la fortune acquise une part toujours plus grande pour venir en aide aux déshérités. Là-dessus l'entente est presque faite, car la bonne volonté est universelle. Les efforts des gouvernements amènent des progrès marqués dans la législation. Le sentiment d'égoïsme s'atténue ; le sentiment de solidarité se développe. La société marche vers un avenir meilleur où régnera plus de justice avec un peu moins de misère. Travaillons de toutes nos forces à ménager à nos fils une vie plus également facile dans une société mieux ordonnée.

DIRECTIONS ET BIBLIOGRAPHIE

I. **Les origines du socialisme.** — L. BLANC, *Histoire de la révolution de 1848.* — G. WEILL, *l'Ecole saint-simonienne.* — CH. ANDLER, *les Origines du socialisme d'Etat en Allemagne.* — A. MÉTIN, *le Socialisme en Angleterre.*

II. **Lois relatives à l'instruction, à l'armée, à l'impôt, à l'hygiène.** — A. RAMBAUD, *Histoire de la civilisation française,* t. III.

III. **Le socialisme contemporain.** — E. DE LAVELEYE, *le Socialisme contemporain.* — G. RENARD, *Etudes sur la France contemporaine : le régime socialiste.*

IV. **Législation ouvrière de protection et d'assistance.** — Les codes français complétés et mis au courant des lois nouvelles. — MAX LEGRAND, *Dictionnaire usuel du droit.* — BOITEL et FOIGNET, *la Synthèse du droit.*

ÉTUDES ET LEÇONS

Les solutions de la question sociale.

1° **Solution collectiviste.** — Par la confiscation de la propriété capitaliste au profit de l'Etat.

Tous les moyens de production (terre, mines, grandes usines, grands services publics) seraient entre les mains de l'Etat. Chacun serait tenu de travailler un minimum de temps et aurait droit à un minimum de produit. La société, centralisant tous les revenus qui profitent actuellement aux capitalistes, aurait des ressources abondantes pour doter les services de l'instruction, des hôpitaux, de l'assistance et des retraites. Ainsi disparaîtrait toute injustice sociale.

2° **Solution économiste.** — Selon les économistes, droit naturel de l'homme de disposer librement des fruits de son travail, d'accumuler des richesses sans cesse croissantes, grâce à l'intérêt, et de les léguer à qui bon lui semble.

Liberté absolue du travail : laissez faire, laissez passer. — La concurrence seule est féconde. — Comme la nature, elle écrase les faibles, mais elle donne naissance à cette aristocratie d'argent qui seule peut faire fleurir dans une société les lettres, la science et l'art.

La charité, devoir imposé strictement aux riches, travaille à compenser les inégalités sociales : crèches, ouvroirs, orphelinats, patronages, dispensaires, — dons aux hôpitaux et aux Universités, tels sont les bienfaits de la fortune acquise. — Songer aux libéralités princières des milliardaires américains.

3° **Solution mutualiste.** — Se défier des doctrines extrêmes ; chercher une transaction équitable.

Les mutualistes la fournissent par le moyen de la *solidarité*.

D'après Aug. Comte, « nous naissons chargés d'obligations de toutes sortes envers la société », grâce au fonds accumulé par les générations qui nous ont précédés ; terres défrichées, marais desséchés, routes, canaux créés, villes bâties, écoles, bibliothèques, musées, hôpitaux, etc.

« La civilisation est un legs de tout le passé à tout l'avenir, legs transmis avec charge de l'accroitre. La liberté de chacun est donc grevée d'une double charge ; il doit, outre sa part dans l'échange des services, sa part dans la contribution pour le progrès. Une obligation naturelle existe pour tout homme de concourir aux charges de l'association, dont il partage les profits, et de contribuer à la continuité de son développement. » (LÉON BOURGEOIS.)

En vertu de cette loi de la solidarité, la propriété capitaliste sera respectée ; l'héritage sera maintenu ; la liberté de travailler et de disposer des fruits de son travail sera laissée à chacun. Mais l'Etat prélèvera, sous forme d'impôt, une part plus considérable sur la richesse acquise et sur le capital, de façon à pourvoir aux besoins de tous ceux qui sont injustement sacrifiés dans l'organisation actuelle, enfants, femmes, malades, vieillards.

Moyens pratiques :

L'Etat encouragera et subventionnera les *institutions mutualistes*, sociétés de secours mutuels, assurances contre les accidents, la maladie, le chômage, caisses de retraites pour la vieillesse, etc.; et aussi les associations coopératives de production et de consommation, qui suppriment ou qui restreignent le nombre des patrons et des intermédiaires.

Il favorisera la participation aux bénéfices, qui fait des ouvriers et des employés les associés du patron.

Ainsi, sans qu'on supprime toutes les inégalités sociales, chimère irréalisable, la vie sera plus douce aux déshérités. La justice sociale sera mieux répartie.

Se souvenir, pour réaliser cet idéal, de la belle maxime d'Aug. Comte : « Vivre pour autrui. »

(Lire LÉON BOURGEOIS, *Solidarité*.)

FIN

TABLE DES MATIÈRES

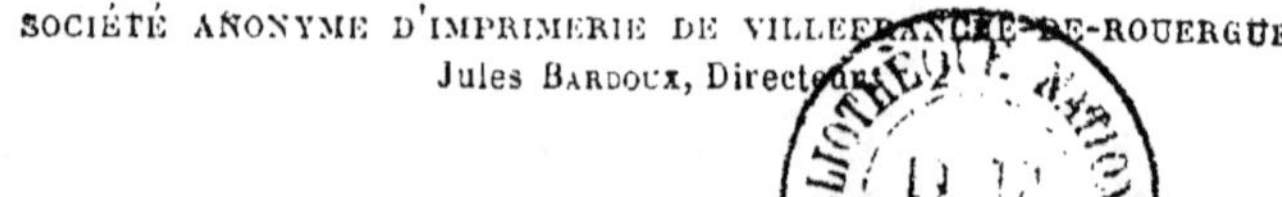